U0114457

陳木杉著

從函電史料觀抗戰時期的蔣汪關係

宋晞題簽

臺灣學生書局印行

自序

蔣中正先生和汪精衛先生是民國史上，兩個重要的歷史人物。從民國十四年（一九二五年）孫中山先生逝世至民國二十七年（一九三八）十二月汪精衛公開投敵的十三年時間裏，他們由於共同的利益和主客觀的條件，時分時合，先後有五次合作和分裂。蔣、汪的五次離合現象，對中國近現代史、中國國民黨黨史和中華民國史的發展曾產生過重要影響。作者試圖以《從函電史料觀抗戰時期的蔣汪關係》爲題，希望經由台灣地區第一手的《汪僞資料檔案史料》，進一步研析對蔣、汪在抗戰時期上百封往返函電史料中，就兩人對抗戰時期的國民參政、對日宣戰、國際宣傳、焦土抗戰、福建事變、國際聯盟、共產黨人、人事任免、廬山談話會與政府官員等關係問題的看法加以闡述舉例，進而對蔣汪在抗戰時期分合的原因、經過及其性質作一探究。最後期盼海峽兩岸能共同進一步開放《汪僞資料檔案史料》，供國人研究。本書得以順利付梓出版，承蒙宋師旭軒賜予題封與悉心指導及台灣學生書局的鼎力支持，於此一併致上由衷的感謝。

陳木杉　民國八十四年元月十五日
謹誌於斗六雲林技術學院

從函電史料觀抗戰時期的蔣汪關係

目錄

第一章 緒 言

蔣中正和汪精衛是中國近現代史上，兩個重要的歷史人物，從民國十四年（一九二五）孫中山先生逝世至民國二十七年（一九三八）十二月汪精衛公開投敵的十三年時間裏，他們由於共同的利益和各自的際遇，時分時合，先後有五次合作和分裂。❶蔣、汪分合大致如下：第一次分合，是在民國十四年（一九二五）三月孫中山先生逝世至民國十五年（一九二六）三月二十日中山艦事件，五月汪出走法國爲止。第二次分合，大約是在民國十六年（一九二七）四月至民國十六年（一九二七）六月。第三次分合，大約是在民國十六年（一九二七）七月至民國十七年（一九二八）二月一日。第四次分合，大約在民國二十一年（一九三二）一月至民國二十四年（一九三五）十二月。第五次分合，大約是在民國二十七年（一九三八）三月至民國二十七年（一九三八）十二月止。

蔣、汪的這種離合現象，對中國近現代史、中國國民黨黨史和中華民國史的發展曾產生過重要影響。筆者試圖以《從函電史料觀抗戰時期的蔣汪關係》爲題主要希望經由第一手的「汪僞資料檔案」❷進一步研析、比對蔣、汪在抗戰時期上百封往返函電史料中，就二人對抗戰時期的內政、外交、政經建設、戰略戰術等的看法加以闡述舉例，進而對蔣汪在抗戰時期（約第四、五次分合）離合的原因、經過及性質作一探究，以就教於海峽兩岸史學界同行。

並藉此促使兩岸能進一步開放公佈《汪僞檔案》史料，供國人研究，使眞理愈辯愈明，最後以還中國現代史本來面貌。❸

註釋

❶王關興：〈蔣介石、汪精衛五次離合的緣由和性質〉，《上海師範大學學報》第一期，頁九一—九八（一九八九年出版）。

❷經筆者多年來的蒐集研閱所知，關於〈抗戰時期汪精衛致蔣總裁函電〉計有七十二封，〈蔣總裁致汪精衛函電〉有六十封，合計約有一百三十二封，皆收錄在《汪僞資料檔案》，由法務部調查局資料室（薈廬資料室）藏，以毛筆及鋼筆原件為主，是當今除大陸南京第二檔案館所藏「汪僞檔案」以外，此乃研究抗戰時期蔣汪關係史第一手珍貴史料，也是研究抗戰史，不可或缺的史料。

❸關於南京「中國第二歷史檔案館」原名為中國科學院歷史研究所第三所（即近代史研究所）南京史料整理處，成立於一九五一年二月，至一九六五年四月始改今名。該館的主要收藏是民國時期各個中央政府機構及其所屬機構的檔案，時間包括南京臨時政府成立迄國府撤退來台。該檔案館收藏史料以國民政府統治的二十二年間最多，自一九八〇年起，該館正式對外開放，茲將有關大陸地區「汪僞國民政府機構檔案」目錄列舉如下：

汪偽國民政府機構檔案

全宗名稱	全宗號	案卷數量	全宗名稱	全宗號	案卷數量
汪僞國民黨中央政治委員會	二、〇〇六	二四二	汪僞交通銀行	二、〇三〇	七七〇
汪僞政府系統	一三	八、四二六	汪僞教育部	二、〇七八	四九
汪僞國民政府	二、〇〇二	一、八九六	汪僞國立圖書館	二、〇六七	四三
			汪僞司法行政部	二、〇四四	八三二

全宗名稱	全宗號	案卷數量
汪僞行政院	二、○○三	一、七九八
汪僞行政院文物保管委員會圖書專門委員會	二、○三三	一三九
汪僞敵產管理委員會	二、○六六	一一三
汪僞內政部	二、○一○	一、三三一
汪僞警政部	二、○○九	一、三八八
汪僞外交部	二、○六一	二、八八九
汪僞僑務委員會	二、○六二	七九一
汪僞財政部	二、○六三	四、二二六
汪僞財政部關務署	二、○六四	三二八
汪僞海關總稅務司署	二、○八五	一、四八一
汪僞財政部關稅稅則委員會	二、○六五	一九
汪僞華中鹽業公司	二、○七三	六九
汪僞中央儲備銀行	二、○四一	四、八五三
汪僞中央儲備銀行分支行處	二、○四二	一、二六○
汪僞中國銀行	二、○二九	一二四
汪僞賑務委員會江西臨時辦事處	二八六	九七
汪僞立法院	二、○○八	八○
汪僞軍事委員會	二、○三八	一二三
汪僞司法行政部華北事務署	二、○六八	二八四
汪僞最高法院華北分院	二、○五五	二八一
汪僞實業部	二、○一二	二五二
汪僞實業部農林署	四一七	四三
汪僞實業部林墾署	四一八	一二
汪僞實業部第八區林墾示範農場	二、○七一	一九
汪僞實業部上海商品檢驗局	二、○七二	九四
汪僞鐵道部、建設部、交通部	二、○七九	二○二
汪僞郵政總局	二、○七四	四
汪僞郵政儲金匯業局	二、○七五	一○五
汪僞社會福利部及社會部社會運動指導委員會	二、○一三	三、七二三
汪僞賑務委員會	二、○七六	一、二一五
汪僞經理總監部（署）	二、○三一	八、○九二
汪僞清鄉委員會	二、○○四	四一六
汪僞黨務、軍事、財政、金融機關	二、○七七	八○

〔轉引自〈南京《中國第二歷史檔案館》所藏檔案簡介〉，頁一三〇—一三一（台北：中央研究院近代史研究所《近代中國史研究通訊》第七期，民國七十八年三月出版）〕。反觀台灣地區研究汪僞歷史的學者並不多，以中國國民黨中央黨史會於民國七十年編印《中華民國重要史料初編—對日抗戰時期第六編傀儡組織》較具代表性外，其他有關《汪僞資料檔案》可能分散在〈大溪檔案〉、〈國史館〉、〈中央黨史會〉、〈外交部〉、〈法務部調查局〉等單位，未能公開供學者研究，殊爲可惜，吾人期盼爲駁正大陸學界曲解民國歷史與抗日戰史，非開放檔案，鼓勵國人研究不可。

第二章　研究動機與方法

第一節　研究動機與目的

湯恩比於史學研究中，論及處理一國的歷史，指出兩大重點：第一，沒有一個國家的歷史，能由國內一切事務的變化，來說明一切。歷史的造成，不是單獨由於國內的力量，而是由於更廣泛的因素，特別是外在的關係。第二，由於這種廣泛因素所形成的單獨事件，一定要在全體的、綜合的、通盤的衡量下，才能瞭解這些單獨事件的演變和意義。

這位英國著名的歷史家又指出：在任何歷史研究中，要瞭解某一特定人物，在某一特定事件中所表現的行爲，一定要把他對方的行爲和反應，以及在行爲時所處的全面環境和綜體情況，鑑衡至當，否則無法得其要領。

我們討論抗戰時期的中國（一九三七至一九四五年），就要本此精神，有此認識。

中國自鴉片戰爭以來，即受外來列強的壓迫。研究中國歷史，如不體認這點，就無法知其底蘊。不平等條約使列強損害了中國在政治、經濟、司法各方面的主權。這不平等條約直到第二次大戰後期，一九四三年一月十一日由英、美與中華民國締結平等新約後，方告完全取消。

在中國的國際關係上，日本、蘇俄、英國是三大剋星。這三強侵略中國的方法，各不相同，但欲損害中國，攫取特權的目的，則並無異旨。

第二次中日戰爭時，日本爲中國的對敵，明槍交戰，壁壘分明。蘇聯的情形不同。蘇聯名爲中國的朋友，事實上祇是利用中國抗日，來防禦其東方的敵手—日本。同時趁機扶植中共，赤化中國。佯結爲友，實爲內敵。但自一九四一年四月十三日蘇聯和日本簽訂中立協定以後，中蘇關係，破綻立顯。所以一九四一年是關鍵性的一年。

一九四一年一月，中共公開反抗中央（國民政府），新四軍在蘇北作亂，叛跡顯然。同年十二月，日本偷襲珍珠港。蘇聯認爲日本的命運，已經註定，必爲美國擊敗。因之，蘇聯不必再依靠蔣委員長所領導的「舊中國」，而全力支持以毛澤東爲首的「新中國」。蘇聯所企求的，不是統一的中華民國，而是赤化的蘇維埃中國！

日本進襲珍珠港以後，英美與中國結爲盟邦。英國在遠東作戰，目的爲保持固有帝國主義的利益，英國迄一九九七前仍保有香港。美國對遠東並無殖民地主義的野心，但以美英傳統歷史關係，尤以所持的遠東政策，往往桴鼓相應，所以中國對美國也無法完全放心。加以戰時民族主義的高潮澎湃，沒有一個國家爲保衛獨立自由，而對外作戰時，能容忍另一外力的壓迫或干涉！

我們一刻不可忘記：抗戰時南京有以汪精衛爲首的僞政權。中央政府爲消滅這僞政權，自身一定要保持獨立自主的立場和國權。有一次，周恩來親口對季辛吉說：「蔣介石先生具有堅強的民族自尊心。」毛澤東對日本的一個政客訪問團也說到：「蔣先生是一位愛國者。」這種由蔣中正先生在戰時領導全民，發揚蹈厲自尊自主的精神，在我們研究戰時中美關係時，特別在檢討史迪威事件，和馬歇爾使華調解國共問題時，必須牢記在心，不可或忘。

在國際間打交道時，欲把盟國的「友誼勸告」和「政治干涉」劃分清楚，十分爲難。自美國參議院調查委員會公佈了中央情報局在海外的一切秘密活動後，我們殊覺觸目驚心，回想美國於戰時在中國的所作所爲，不能一概認爲心地純善，一無他意。

研究歷史的第二個重點，就是在研究個體時，必須體驗全體的局勢和發展。我們不能見樹不見林，我們以手指指望月亮，眼光應集中在月亮，而不能集中在手指。如祇望手指，而不望月亮，不但見不了月亮，連自己的手指，也覺茫然迷目了！

這個比喻，可適用於我們討論抗戰時期的中國。戰時中國最先關切的，是軍事第一，勝利爲先。除此之外，都爲次要。以軍力和物力言，中國實非日本之對手。祇是因爲中國有堅苦卓絕的賢明領袖，能領導全國，萬衆一心，抵抗到底，獲致勝利。但在作戰時，任何政府，難以討好人民。征兵要求人民的生命，徵糧要奪人民的生計，怎能博得萬家歡心！

這種瞭解戰時全般情況的前題，在討論每一特定問題，或某一特定人物時，必須先有體會。因爲歷史事實，祇有在全面局勢的範疇中，才能顯出其意義，也祇有在具體敍述的事實中，才能體驗歷史的眞諦。一九三七至四五年的戰時中國，其最要目的，是不屈不撓，與盟邦並肩作戰到底，決不中途妥協。在這八年之中，中國艱苦備至，危險百出。但政府立場，堅定如一，貫徹始終。我們知道堅強的領導，爲政府抵抗外侮唯一的先決條件。政府戰時措施，無法盡如人意。但爲贏得勝利，一切瑕疵，當難苛責！

我們知道戰時欲實行民主，實非其時。譬如組織聯合政府，無論結果如何，勢必減削戰時中國政府所必需的堅強領導中心。當一所房屋著火時，最要緊的，如何撲滅火燄。決不容許大家商量，議論盈庭，勸告救火的首腦，如何掌握或大家分掌水管，或討論這救火機，是否該上些機油！

歷史是連貫的，無法一刀兩斷。但爲瞭解其中變化過程，不妨分別時期，予以斷代處理。一九三七至四五年，是中國抗戰時期。一九四五至四九年，是中國復員時期。中國抗戰勝利，是一九三七至四五年的獨特表現，也是中華民國的輝煌成功。一九四五至四九年，中國復員戡亂工作，未能悉如人意，導致失敗，咎有攸歸。但於此，我們仍不能不記住湯恩比的所說：一國的歷史，不能自免於外力的影響，同時研究某一事件，不能不聯想到其他有關一連串的事件，互爲依伏，相爲表裡。研究一個人的行爲，不可不同時研究對方的行爲和反應。眞理不能在某一單獨個體中存在，一定要在全體綜合的局勢中，通盤觀察，方能得其全盤眞相。

祇有在個體研究和全般瞭解的深度檢討和衡量中，我們才能體驗一切變演的眞相，才能爲歷史作一公正的交代！

基於上述研究歷史，必須掌握㈠、內在與外在關係㈡、單獨與整體事件之關係，筆者多年來努力蒐集抗戰時期之史料，在偶然的機會蒐集研閱「汪僞資料檔案史料」其中數百封係第一手之函電史料；更有上百封是蔣中正先生與汪精衛先生兩人往來之函電史料，爲使抗戰前後個體的歷史研究，與全般歷史眞相，更加大白，筆者乃不揣淺陋先以函電史料爲核心，試以—「從函電史料觀抗戰時期的蔣汪關係」爲題，希望作爲研究抗戰歷史的起點進而作爲駁正大陸學界曲解蔣汪關係史料之鐵證，進而期盼促使海峽兩岸史政當局公開「汪僞檔案」史料，這是筆者撰寫本書最大的動機與目的。

第二節 研究方法與步驟

本書以「從函電史料觀抗戰時期的蔣汪關係」爲題，所採取的研究方法與研究步驟，大致如下：

壹 研究方法

一、歷史研究法：先就抗戰歷史之背景、經過、結果，作一深入之研讀與瞭解，並對蔣中正先生與汪精衛先生之個人歷史，作一深入的研閱，側重其在抗戰前後所扮演的角色，加以瞭解，配合當時國際局勢背景，作全般之觀察，以求資料之齊全。

二、內容分析法：就蔣汪二人往返之函電史料內容加以分析比對考證，以求歷史之眞實。

三、統計分析法：希望將所有蔣汪函電史料，加以分類，統計後作爲解釋史料之依據。

四比較分析法：希望將海峽兩岸歷史學界有關抗戰時期蔣汪關係之論著，加以蒐集比較，並和函電史料加以印證，以求歷史原貌。

貳 研究步驟

一、先蒐集國內外有關抗戰時期蔣汪關係之論著，筆者已先後從法務部調查局蒐集到《汪偽檔案資料》，並從國史館、中國國民黨黨史會、中研院近史所、中央圖書館、美國國會圖書館、日本東洋文庫、大陸南京第二歷史檔案館等單位，蒐集到有關抗戰時期蔣汪關係之書籍與論文期刊多種。

二、先就原始（第一手）史料，精讀比對，例如先就數十年來，國內外及兩岸歷史學界研究蔣中正先生與汪精衛先生之重點，異同之處，加以比對，略作統計。僅就函電史料所論及的重點，列為本書研究之項目，大綱如下：

(一) 蔣汪與國民參政會關係
(二) 蔣汪與對日本宣戰關係
(三) 蔣汪與國際宣傳關係
(四) 蔣汪與焦土抗戰關係
(五) 蔣汪與福建事變關係
(六) 蔣汪與國際聯盟關係
(七) 蔣汪與共產黨人關係
(八) 蔣汪與人事任免關係
(九) 蔣汪與廬山談話會關係

(十)蔣汪與戴笠鋤奸關係

(十一)蔣汪與高宗武之關係

(十二)蔣汪與陶希聖之關係

(十三)蔣汪與雲南龍雲關係

上述每一項目，擬列入七大章十七小節大綱之中，按章節順序逐一撰寫，而在每一專文之後，筆者皆附上原始函電史料或圖片加以佐證。

三、將所蒐集來之函電史料，參考其他相關論著，予以在註解中說明，使史料更加清晰易讀，使眞相更加浮現，對於無法考證或加註之史料，則以「待查」註明，供日後補正。

第三章　歷史學界對蔣中正、汪精衛的研究與評價概述

第一節　對蔣中正先生的研究與評價概述

壹　前言

受人讚美，也遭人指摘，蔣中正先生是二十世紀最受爭論的人物之一。在西方史學論著中的蔣中正先生，已被形容爲「是」或「非」的人物，很少有持平之論。而在中國大陸史學論著中的蔣中正先生，由於情緒化的偏見，蔣先生受到的歷史評價，更是負面性多於正面性，變成是「失敗」的歷史人物之一，本人擬就大陸學界誣蔑蔣先生之處，加以駁正。

貳　國內外對蔣中正先生的研究重點

西方史學界對蔣中正先生的研究，大致可分爲四類：第一、討論蔣先生個人素養—人格、

性格、智慧、氣質和意識型態的認同。第二、蔣先生在現代中央集權體制下統一中國的成敗。第三、蔣先生未能開展群衆組織、群衆運動和土地改革的問題。第四、討論中國內戰失敗的「近因」。

首先對蔣中正先生性格的一般評估，總括的說，即使是對蔣先生作出強烈否定解釋的那些人，都描繪他是一位偉大的愛國者，如費正清（John K.Fairbank），在其最著名的著作中，稱蔣先生「苦心孤詣致力於中國民族主義」。❶芭芭拉・塔克曼（Barbara Tuchman）夫人的名著「史迪威傳」，雖然刻意批評蔣先生，但卻無意中留下一種印象，即蔣先生與史迪威的衝突之一是蔣先生的愛國主義。❷鄒儻（Tang Tsou）稱他爲一位「眞正的民族主義者」。❸梅斯基爾（John meskill）的教科書稱他是一位「愛國者」❹甚至對蔣先生詆譭最強烈的克拉布（O. Edmund Clubb）亦不得不承認蔣先生是位「深具民族主義情操」的人物，並說蔣中正先生「確曾努力要求列強放棄它們在不平等條約下所擁有的特權」。❺蔣先生亦被普遍地認爲是一位強烈的反帝國主義者。❻大多數人認爲蔣先生「律己甚嚴」和「生活節儉」。❼最顯著的個人特性是無情的「鋼鐵般的決心」、「不屈不撓的精神」❽等等。此種鋼鐵的意志，在用於分析他的失敗時，卻被形容爲「頑固」。❾關於蔣先生在性格形成中所受的各種影響—智力及情緒方面，西方史家有類似一致的看法。他們相信除「儒家思想」❿之外，「軍事組織精神」和「武士道」是蔣先生性格的基本因素。⓫談到階級根源與角色時，伊薩克（Horold Isaacs）所著《中國革命的悲劇》，視蔣先生爲「資產階級的工具」⓬，有一位學者易勞逸（Lloyd E. Eastman），他在兩本著作中辯稱，不僅資產階級或地主沒有控制國民黨或蔣先生，而且蔣先生的政府根本就沒有階級的基礎[13]，其他學者亦指出蔣先生對資本主義懷有敵意。[14]

有的西方史家又認爲「蔣先生和『CC派及藍衣社』有甚多相同之處。」[15]暗示蔣先生可能是法西斯主義者，批評蔣先生爲「反民主的」、「權威主義的」、「獨裁的」、「不容忍的」和「專制的」。[16]談到在強大的中央政府下中國統一的失敗時，西方史家辯論兩個廣泛相關的主題。第一、是蔣先生在對日戰爭前後，未能統一或整合中國，並且建立持久的政治機構。第二、他的政府從一開始就有瑕疵，因爲它沒有發展群衆組織，也沒有處理農村問題。最後探討到蔣先生爲何失去大陸的近因時，西方史家認爲有三個重要的原因，第一，是蔣先生無法控制的－抗日戰爭。第二，是在對日戰爭期間及其後美國在中國的任務，蔣先生對此有部份的控制權（也是部份的責任）。第三，是在內戰中所犯的戰術和戰略錯誤。[17]

雖然在西方史學論著中，對蔣中正先生有各種不同的評價，但至少有一點可資慰藉的，正如美國學者艾愷在其〈西方史學論著中的蔣中正先生〉一文的結論說：

> 大多數西方歷史學家曾經有意或無意地假定毛澤東主義的勝利是無可避免的。他們對蔣中正先生的分析和評價，等於是在「證明」他不是毛澤東。然而，今天的新「現在」已無可爭辯地證明毛澤東主義對中國造成了永久性的大災難，而且事實上中共領導階層已放棄馬克思主義，而採取孫逸仙主義作爲國策。與此同時，台灣在蔣中正先生及其公子蔣經國先生的領導下，已發展成一個比中國大陸更繁榮、開放、民主和「現代」

數十倍的社會。一般認爲，今天的歷史學家將開始進行他們的工作，以顯示這一「現在」也是「不可避免的」。因此，他們在對毛澤東的分析和評估中，將以各種方式責備毛澤東爲什麼不是蔣先生！⑱

而中華民國歷史學界對蔣中正先生的研究，以民國七十五年十月二十六日至三十日於台北市國立中央圖書館召開之「蔣中正先生與現代中國學術研討會」最具代表性，該討論會共有中外學者近三百人參加，研討五大主題：㈠蔣中正先生之思想學說與行誼。㈡蔣中正先生與國民革命。㈢蔣中正先生與中國現代化。㈣蔣中正與世界。㈤蔣中正先生與復興基地建設。⑲是近年來研究的重點。

反觀數十年來中共對蔣中正先生的評價，從其歷史刊物及文宣資料中對蔣先生有甚多的評論文字，可是中共史家卻依各個不同階段的政治需要，對蔣中正先生冠以很多情緒性之字眼，如「反動」、「無恥政客」、「叛徒」、「老朽昏庸」、「反動份子」、「反動頭子」、「蔣邦集團」、「反革命的罪惡活動」、「流氓劊子手」、「賣國」「走資派」等等。⑳例如，蔣中正先生一生爲反共大業獻身，中共對他深惡痛絕，透過《民國人物傳》中人物之口，栽誣他爲「新興軍閥」，㉑「舊勢力之化身」、「軍閥之工具」、「民衆之仇敵」。㉒尤其把蔣先生的「清黨」運動稱之爲「反革命叛變」、「背叛革命」，有意忽略蔣先生個人對國家民族所做過的鉅大貢獻，進而減低他在中國歷史上的地位。

參　對中共曲解蔣中正先生之駁正

中共對蔣中正先生的誣蔑，不勝枚舉，例如對北伐前後的蔣中正先生多所誣蔑，茲駁正如次：

㈠大陸學者李新指出：

> 蔣介石本來是上海流氓集團中的人物，在交易所從事投機買賣。一九二二年因投機買賣失敗，才跑到廣州，混入革命隊伍，並僞裝革命姿態，騙取了孫中山的信任。一九二四年，他當上了黃埔陸軍軍官學校校長。後來……擔任了軍長（國民革命軍第一軍）。㉓

按：此一說法，違背歷史眞實者有二：第一，蔣先生非出身「上海流氓集團」：因爲，蔣先生秉賦非凡，自幼即受王太夫人的嚴格教育，「督教之嚴，甚於師保，出入必檢其所攜，游息必詢其所往，罷讀歸來必考其所學，……勵其身心，夜寐夙興，無時不傾注其全力。」㉔其後進新式學堂，出洋留學，並參加革命黨，一生奉獻黨國，功勛卓著，世所欽敬。其在上海，「辛亥年參加上海與浙江的起義」；「癸丑年（民國二年），……在上海偕同陳其美先烈與鈕永建等先進，進行二次革命（倒袁）」，㉕而中共史家竟省略了這些眞實事實，妄稱蔣先生「本來是上海流氓集團中的人物，在交易所從事投機買賣。」顯係惡毒誣蔑。第二、蔣先生參加革命，非始於民國十一年（一九二二）。蓋蔣先生參加革命，應始於光緒三十二年，那年：

蔣先生虛歲二十歲，從正月到三月在奉化縣城龍津中學堂讀書。讀了三個月不到，便立志出洋，到外國去留學，參加革命黨。那時候，孫中山先生剛在乙巳年（光緒三十一年）八月創立中國革命同盟會不久。蔣先生在寧波剪了辮子，寄到溪口家中，以表示參加革命的決心。光緒三十四年，在進入振武學校不久，便經由先烈陳其美（英士）先生介紹，加入了中國同盟會。……到了宣統二年六月中旬才有機會與孫中山先生在日本見面。……民國二年春，……他在上海謁見孫中山先生，第一次與孫中山單獨深談。孫中山命令他打消去德國的念頭，留在國內從事討袁工作。㉖這就是國民黨的「二次革命」。是知，蔣先生參加革命及受信任於孫中山先生，均非始於民國十一年。

大陸學者李新另指出：

北伐開始後，蔣介石更利用「國民革命軍總司令」的職位，集大權於一身。……在他的勢力所控制的地區，帝國主義和地主豪紳的利益受到保護，共產黨人、國民黨革命派和工農群眾則受到壓迫以至屠殺。蔣介石企圖這樣博取帝國主義的垂青。帝國主義早就看清楚蔣介石的用意，也很希望有蔣介石這樣的新式軍閥來作爲他們統治中國的新工具。一九二七年三月底，蔣介石到達上海，最後完成了他同帝國主義和國內反動

勢力的結合……舉起屠刀，向革命人民開始了血腥的大屠殺。㉗

按：此一說法，指蔣先生爲嗜「殺」之「新式軍閥」，並指其爲「帝國主義……的新工具」，均屬背離歷史眞實的誣蔑之詞。因：第一、在中共上海第三次大暴動中，進行「血腥大屠殺」者，非蔣先生，而係中共的「工人糾察隊」。因爲，中共領導之「上海第三次總同盟罷工，於三月二十日上午十時實現。……各區糾察隊率領各區工人以徒手空拳、木棍鐵棒及少數槍械，……分向南北吳淞浦東各預定地點集中」，㉘在暴動開始時，上海即呈現一片恐怖。「陸續不斷的槍礮聲與工人口號呼號聲，立刻嚷遍了上海各區，鐵道斷了，電話破壞了，電燈線斷了，自來水斷了，平靜的上海，一時被共產黨弄成了黑暗的地獄。」㉙糾察隊猖獗異常，「壓迫資方，吊打雇主，並將雇主綑押遊行示衆，以資鎭壓。未及旬日，已將黃埔灘頭，鬧得人人戰慄，鬼哭神號。」㉚蔣總司令爲維持上海秩序，乃令上海總工會解除其工人糾察隊之武裝，或撥歸總司令部節制，但均爲總工會拒絕，並鼓動反蔣。嗣因左派工人與反共工人械鬥，四月十二日，上海駐軍乃斷然將糾察隊繳械，並宣佈嚴禁罷工。不服，十三日中共悍然召集市民大會，參加者近二十萬人。㉛散會後整隊遊行示威，並驅策群衆衝向二十六司令部。白崇禧指揮的二十六軍爲自衛計，當即還擊，遂釀成血案。此即中共史家之所謂「大屠殺」。是知，製造此「大屠殺」者，非上海駐軍，非蔣先生，而係中共。第二，此時，作爲「帝國主義」之「新工具者」，非蔣先生而係中共。因爲，中共在上海領導大暴動，其幕後策劃者，即爲蘇俄。據民國十七年（一九二八）伍氏英文中華年鑑記載：

在北伐軍尚未克服上海前，共黨在上海設有軍事小組，專從事蒐集江蘇、浙江以及安徽、山東方面軍事動態方面的情報，並策動上海工人方面的武裝暴動。該軍事小組經常舉行秘密會議，參加的有中共份子周某，蘇俄人員查底柯夫（Jotikoff）、阻諾（Anno）、齊尼斯克（Cheinisk）以及布哈洛夫（Bouharoff）……實際上該軍事小組之權力範圍還及於五省的暴動委員會，每一委員會都有軍事教練員和大工廠的工人代表。㉜

當時共產國際在海參威設置工人俱樂部，下設東方勞動中學，即專門負責訓練工運幹部者。五卅慘案後，中共派赴受訓者約五百人以上。此項訓練係由何松齡（化名江壽華）負責，民國十四年（一九二五）七月，中共函請共產國際，調何回滬領導工運，出任上海總工會宣傳部長、委員長等職。㉝是知，中共在上海活動，幾乎為蘇俄所掌握，中共只是它運用的工具。當時，在蘇俄指使之下，不僅要通過上海第三次暴動建立政權，如其「上海市特別委員會」，而且「準備派人衝進租界，引起帝國主義列強對國民革命軍敵視，甚至於國民革命軍未有對外作戰的軍事力量之時，爆發國際戰爭。」㉞因此，當三月二十一日上海第三次暴動之後，三月二十四日中共黨員林祖涵、李富春率領部隊闖進英美日三國領事館進行騷擾，同日下午，下關長江水面英美艦船即轟擊我無辜平民與軍人。而蘇俄的目的，就是要利用中國的民族主義勢力將西方資本主義國家勢力趕出中國，然後將「民族革命」轉變為「社會革命」，使中國領土劃入共產國際勢力範圍。幸蔣先生以極冷靜的頭腦，把幾乎重演了義和團悲劇的國家大難，化於無形。他召見有關的軍官，命令他們負責維持城內治安，派人把所有外僑護送到外國艦船上去，同時向外國新聞記者說明中國國民黨固然主張收回租界與廢除不平等條約，卻決不用暴力手段；國民革命軍一向注意保護外僑，此次事件爲少數野心家唆使不良份子所爲；外國當局不應該使用開礮的手段，我國政府將要求賠償我方人民生命財產的損失。㉟

這就是蔣先生的基本立場。而大陸學者竟稱蔣先生此舉爲「保護帝國主義利益」，或者說「與帝國主義結合」，成爲「帝國主義……統治中國的新工具。」這種說法，其爲誣蔑，是很明白的。實則，蘇俄即爲「赤色帝國主義」，爲帝國主義工具者，非蔣先生，而是中共。

另外，從北伐以後，經過抗日至今，中共史家仍稱蔣中正先生爲「四大家族的官僚資本」之一。一般而言，中共把「中國資本主義」分爲三類：一爲「帝國資本主義」；二爲「官僚資本主義」；三爲「民族資本主義」。而所謂「官僚資本主義」則又指爲「蔣介石、宋子文、孔祥熙、陳立夫四大家族爲首的官僚資本」。並謂：

> 到解放前夕，四大家族官僚資本約佔中國全部工業資本的三分之二，全部工業、交通運輸業固定資產的百分之八十。它壟斷了全國鋼鐵產量的百分之九十，煤產量的百分之三十三，發電量的百分之六十七，石油和有色金屬產量的百分之一百；並佔有全國紡錠的百分之三十八，布機的百分之六十。它佔有全部鐵路、航空運輸和百分之四十

四的輪船幀位。……一九二七年後……以蔣介石、宋子文、孔祥熙、陳立夫四大家族為首的官僚資本瘋狂擴張，民族資本則逐步進入破產和半破產境地。在國民黨統治的二十二年間，全國產業敗壞，壟斷、投機盛行，整個資本主義經濟日益腐朽沒落。㊱

中共所指，也就是說，凡鐵路、公路、四行、資源委員會所屬工業等，均為「四大家族官僚資本。」其對史實之歪曲與誣蔑，莫此為甚。因為，當國民政府時代，凡屬公路、鐵路、四行兩局以及資源委員會所屬工礦企業等，均為中華民國所有，並非屬於蔣、宋、孔、陳所私有，蔣、宋、孔、陳僅為主管業務之政府官員而已。而此等「資本」，在民國三十八年（一九四九）以前國民政府時代，中共指為「四大家族官僚資本」；民國三十八年由中共「沒收」後，中共不謂為「毛（澤東）、江（青）、周（恩來）、李（先念）官僚資本」，而謂為「國營社會主義經濟」或「全民所有制」。同一「資本」形態，而命名則因時而異，各有褒貶，其史識之政治情緒化，於此可見一斑。

其次，中國自一八九五年中日甲午戰爭後，開始近代化過程，而國民黨一直是中國近代化的主幹。雖然在發展過程中，由於「內憂」與「外患」相繼干擾，使建國努力面臨無限的困難與艱辛，但從民國十六年到二十六年的十年，在蔣中正先生領導下，著手全國性建設計劃，尤其是財政制度的建立，近代工業的開發與鐵路的建設，都有驚人的成果。因此，史家乃謂為艱苦建國「輝煌的十年」㊲，而在抗戰時期，一面抗戰，一面建國。在此時期，中共史家亦指其「官僚資本急速膨脹」，是則並非用「腐朽沒落」四字所能概括否定其歷史眞實。

至於如何評價抗戰時期的蔣中正先生。一些大陸學者認爲，這一時期的蔣中正「既有聯共抗日，爲保衛祖國而戰，對國家民族作出某些貢獻的一面；也有充當大地主大資產階級代表，堅持獨裁統治，反人民反民主，損害國家和民族利益的一面」。㊳大陸學者從四個方面論述蔣中正的功過是非。第一，抗戰前放棄「攘外必先安內」的錯誤政策，走上聯共抗日的道路，是他順應抗日救亡潮流，以民族大義爲重的正確決斷；第二，抗戰初期同共產黨重新合作，結成最廣泛的民族統一戰線，積極部署和指揮上百萬國民黨軍隊在正面戰場抗擊日本侵略軍，是他對國家和民族的貢獻，是他一生可數的光榮篇章。但是，他沒有放棄獨裁統治政策，堅持一黨專政，片面實行政府抗戰，遏制人民抗戰，以及消極防守的戰略戰術，使國家蒙受了許多不必要的損失；第三，抗戰中期，他雖然沒有放棄抗日立場，沒有完全中斷與共產黨的合作，但堅持獨裁統治，不斷製造反共磨擦。他雖然仍繼續指揮正面戰場的防禦，但戰略上消極被動，保存實力，大大限制和降低了國民黨軍隊抗戰的作用；第四，抗戰勝利後，他違背歷史潮流和人民意志，企圖依靠美帝國主義，堅持獨裁統治和半殖民地半封建制度，最終不能不走上徹底失敗的道路。㊴上述評價對傳統觀點是一個極大的突破，但也僅僅代表一種學術觀點，對這一問題的研究，還有待深入。

最後談到大陸學界評價抗戰時期的蔣汪關係，主要論點爲抗戰時期，蔣中正基本上執行了抗日聯共的政策，汪精衛執行的是降日反共的賣國政策，兩者之間有著本質上的區別。在這些原則問題上，近年來大陸學者的研究已趨於一致。但對於抗戰期間蔣汪個人或兩個集團之間有沒有互相妥協、互相勾結的關係，大陸史學界的觀點還有較大的分歧。

分歧要點：其一，有學者認爲抗戰前期，「蔣汪集團合伙經營，演出了對日和談丑劇」[40]，其證據是陶德曼調停與高宗武秘密訪日。但一些學者不同意這種指責，認爲蔣中正曾派王寵惠阻止高宗武去香港，後獲悉高秘密訪日後，便斷絕了與他的關係。其二，有人認爲汪精衛的叛逃同蔣中正有關，還有人說就在汪精衛的「艷電」發表後，蔣中正暗裡仍盡力拉汪，並派要員到河內勸汪回渝工作。一些學者卻認爲，汪精衛「一系列叛國活動，都是背著蔣中正，在極其秘密情況下進行的」[41]。其三，不少學者認爲蔣中正在抗戰後期密電其大批將領投降日僞，實行「曲線救國」。但一些大陸學者反對這種說法。他們指出，「曲線救國」一詞是張蔭梧最早提到的，「把它作爲國民黨當局的指示方針」，是大謬不然了。況且，叛變的大多是雜牌軍將領。相反，國民黨當局對於在華北敵後的軍隊，「曾竭力防範其投敵，不少部隊都派有軍統人員進行監視」，特別是「在日本敗局已定的一九四三年，如果再派軍隊投敵，實行『曲線救國』，則更加不可想像[42]。其四，關於「蔣汪合流」，這是傳統的提法，近年來不少學者提出異議。他們認爲，抗戰勝利後，國民政府對漢奸政權堅決打倒；對漢奸財產一律沒收；汪僞政權主要人物，除周佛海外，大都被處決。這說明根本不存在合流問題。對於握有軍權的漢奸將領委以官職，「只是出於反共和搶占淪陷區目的的一時利用」。蔣中正「歷來不允許異己勢力的存在」，況且汪僞政權「充當日本侵華的罪惡工具，爲全國人民所不容，蔣也不敢冒天下之大不韙與其合流。」[43]

綜上所述，從國內外史學論著中觀之，儘管中共一再曲解蔣中正先生，然而是非公斷，史家自有定論，蔣中正先生在中國現代史與台灣史上的貢獻，仍然是譽多於毀，這是舉世共見的事實。台灣地區民國史學者李雲漢先生在其所撰評〈蔣介石生平〉乙文中，對大陸學者宋平所著《蔣介石生平》一書，作極爲深入與精闢的駁斥，對當今中共纂改蔣中正歷史的論調中，有激濁揚清之效。筆者試將該篇論文以簡表方式，徵引如下：[44]

著　　者：宋平

書　　名：蔣介石生平

出 版 者：長春吉林人民出版社

出版時間：一九八八年六月

頁　　數：七〇一頁

序

童年—敘述簡略

求學時期—敘述仍簡略

辛亥革命時期的活動—把辛亥革命看作是「資產階級民主革命」，不敢提中華民國國號。

追隨孫中山—有主觀性誣蔣言詞。

第一次「國共合作」時期—以共黨立場來論述史事。

叛變革命到第一次下野—誣指蔣之反共清黨爲「叛變革命」。

同宋美齡結婚和東山再起—部分較平實，對宋氏家族仍作些側面傷害。

國民黨在全國統治的建立—誣陷醜化北伐軍統帥蔣中正先生。

國民黨新軍閥混戰—罵蔣氏爲「帝國主義精心培植的理想代理人」。

總統夢的破滅到第二次下野—斥責蔣氏之「不抵抗」與「賣國」，袒護張學良、歌頌共產黨。

第二次上臺到「西安事變」—貶抑蔣氏「安內攘外」政策。

八年抗戰—誣指蔣氏獨裁統治。

堅持獨裁內戰到蔣家王朝的覆滅—稱此時爲「國內解放戰爭」，曲解「動員戡亂」之史實。

蔣介石在臺灣—刻意抹煞蔣氏對台灣建設之貢獻及影響力。

蔣介石生平大事記(丁秋潔編著)

附錄　本書徵引書目

注釋

後記

註釋

❶ 費正清：《美國與中國》（The U.S and China），頁一四二；費正清：《中國歷史的海陸：緒論》（Introduction Maritime and Continental in China's History），頁六。轉引自艾愷：《西方史學論著中的蔣中正先生》，（蔣中正先生與現代中國學術研討會，民國七十五年十月二十六日至三十日），頁三。

❷ 同❶，艾愷：《西方史學論著中的蔣中正先生》，頁三。

❸ 引自鄒讜：《美國在中國的失敗（一九四一～一九五〇）》、(*America's Failure in China* 1941-1950、Chicago: University of Chicago Press, 1963)、頁一〇三。

❹ John Meskill, *An Introduction to Chinese Civilization,* (London, D.C. Health and Company, 1973), P.285.

❺ O. Edmund Clubb, *Twentieth Century China,* (New York, Columbia Univesity Press, 1978), P. 158.

❻ Schwartz, Benjamin I. *"Themes in intellectual History: May Fourth and after" in Republican China,* 1912-1949, Part I, edited by John K. Fairbank. *The Cambridge History of China.* Vol. 12 (New York, Cambridge University Press, 1983), P.447. Fairbank, John K, Reischauer, Edwim O., Craig, Albent M., *East Asia, The Modern Transformation.* (Cambridge, Harvard Vniversity Prese, 1965), P.713.

❼ 同❶，艾愷：《西方史學論著中的蔣中正先生》，頁四，轉引自巴科夫，《中國的強人》，《蔣中正先生傳》，頁二七〇；費正清：《美國與中國》，頁四〇四；福斯特：《蔣中正先生伉儷》，頁

一〇〇；畢仰高，《中國革命的根源》（一九一五～一九四九）》，頁一二七；杜勉，《遲來的革命》，頁五五八；易新強，《中國學生的民族主義》，頁九六～九七。

❽ 同❶，艾愷，《西方史學論著中的蔣中正先生》，頁四。

❾ 同❶，頁四。

❿ 見白吉爾（Marie-Claire Bergere，《中國資產階級（一九一一～一九三七）》，頁八二〇；易勞逸，《失敗的革命》，頁六六～六九；費正清，《美國與中國》，頁九～一〇、五〇、二四二、二三九；梅斯基爾，《中國文明導論》，頁二八五、三一一；畢仰高，《中國革命之根源（一九一五～一九四九）》，頁一二七、一二八；摩伊斯（Edwin E. Moise），《現代中國史》（*Modern China A History*），頁六九～七〇；史華茲，《智慧史的主題：五四運動及其前後》，頁四四一；貝克曼（George M. Beckmann），《中國與日本的現代化》（*The Modernization of China and Japan*），頁四一七。……等書皆強調蔣中正先生受孔子的影響。

⓫ Domes, Jurgen, *Vertagte Revolution, Die Politik der Kuomintang in China,* 1923-1937. (Berlin, Walter de Gruyter & Co., 1969), P.P699-700.

⓬ Isaacs, Harold R., *The Tragedy of the Chinese Revolution,* 2nd ed., (New York, Atheneum, 1966), P.88-162.

⓭ 同❶，頁六。

⓮ 同❶，頁六。

⓯ 同❶，頁七。

⓰ 同❶，頁一〇。

⓱ 同❶，頁三六。

⓲ 同❶，頁五三。

⑲ 由中國歷史學會、國史館、中央研究院近代史研究所、中國國民黨黨史會共同主辦之《蔣中正先生與現代中國學術研討會》，與會的海內外學者約有三百人，於民國七十五年十月二十六至三十日，台北市國立中央圖書館舉行。

⑳ 吳安家：《中共史學新探》（台北，幼獅文化事業公司出版，民國七十二年九月初版），頁一六六。

㉑ 根據蔣中正著《蘇俄在中國》一書的記載，中共在北伐時期，就已在廣州市面上散播傳單，攻擊蔣先生為「新軍閥」，而今中共出版之有關民國史之論著，仍然對蔣中正先生冠上「軍閥」之字眼。

㉒ 李新、孫思白主編：《民國人物傳》第一卷（北平，中華書局，一九七八年八月出版），頁一一五～一一六。

㉓ 李新著《中國新民主主義革命史講話》，（廣東人民出版社，一九七七年十二月出版），頁三四～三五。

㉔ 陳獨秀：〈告全黨同志書〉，民國十八年十二月十日寫。

㉕ 黎東方著《蔣公介石序傳》，（台北，黎明文化事業公司，民國六十五年出版），頁一八～一九。

㉖ 同㉕，頁二七～三六。

㉗ 同㉓，李新：《中國新民主主義革命史講話》，頁三五～三六。

㉘ 〈上海總工會暴動書〉（一九二六年五卅起至一九二七年五卅止），油印本，原件存中國國民黨黨史會。

㉙ 荷生：《上海共產黨三次暴動史》，《現代史料》，第三集（上海，海天出版社，民國二十三年四月出版），頁一七〇。

㉚ 馬超俊等：《中國勞工運動史》，（中國勞工運動史編纂委員會出版），頁六五〇。

㉛ 同㉘。

㉜ 同㉚，馬超俊等著《中國勞工運動史》，第二冊，頁六三八。

㉝ 文材，《記共黨汪壽華之生平》，現代史料，第三集，（上海，海天出版社出版，民國二十三年四月初版），頁三八八。

㉞ 同㉕，黎東方：《蔣公介石序傳》，頁二二九。

㉟ 同㉕，黎東方：《蔣公介石序傳》，頁二三〇。

㊱ 中共中國社會科學院經濟研究所撰《中國資本主義工商業的社會改造》（人民出版社，一九七八年十月出版），頁三四、三五。

㊲ 薛光前：《艱苦建國的十年》（台北，正中書局，民國六十年五月出版）。

㊳ 曾景忠編：《中華民國史研究述略》，頁二三〇（中國社會科學出版社，一九九二年六月第一版。）

㊴ 見〈試論抗日戰爭中的蔣介石〉（嚴如平、鄭則民，《民國檔案與民國史學術討論會論文集》，轉引自曾景忠編：《中華民國史研究述略》，頁二三〇。

㊵ 羅正楷：〈抗日戰爭時期蔣介石集團與汪精衛集團的關係〉，《教學與研究》，一九八六年第五期，引自曾景忠：《中華民國史研究述略》，頁二三一。

㊶、㊷、㊸ 蔡德金：〈試論抗戰時期蔣汪關係的幾個問題〉，《民國檔案與民國史學術討論會論文集》，引自曾景忠：《中華民國史研究述略》，頁二三一。

㊹ 李雲漢：〈評《蔣介石生平》〉，《國史館館刊》，復刊第十二期，（民國八十一年六月出版）頁二五五～二七四。

第二節 對汪精衛先生的研究與評價概述

壹 前言

民國二十七年（一九三八）十二月，正當抗日戰爭進入相持階段的時候，國民黨陣營內以汪精衛爲首的一部分親日賣國份子，公然叛國投敵，由重慶逃往河內，轉赴日寇佔領的上海，並在南京成立了僞中華民國政府。汪精衛、周佛海叛逃以後，曾經有一種廣爲流傳的說法，說這是蔣中正先生和汪精衛之間串演的雙簧，汪精衛是奉蔣中正先生之命公開賣國投降與日本勾結成立僞政權的。至今，部份大陸史家仍持這種觀點，本文擬就此觀點加以駁正探討。

貳 大陸學者研究汪僞政權之概況

大陸首次汪僞政權問題學術討論會於民國七十五年（一九八六）五月六日至九日在北京師範大學舉行。會議由北京師範大學馬列毛思想研究所發起並主持。與會者包括四名日本學者，共計三十九人。主要討論下列幾個問題：

㈠日本帝國主義的誘降政策

與會者指出，中日戰爭初期，日本一面以武力侵略中國，一面又進行政治「謀略」活動即誘降活動，並將此作爲一項國策。……一方面扶植汪兆銘在南京成立「新中央政府」，另一方面又繼續對重慶國民政府實施「謀略」活動。其間重大活動有：與「宋子良」的談判；通過交通銀行總經理錢永銘，以及燕京大學校長司徒雷登等路線的「和平工作」……關於日本學者指出「和平工作」的性質和目的，大陸學者不同意其觀點，認爲日本發動的「和平工作」，是配合軍事迫降而採取的政治誘降手段，是爲日本的基本國策服務的。❶

(二)汪僞集團叛逃的原因

與會者一致認爲原因是多方面的，但決定性的原因是什麼，則有著不同的看法：第一種意見認爲，汪僞集團叛國投敵的決定性因素是汪兆銘與蔣介石之間在策略上的嚴重分歧。汪反對抗日與聯共抗日，與蔣意見相左。第二種意見認爲，汪叛國投敵的原因有二：一是外因，即日本以華制華的誘降政策，二是內因，即抗戰亡國論的民族失敗主義和民族投降主義。而後者是根本的原因。第三種意見認爲，汪僞集團的叛國投敵，表明大地主、大資產階級中親日派同親英美派的公開分裂，反映了前者的要求，有一定的階級基礎。第四種意見認爲，汪僞集團之所以投敵，主要是因爲患了「恐赤病」，害怕共產主義，害怕共產黨的發展，認爲如果抗戰，共產黨必將得勢，而蘇聯就會乘勢支配中國。要與共產主義作鬥爭，只能依靠英美或日本，但英美靠不住，因此，只

有投靠日本。❷

(三) 汪偽政權的特點及其本質

大陸學者認爲，汪僞政權與日本在中國佔領區建立的其他僞政權，本質上是一樣的，但是又有著以下幾個特點：1.從人員構成來看，僞滿洲國等其他僞政權，雖然也有一些原國民黨軍政人員，但主要的是清朝遺老、王公貴族或北洋軍閥餘孽；而汪僞政權的主要成員基本上是原國民黨的黨政軍要員，都是有統治經驗的。2.汪僞政權是經過長期醞釀之後成立的，不僅成立了僞國民黨，作爲僞政權的核心，而且從「中央」到「地方」，從「內政」到「外交」，機構之完備是其他僞政權不能比擬的。3.汪僞政權打著國民政府「還都」旗號，以國民黨、三民主義、青天白日旗自我標榜，形式上是「獨立」的；操縱它的日本人是以「顧問」的面目出現，不像其他僞政權直接由日本侵略者操縱。4.由於具有上述特點，汪僞政權比其他僞政權，對淪陷區人民有更大的欺騙和麻醉作用，特別是得到上海一些親日派資產階級的支持。❸

(四) 重慶國民政府與汪偽政權的關係

第一種觀點，認爲汪僞集團的叛逃得到了蔣介石的默認，原因是蔣介石並沒有放棄與日本談判「和平」的企圖，並且同意派高宗武前往香港、上海甚至東京，暗中與日本接觸，這些都爲汪兆銘、周佛海所利用。從這種意義上講，蔣介石的對日妥協傾向，爲汪僞集團的叛逃鋪平了道路。第二種觀點認爲汪僞集團叛逃與蔣介石是沒有關係的。這是因爲，第一，汪僞集團之所以叛逃，是由於與蔣介石在抗日及國共合作政策上有分歧。日本誘使汪叛逃，也是扶汪反蔣，使其取蔣而代之；第二，汪僞集團與日本勾結，策劃叛逃行動的計劃，是背著蔣介石秘密進行的；第三，汪發表「艷電」後，蔣介石開除了汪的黨籍，撤消其一切職務，後又指使軍統採取暗殺行動；第四，汪僞集團的核心人物陳公博、周佛海在叛逃以後及被捕受審時，也一再否認「和平運動」與蔣介石有關係。❹

綜上所述，大陸學者一致認爲，汪僞政權史的研究已取得一些成果，但還需要從社會、心理及經濟等角度，進一步解剖和分析中國現代史上這一特殊現象。關於汪僞政權史研究的具體內容，大陸學者大致歸納出十個方面，即㈠日本帝國主義是怎樣扶植、操縱和利用汪兆銘傀儡政權的？㈡以汪爲代表的親日派大資產階級是怎樣投降日本帝國主義的？㈢汪僞集團叛國投敵是在什麼歷史條件下出現的？㈣親日派大資產階級與民族資產階級的關係；㈤汪僞政權的政治統治；㈥軍事力量的發展和消亡；㈦經濟史及其漢奸文化；㈧清鄉運動；㈨新國民運動；㈩以及漢奸人物等。

參　對中共曲解汪蔣關係之駁正

大陸學界對汪精衛與蔣中正先生之間的關係，曲解之處，大致如下：

㈠汪偽集團的叛逃得到了蔣介石的默認，出現蔣汪唱「雙簧」的輿論，也是不無原因的。蔣介石並沒有放棄與日本談判「和平」的企圖，並且同意派高宗武前往香港、上海甚至東京，暗中與日本接觸，這些都為汪兆銘、周佛海所利用。從這種意義上講，蔣介石的對日妥協傾向，為汪偽集團叛逃鋪平了道路。……㈡國民黨曾派遣若干人員參加汪偽政權、軍統、中統、第三戰區等在上海、南京的地下人員，也與陳公博、周佛海保持一定的聯繫，暗通款曲，……㈢重慶國民政府和汪偽政權，在反共問題上，有某些共同之處。日本帝國主義和汪偽政權力圖以反共誘使重慶停止抗戰，實現中日「和平」，寧渝「合流」與「合作」；重慶國民政府也希望借日本和汪偽之手，削弱以至消滅共產黨……蔣介石是利用偽軍反共和搶奪抗戰勝利果實。[5]

事實上，就上述第一點而言汪偽集團叛逃與蔣中正先生是沒有關係的。大陸學者蔡德金、李惠賢舉出四個原因作為例證：

㈠汪偽集團叛逃，是由於與蔣介石在抗日及國共合作政策上有分歧。日本誘使汪叛逃，也是扶汪反蔣，使其取蔣而代之；㈡汪僞集團與日本勾結，策劃叛逃行動的計劃，是背著蔣介石秘密進行的；㈢汪發表「艷電」後，蔣介石開除了汪的黨籍，撤消其一切職務，後又指使軍統採取暗殺行動；㈣汪僞集團的核心人物陳公博、周佛海在叛逃以後及被捕受審時，也一再否認「和平運動」與蔣介石有關係。❻

其次關於蔣中正先生是否同意派高宗武前往香港一事，蔡德金在〈汪精衛集團叛國投敵的前前後後〉一文中，有如下的說法：

> 蔣介石在作出派高宗武前往香港的決定時，仍有顧慮……他怕派高宗武去香港活動，「將要被和平派所乘」，因此也就很猶豫。在高離漢口的頭一天，他讓王寵惠告訴高宗武「不可去香港」，只在漢口活動就可以了。在蔣介石看來，無論「戰」或是「和」，其權力只能操在他的手中，而絕不允許汪染指。如果由於高宗武的活動而促使汪精衛直接與日寇勾結，對他的地位，不能說不是一個極大的威脅。事實的發展演變，證明蔣的這種顧慮是有道理的。蔣介石突然不讓高去香港的決定，使周佛海非常驚恐。周認爲，如果高不能去香港，中日聯繫繼續中斷，戰局將越發不可收拾，遂決定造成既成事實，迫使蔣介石承認，因而催高快走，表示一切由他向蔣交待。高走後，周以「高在漢口得不到情報，所以他上上海去了」爲詞，報告了蔣介石。❼

可見高宗武之到香港皆是周佛海在幕後一手導演，而蔣中正先生則被蒙在鼓裡，一點也不知情。

至於關於國民黨曾派人參加汪偽政權，有暗通款曲之嫌的說法，事實上根據大陸學者蔡德金談稱：

> 就目前所看到的材料而言，其主要目的是為了獲取情報，分化、瓦解汪偽集團。……日本投降後，國民黨立即取締了汪偽政權的各級機構，逮捕，公審了大小漢奸，即使被委以要職的漢奸，後來也分別情況進行了處理。❽

此一說法，應較合乎史實，並可澄清了「互通款曲」之說。最後有關蔣中正先生被指為聯日聯汪來反共滅共之說法，事實上，這是中共刻意扭曲史實的作法，就事論事，當年中共聯汪倒蔣反蔣之事，不勝枚舉，破壞抗戰之罪行，更是歷歷在目，不容否認，茲舉「汪共合作」以為鐵證：

> 中共與一切淪陷區內的漢奸偽組織合作，汪精衛的偽組織也是其中的一個偽組織，中共自然也要和他合作，中共在後方不斷的宣傳，說什麼（打倒汪派漢奸）之類，實際上只是一種別有用心的口號，在戰區裡，中共和汪逆的偽組織有很密切的往來，汪逆可以為了自己的私利，置國家民族於不顧，出奔投敵，甘心為虎作倀，這是利慾薰心的

一念之差，這正和中共是「同共聲調」。關於汪逆與中共的合作問題，連在美國華盛頓的觀察家都認爲，日蘇中立之條約中，或在有其他秘密條類甚至可促令中共和汪精衛合作，他們更認爲中共甚至可以背棄蔣委員長，轉而幫助汪精衛，汪逆最近更派他的駐港新聞專員李健峯，極力拉攏中共份子，並且和共黨鄒韜奮主辦的華商晚報接洽，願在經濟方面幫助，並且保證他們到上海去，可以安全無虞，接著就有許多中共份子和左傾文化人到上海去了。現在把幾個電報原文抄錄下面：

1.民國三十年五月美國華盛頓電：「據此間某觀察家談稱，日蘇中立條約中或有秘密條款，甚至可促令中國共產黨與汪精衛合作，且由各方情勢觀察家，中國共產黨，甚至可以背棄蔣委員長，轉而幫助汪精衛。」

2.民國三十年六月香港電：「汪逆近派其駐港新聞專員李健峯，極力拉攏中共及左傾份子，並與華商晚報接洽，願在經費方面資助，並保護彼等赴滬之安定，連日由渝及港之中共份子及左傾文化人，赴滬者頗多，又滬新聞報編輯曹天縱，因言論反共，竟被僞方警告，迫其離滬。」

3.民國三十年五月成都電：「中共最近活動方針，爲實行投靠敵僞，與汪逆訂定密約，在後方藉汪逆資助，實行暴動政策，企圖三面（敵僞與中共）夾攻，以動搖中央政府。」[9]

從上述電文可知「汪共合作」、「汪共合流」已是不爭的事實。

另從李國祁先生在其〈國父去世後汪精衛的爭權〉乙文中更明確的指出「汪精衛為了爭權，與蘇俄顧問鮑羅庭（M.M. Borodin）及中共相結，甘心為彼等利用，使中共坐大。」⑩可見汪精衛北伐前後即與共黨合流，而不是自抗戰時期才與日本和中共合流。李國祁先生對汪精衛下了這樣的結論：

可知汪精衛的整個爭權過程，無論第一階段或第二階段，均是與鮑羅庭及共黨密切結合，先是以消滅滇軍楊希閔、桂軍劉震寰之亂為號召，聯絡許崇智與蔣中正先生，孤立胡漢民，建立汪精衛的良好形象。進而取得國民政府及軍事委員會的主席地位，使其排胡爭權得到初步的成功。再借廖仲愷被刺事件，廣予牽連，將胡漢民在黨政中及許崇智在軍中的勢力連根拔除。這一套政治爭權手法大體上是本之於共黨的分化、製造矛盾、利用矛盾、展開鬥爭的理論，其整個進行的公式是：

分化→製造矛盾→利用矛盾→展開鬥爭
利用矛盾→分化→加深矛盾→展開鬥爭

並且將這一公式反覆運用，於是使汪精衛的權力與地位步步高升，爭權的計謀乃得逐步進展。當然在這整個的過程中，共黨的勢力亦日益擴張。一旦共黨的勢力無論在國民黨，或國民政府中，不可復制，亦即汪精衛的利用價值完全消失時，則汪氏本人亦勢必爲其排除。故中山先生去世後汪精衛的爭權，在鮑羅庭及中共心目中，不過是其整個赤化國民黨，甚至全中國的一部份，汪精衛只僅是被利用的主要工具而已。很不幸，汪氏本人由於利慾薰心，不能對鮑羅庭的手法從根本上認識，甘爲其利用。這是何以汪精衛日後爲治史者不齒的原因。而且由此也可看出，汪精衛的爲其個人私慾出賣國家，實不自抗戰時期投降日本始，此時他已罔顧黨國利益，陷於鮑羅庭及中共的彀中，甘心爲彼等作爲鬥爭的工具。由他在中山先生過世後，所表現的行爲，如將黨國最高的權力中樞—中央政治委員會，改在鮑羅庭私宅舉行，已充分表示出，自胡漢民、許崇智被逐後，他已幾全成爲鮑羅庭的政治傀儡，甚至在中外歷史上，很多政治傀儡其格調尚未低下至如此地步。汪精衛的政治人格及道德價值觀念，確實存在有嚴重問題，這不僅使他在我國近代史上的價值，不能與胡漢民相比，而且也可以說是極爲少見的。

由此可知汪精衛之於北伐前後甘受鮑羅庭及中共之利用在前，又於抗戰時期甘受日本及中共之利用在後，前後呼應，其來有自，乃皆歸因於爲個人私慾罔顧國家利益所致。雖然汪精衛的漢奸屬性已爲學界公認，可是對於「汪共合流」而非「汪蔣合流」，史實昭然若揭，不容大陸學界曲解竄改。

肆　近年來大陸學界對汪僞政權之研究重點

近年來大陸學界對汪僞政權的研究，十分活躍，淪陷區研究的主題也常常通過這個領域得以展現。關於汪精衛集團投敵原因的探討和爭論迄今尚在繼續。大陸學者們在確認汪投敵原因是多方面的前提下，對何種因素起決定作用存在分歧意見。一種意見認爲，日本帝國主義的誘降政策是汪精衛集團投敵的外因，汪精衛的民族失敗主義和投降主義的惡性膨脹是內因，亦是根本原因。而蔣中正的抗戰兩面政策爲汪精衛投敵鋪平了道路。[11]另一種意見認爲，汪精衛集團投敵表明大地主大資產階級內部親日派和親英美派的公開分裂，反映了前者的要求，有一定的階級基礎。[12]持第三種意見的學者把決定原因歸於汪蔣分歧。但有人強調蔣汪之間的政策分歧，即對日抵抗還是妥協，聯共抗日還是反共內戰；[13]而有人強調蔣汪之間的權力之爭，認爲汪精衛因爭奪最高權力未遂而出逃。[14]上述意見雖然各執一詞，但一致否定過去較爲普遍的一種看法，即認爲汪投敵得到了蔣中正的庇護或默認，是蔣汪的一幕「雙簧戲」。大陸學者們以充實的史料論證，汪精衛叛逃與蔣中正沒有關係。但指出，曾出現的蔣汪唱「雙簧」的輿論也是不無原因的，主要在於蔣中正未放棄與日和談企圖，並同意派高宗武秘密與日接觸，這爲汪精衛、周佛海的投敵活動所利用。

在關於汪僞政權如何建立的課題內，也聚集著一連串的問號。僅對於汪精衛何時決定由他出馬建立僞政權問題的意見，就有五說。[15]其他問題，如日本一再延宕汪僞政權成立的緣由等等，更是衆說紛紜。黃美眞在〈汪精衛傀儡政權是怎樣建立起來的？〉[16]一文中，對本課題進行了周詳的論述，該文本末清晰，引證確鑿，立論持平，在一些重要問題上有獨到的見解。譬如，上面提到有關汪精衛何時決定成立僞政權的五說，一般都認爲是在民國二十七年（一九三八年）十二月汪逃離重慶之後，但黃文認爲汪精衛最早接觸這個問題是在民國二十七年（一九三八）十一月中旬汪日雙方代表在上海重光堂舉行秘密談判至汪逃離重慶之間的一個月裡。這一見解的提出及其論證，不僅充實了關於汪僞政權建立的探討，而且加強了有關汪集團叛國問題的研究。尤爲值得一提的是，黃文在闡述汪僞政權建立的特點時，運用了比較史學的某些方式，闡述了它同其他僞政權的不同之處。文章指出，汪僞政權不同於僞滿洲國、「臨時」、「維新」等傀儡政權的主要特徵在於：它以原國民黨中高級幹部爲主體，有完備的政權形態，居於「中央政府」的地位，有完整的政綱，又標榜所謂「黨統」。因而它從日本那兒得到的「待遇」略優於其他僞政權。作爲一個「有相對獨立性的政權」，它具有外交、內政等方面形式上的「自主權」。也正因此，它對於中國抗戰事業具有更大的危險性。

再者，大陸許多學者已著手研究汪僞政權的其他專題，並初見成果。在汪僞軍事政治等課題中，余子道系統考察了汪僞整個軍事力量的消長⑰，石源華則集中論述了汪僞「和平救國軍」的建立、發展及其消亡⑱，黃美眞等對汪僞特工總部這股邪惡勢力的興亡及其在汪僞政權中所起的異乎尋常的作用進行了較爲深刻的揭露⑲。余子道撰文對汪精衛政府在日本對華新政策的指揮棒下演出的「獨立」、「統一」活動作了詳盡深入的評析。⑳張雲的〈汪僞政權的覆滅與漢奸的審判〉一文㉑，在掌握大量珍貴史料，尤其是汪僞檔案的基礎上，對汪僞政權的垮台以及漢奸投靠國民黨、國民黨利用漢奸的情況進行了詳細的評述，並分析了蔣中正的審奸工作。上述的文章，說明了大陸學界已有系列的在研究汪僞政權，也有些重點出現，但遺憾的是，目前還沒有得到汪僞政權史付梓出版的信息。此外，這些論文絕大部份是「一花獨放」，顯然不利於學術研究的深入。

目前大陸地區以研究汪精衛個人歷史較著稱之書籍，則以大陸學者蔡德金著：《汪精衛評傳》乙書，較具代表性。[22]又台灣地區歷史學者孫子和先生對蔡著《汪精衛評傳》亦寫有書評[23]，書評中談到該書最大的優點，是資料最多，尤其選用台北發表史料，初步統計，達六十一處之多，包括中國國民黨中央黨史會發佈之史料，頗予人以開明、公正之假象，認爲應能符合學術研究之精神及原則，加上其十年研究之功力，相信對汪精衛會有公正、客觀的評論，也必然會有令人滿意的成果，然而我們根據以上的觀察，不能不表示相當的遺憾與失望。從孫子和先生彙整出附表的資料中，發現蔡德金先生引用臺灣發佈史料，頗有斷章取義，不盡不實之嫌；全書內容，一般歷史的敘述，人名、地名、史實，混淆不清，錯誤百出；觀念上，以有利於中共之立場與發展爲定向，以爲反共就是反革命，對於蔣中正先生，百般予以誣蔑；汪精衛以國民黨左派領袖自居，以改組派與中央發生爭執時，極力加以吹捧，一旦心存反共，便成了「反革命」的最大罪人。尤其被公認「爲民國史上投機風雲人物」之楊度，只因他「毅然參加中國共產黨，成爲 個馬克思主義者」，便「功大於過，是一個必須肯定的人物」，其評論人物的標準如此，如何還能求其客觀與公正？

蔡德金著「汪精衛評傳」引用臺北出版品之附註表

(引自孫子和：〈詳《汪精衛評傳》〉乙文，《中國現代史書評選輯》(八)，台北，國史館出版，民國八十二年六月)

編號	頁碼	本書附註	補充改正說明
一	九	「傳記文學」，第三十四卷第二期。	頁碼、出版者及時間均不詳。查臺北出版之「傳記文學」本期並無所引資料。
二	九	「胡漢民自傳」第二一頁。	即中國國民黨中央委員會黨史史料編纂委員會編輯之「革命文獻」第三輯，總三八三頁，但無本書引號中語。
三	二五	「胡漢民自傳」。	見同上「革命文獻」第三輯，總三八七頁
四	三一	顏清湟：「星馬華人與辛亥革命」第四三九頁，臺北聯經出版公司。	「星馬華人與辛亥革命」一書，主要係據著者一九六九年在澳洲國立大學之博士論文修改而成，原爲英文，經李恩涵譯成中文，臺北聯經出版事業公司民國七十一年五月初版。
五	五四	「民國初建與南北議和」，「民國史實與人物論叢」第六頁，臺北。	「民國史實與人物論叢」係沈雲龍所著，民國七十年九月一日，初版，傳記文學出版社出版，列入傳記文學叢刊六。
六	五九	「胡漢民自傳」，「革命文獻」第三輯，第六一頁，臺北版。	即本表第二欄「革命文獻」第三輯，總四三三頁。

七	七五	「革命文獻」第十六輯，總第二七七三—二七七六頁，臺北。	本輯「革命文獻」爲中國國民黨中央委員會黨史史料編纂委員會編輯，引文標題爲「中國國民黨中央執委會頒發容納共產份子問題之訓令」。
八	九〇	「汪精衛致陳璧君函，答勸辭去國府委員」，轉引自「現代史論集」第七輯，第一三九頁，臺北版。	「現代史論集」第七輯，係張玉法主編，民國七十一年由臺北聯經出版事業公司印行，該書所引汪函，係引自中國國民黨中央黨史會民國六十七年出版蔣永敬編著之「胡漢民先生年譜」頁三四九。
九	一〇五	古屋奎二：「蔣總統秘錄」第六冊，第八六頁，臺北版。	本書原在日本「產經新聞」連載，由臺北中央日報譯印，民國六十五年四月四日初版。
一〇	一〇七	蔣介石：「爲處置中山艦事件自請處分呈」，一九二六年三月二十三日，「革命文獻」第九輯，總第一二九三頁。	「革命文獻」第九輯係中國國民黨中央委員會黨史史料編纂委員會編輯，蔣先生此呈載該輯總一二九二—一二九三頁，署名「蔣中正」。
一一	一一七	「吳稚暉在中央監察委員會臨時會議上報告」，一九二七年四月二日，「革命文獻」第十六輯，總第二七九八頁。	本輯「革命文獻」此處所載爲「蔣總司令爲支持汪兆銘復職之通電」，時間爲民國十六年四月三日，並非吳稚暉之「報告」，本書稱「蔣並許諾事成之後，再由汪主持大計」，蔣總司令原電亦非如此。

一二	一一九	「蔣總司令爲支持汪兆銘復職之通電」，「革命文獻」第十七輯，總第三〇八八頁。	蔣總司令此一通電載於中國國民黨中央委員會黨史史料編纂委員會編輯之「革命文獻」第十六輯，總二七九七－二七九八頁，引文應爲「自汪主席歸來以後，所有軍政、民政、財政、外交諸端，皆須在汪主席指揮之下，完全統一於中央；中正唯有統率各軍，一致服從。至軍政、軍令，各有專屬，軍政大計，應歸統一，而中正獨司軍令，俾專責成，同心一德，完成革命」。本書資料出處記載錯誤，引文文字略有出入，且有斷章取義，任意曲解之處。
一三	一四〇	「李宗仁致汪精衛等齊電」，一九二七年八月八日，「革命文獻」第十七輯，總第三一〇四頁。	中國國民黨中央委員會黨史史料編纂委員會編輯之「革命文獻」第十七輯，此處原題「寧漢合作實現以前雙方中央委員重要電文兩通」，本書此處所引爲第一通「寧致漢電」，正如內文所稱，係李宗仁領銜致汪等電，並非李某單獨一人所發之電，同電具名者爲李宗仁、白崇禧、何應欽、蔣中正、胡漢民、李烈鈞、張人傑、鈕永建、蔡元培、吳敬恒、李煜瀛。
一四	一四一	「汪精衛覆李宗仁蒸電」，一九二七年八月十日，「革命文獻」第十七輯，總第三一〇五頁。	此即上項所稱「文電兩通」之第二通「漢覆寧電」，係由汪領銜，並非汪個人具名，此電具名者有汪兆銘、譚延闓、程潛、孫科、陳公博、唐生智、顧孟餘。

<table>
<tr><td>一五</td><td>一四七</td><td>見李雲漢：「從容共到清黨」第七七四頁，臺北版。</td><td>李雲漢「從容共到清黨」，著者自行出版，民國五十五年五月初版，六十二年八月影印版，七十六年八月影印二版，臺北及人書局總經銷，日本東京東豐書店經銷。</td></tr>
<tr><td>一六</td><td>一六三</td><td>關於「改組同志會」成立的時間說法不一，此處採用了沈雲龍編著的「黃膺白先生年譜長編」的說法，見該書上冊第三七一頁，臺北一九七六年十一月初版。</td><td>沈雲龍編著「黃膺白先生年譜長編」上冊，民國六十五年一月初版，臺北聯經出版事業公司出版。本書未註出版者，時間之月份亦誤。</td></tr>
<tr><td>一七</td><td>一九九</td><td>「政府當局之決策與處置」，秦孝儀編：「中華民國重要史料初編—對日抗戰時期」第一編「緒編」(一)，第四三〇—四三一頁。</td><td>爲慶祝中華民國建國七十年，大量開放史料供學術界研究之需，中國國民黨中央黨史會主任委員秦孝儀主持編輯「中華民國重要史料初編——對日抗戰時期」七編三十六巨冊，由中國國民黨中央委員會黨史委員會出版，因參與編輯部份人員職務更動，中途易人接辦，全書歷時七年有餘始全部出齊問世，所輯中央黨史會庫藏及總統府機要檔案即習稱之「大溪檔案」，皆一手原始史料，原件照印，不更一字，爲國內信實可徵之重要史料，本書引用第一、六兩編，尤以第六編「傀儡政權」參用最多，但選用、銓釋並非全然公平。</td></tr>
</table>

一八	二二〇	「致何應欽等電」，一九三三年五月二十四日，「革命文獻」第三十八輯，總第二二二四頁。臺北版。	臺北版「革命文獻」爲中國國民黨中央委員會黨史史料編纂委員會編輯，「致何應欽等電」乃行政院長汪兆銘致軍政部長代理軍事委員會北平分會委員長何應欽、行政院駐平政務整理委員會委員長黃膺白（郛）電。惟本書內文引述蔣委員長四月十日在南昌對各將領之訓話，附註引註此電，出處與內容風馬牛不相及。
一九	又	「致何應欽等電」，一九三三年五月二十四日，「革命文獻」第三十八輯，總第二二二五頁。	所註爲軍事委員會蔣委員長中正致北平何應欽、黃郛、內政部長黃季寬（紹竑）電，與電文引用四月十九日汪在中政會之談話出處不符。
二〇	二二一	「黃郛致蔣介石電」，一九三三年五月十三日，「革命文獻」第三十八輯，總第二二一五頁。	所指即「行政院駐平政務整理委員會委員長黃郛在滬致軍事委員會蔣委員長中正電」。
二一	又	「致黃郛電」，「革命文獻」第三十八輯，總第二二二〇頁。	所引爲民國二十二年五月二十二日「行政院長汪兆銘致行政院駐平政務整理委員會委員長黃郛電」。
二二	二二二	「致何應欽等電」，一九三三年五月二十三日，「革命文獻」第三十八輯，總第二二二四頁。	所引爲行政院長汪兆銘致軍政部長代理軍事委員會北平分會委員長何敬之（應欽）、內政部長黃季寬（紹竑）、行政院駐平政務整理委員會委員長黃膺白（郛）漾未電。

二三	又	「致何應欽等電」，一九三三年五月二十四日，「革命文獻」第三十八輯，總第二一二五頁。	所指爲行政院長汪兆銘致北平何應欽及黃郛之敬午電。本書引文指爲「汪又提出……」，實則在電中轉達「國防會議議決」，並非汪個人提出意見，最後且有「其條件須經中央核准」一語，而爲本書所未引者。
二四	二一三三	「致何應欽等電」，一九三三年五月二十九日「革命文獻」第三十八輯，總第二一三三頁。	所引爲行政院長汪兆銘致北平何應欽、黃郛之艷午電。
二五	又	「書面談話」，一九三三年五月三十一日「抗戰前華北政局史料」第二七五頁，臺北版。	「抗戰前華北政局史料」一書，編者爲李雲漢，臺北正中書局出版，民國七十一年二月臺初版，爲正中「中國現代史史料選輯」之一。本書所引，係行政院長汪兆銘當日發表之書面談話。
二六	二一九	「黃郛致汪兆銘皓電」，一九三四年四月十九日，「抗戰前華北政局史料」第六七頁。	「抗戰前華北政局史料」一書詳細資料同前。
二七	又	「黃郛致汪兆銘皓電」，一九三四年五月十日，「抗戰前華北政局史料」第六八頁。	同前。

二八	二二〇	「朱家驊致高宗武等電」，一九三四年十一月十二日，「抗戰前華北政局史料」，第一一三頁。	所引係交通部長朱家驊致與日方會談東北通郵代表高宗武等之文二電。所載之書宜詳註。
二九	二二三	參見李雲漢「抗戰前華北政局史料」第四二六頁。此處記述：「此前的二月十六日，國際法庭法官王寵惠在得汪指示以後，離上海往日本。……並提出三項原則」。	李著此處爲一項附註，據「太平洋戰爭之路」③頁八六及赤松佐之著「昭和十年之國際情勢」稱，王寵惠受蔣委員長密命，於四任海牙國際法庭法官時，赴日訪問，二月十九日抵東京，分訪廣田（十九）、岡田（二十一）、荒木（二十三）、牧野（二十四）、出淵（二十五）等。三月四日離東京，王與廣田會談時，提出改善中日關係三原則，王氏訪日過程，與本書所稱未盡相同。
三〇	二二三	「黃郛呈蔣介石電」，一九三五年五月三十日，「緒編」㈠第六二頁。	所指爲民國二十四年五月三十日黃郛自上海轉呈爲天津日駐屯軍代表酒井及日關東軍代表高橋向北平軍分會提出聲明七條事呈南京汪院長、成都蔣委員長電，載「中華民國重要史料初編——對日抗戰時期」第一編，緒編㈠，第六七二—六七三頁，本書所註第六二頁，誤。
三一	二二四	「何應欽呈蔣介石電」，一九三五年六月九日，「緒編」㈠，第六八〇頁。	所引即當日代理軍事委員會北平分會委員長何應欽爲日軍提出取消河北省內黨部及撤退五十一軍與中央軍等無理要求四點呈成都蔣委員長及南京汪院長電。

三二	又	「抗戰前華北政局史料」第四三七頁。	所引爲民國二十四年七月五日行政院長汪兆銘自上海覆南京軍政部長何應欽支申秘電之歌電。
三三	二四二	程天放：「西安事變」，「革命文獻」第九十五輯，第四二一頁，臺北版。	「革命文獻」第九十五輯係中國國民黨中央委員會黨史委員會編輯，民國七十二年六月出版於臺北。所錄「西安事變」爲程天放「使德回憶錄」部份內容。
三四	二五五	陶希聖：「潮流與點滴」第一六五頁，臺灣傳記文學出版社。	陶著列爲「傳記文學叢刊之二」，民國六十八年六月一日再版。
三五	二六五	「蔣總統秘錄」第十一冊，第一八五頁，臺北版。	「蔣總統秘錄」爲日本產經新聞古屋奎二編著，中央日報社譯印出版，民國六十六年五月三十一日初版，六十七年九月七版。高宗武函「擅越」本書誤作「擅赴」。
三六	二六九	「松本與意大利大使談話」。關於此事，陶希聖在「潮流與點滴」一書中也說：「(民國)二十七年春夏之間，意大利駐華大使亦到武漢來提出調停協議。他這次特別向汪精衛致意，認爲他足主張和意最適當的一人，汪表示謝絕。意大使未得要領而去」。	所引陶著在該書第一六五頁。惟原書稱「調停之議」，本書作「調停協議」；「原書稱「主張和議」，本書作「主張和意」；原書稱「意使未得要領而去」，本書作「意大使……而去」，有數字差異。

三七	又	陶希聖：「潮流與點滴」第一六六頁。	陶著稱：「首次在日本與汪之間奔走的人是唐紹儀的大小姐諸太太。她從香港到漢口來，專誠見汪，說明日本政府不以蔣委員長爲對手，卻希望汪出面講和。」
三八	二七七	宋子文「呈蔣介石電」，「中華民國重要史料初編—對日抗戰時期」第六編「傀儡政權」㈢，第四五—四六頁，臺北版。	所引爲宋子文民國二十七年十月二十三日以英大使對汪兆銘發表和平談話甚爲驚異呈蔣委員長之梗電。「傀儡組織」爲「中華民國重要史料初編——對日抗戰時期」七編中之第六編，秦孝儀主編，中國國民黨中央委員會黨史委員會出版，民國七十年九月初版，臺北。本書作「傀儡政權」，誤。
三九	二八九	「孔祥熙呈蔣介石電」，一九三八年十二月二十二日，「傀儡組織」㈢，第七四頁。	所引爲民國二十七年十二月二十二日孔祥熙以汪兆銘藉赴蓉講演爲詞離渝赴滇呈蔣委員長之養電。該電載「傀儡組織」㈢第四七頁而非七四頁，本書所註頁碼錯誤。
四〇	二九二	「張群致蔣介石電」，一九三八年十二月二十一日，「傀儡組織」㈢，第四六頁。	所引爲當日張群以接汪自河內電告爲和平及防共問題以去就爭致蔣委員長之馬電。
四一	二九三	「龍雲轉呈汪致蔣介石電」，一九三八年十二月二十四日，「傀儡組織」㈢，第四八頁。（原註頁碼錯亂）	所引爲當日龍雲轉呈汪自河內致蔣委員長如對方所提非亡國條件宜及時謀和以救危亡而杜共禍梗電之迴電。

四二	二九九	「開除汪兆銘黨籍決議文」，「傀儡政權」㈢第一二四—一二五頁。	所引即民國二十八年一月一日中國國民黨中央以汪危害黨國予以永遠開除黨籍之決議文。本書註「傀儡政權」誤，應爲「傀儡組織」
四三	又	「陳嘉庚電」，一九三八年十二月三十一日。	所引爲南洋華僑籌賑祖國難民總會主席陳嘉庚以汪贊同日寇亡國條件請宣佈其罪通緝法辦之世電。本書所註出處不詳，此電實載「傀儡組織」㈢第五五頁。
四四	三〇〇	「開除汪兆銘黨籍決議文」。	宜註明爲「傀儡組織」㈢第一二四—一二五頁。
四五	三〇二	「傀儡政權」㈢，第五〇頁。	所引爲民國二十八年一月六日龍雲自陳昌祖處悉汪居河內情形建議勸汪回國免其鋌而走險之魚電。本書註「傀儡政權」㈢，誤，應爲「傀儡組織」㈢。
四六	又	「蔣對汪案處置致龍雲電」，一九三九年一月八日，「傀儡政權」㈡，第五四—五五頁。	所引即當日蔣委員長對汪案處置致龍雲之庚電。本書註「傀儡政權」㈢，誤，應爲「傀儡組織」㈢。
四七	三〇六	陳恭澍：「河內汪案始末」第一九三頁，臺灣傳記文學出版社。	陳著爲臺北傳記文學出版社出版，民國七十二年五月十五日初版，列爲傳記文學叢刊七〇。

四八	三一八	「唐生智陳與龍雲盧漢洽談情形並請示答覆汪函方式之敬電」，一九三九年四月二十四日，「傀儡政權」㈢，第一一八頁。	「傀儡政權」㈢，誤，應爲「傀儡組織」㈢，原電稱「惟領袖之命是聽」，本書稱「惟領袖之命視聽」，有「是」「視」之差。
四九	三一九	「蔣介石致唐生智電」，一九三九年四月二十九日，「傀儡政權」㈢，第一一九頁	原書爲「傀儡組織」㈢，本書註爲「傀儡政權」㈢，誤。
五〇	又	「傀儡政權」㈢，第一二一—一二三頁。	應爲「傀儡組織」㈢，所引爲唐生智呈將委長龍雲發表致汪兆銘函全文之冬電。
五一	三五六	「汪兆銘在僞中國國民黨第六次全國代表大會之講稿」，「傀儡組織」㈢，第一五七—一五八頁。	汪稿稱：中共之戰或和，悉以蘇聯之命是聽，抗戰不是爲中華民國，乃是爲蘇聯。證之中共藉抗戰迅速壯大自己，改中華民國爲中華人民共和國，與俄共交惡前一面倒向蘇聯，謂其抗戰不爲中華民國，似不得謂爲「汪精衛惡毒攻擊共產黨」矣。
五二	三六七	「吳佩孚傳」，第六三二頁，臺北版。	「吳佩孚傳」章君穀著，上、下冊，本書所引係下冊第六三二頁，臺北傳記文學出版社出版，民國五十七年四月一日初版，列入傳記文學叢刊之十二。
五三	三九〇	陶希聖：「潮流與點滴」，第一七三頁，臺灣傳記文學雜誌社。	陶著由臺北傳記文學雜誌社編輯，傳記文學出版社出版，民國六十八年六月一日再版。

五四	三九三	章君毅：「杜月笙傳」，第二冊第二二四—二二八頁，臺灣傳記文學出版社。	章君毅，誤，應爲章君穀。「杜月笙傳」共計四冊，臺北傳記文學出版社，民國六十六年三月一日再版，列入傳記文學叢刊之九。本書所註第二冊第二二四—二二八頁爲高士奎北洽吳老么，使達通公司貨運免於匪患通行蘇北事，與高宗武全不相干。本書引文在第三冊第二二九頁，但稱在日本華北軍總司令公館洽談爲汪意，並非日方之意。
五五	三九四	陶希聖：「潮流與點滴」，第一七八頁。	本書第三九三—三九四頁稱：「一月三日上午，高宗武……登上了美國輪船『胡佛總統號』。陶希聖……順利地登上『胡佛總統號』輪船，與高宗武會合。五日，高陶抵達香港。」但陶著第一七七—一七八頁稱：「四日上午，我（陶希聖）……直上輪船。中午，船開了……，」陶非三日上船，亦無到港日期，本書所記與引書並不相符。高陶五日抵港，見七日高呈蔣委員長函。
五六	三九五	「杜月笙與周佛海、高宗武懇談經過呈蔣介石電」，一九三八年三月二十六日，「傀儡政權」㈢，第一四九頁。	所引爲杜月笙呈蔣委員長之宥電。「傀儡政權」㈢，誤，應爲「傀儡組織」㈢。

五七	三九七	「高宗武以密件呈蔣電」，「傀儡政權」㈢，第二九六—二九七頁。	本書所註「傀儡政權」㈢，應爲「傀儡組織」㈢。
五八	四〇一	「陶希聖高宗武致汪兆銘夫婦電」，一九四〇年一月二十二日，「傀儡政權」㈢，第三一八頁。	「傀儡政權」㈢，應爲「傀儡組織」㈢。所引陶高致汪夫婦勸其懸崖勒馬勿爲千古罪人之養電，與本書所述陳布雷一再密電蕭同茲改定報刊「日汪密約」標題全然無干，所註與引用資料不符。
五九	四〇二	蔣介石「告全國軍民書」，「傀儡組織」㈢，第三一八—三三〇頁。	所引爲民國二十九年一月二十四日蔣總裁爲日汪密約告全國軍民書。
六〇	四三一	「傀儡組織」㈢，第一二六頁。	所引爲民國二十八年六月八日國民政府以汪兆銘通敵禍國通令全國嚴緝法辦令。
六一	四六九	吳相湘：「民國百人傳」第三冊，第三六二頁，臺北版。	吳相湘著「民國百人傳」共有四冊，臺北傳記文學出版社，民國六十八年元月十五日再版，列入傳記文學叢刊之十八。惟所註第三冊三六二頁與所述之事無關，汪訪日，表示將努力之三項即本書所謂之三點打算，在該書第三六四頁，所註頁碼錯誤。

註　釋

❶蔡德金、李惠賢：〈關於汪僞政權問題學術討論會綜述〉，《歷史研究》第五期（一九八六年五月出版），頁一八五—一八六。

❷蔡德金、李惠賢，前引文，頁一八六—一八八。

❸蔡德金、李惠賢，前引文，頁一八八—一八九。

❹蔡德金、李惠賢，前引文，頁一八九—一九〇。

❺蔡德金、李惠賢，前引文，頁一八九—一九〇。

❻蔡德金、李惠賢，前引文，頁一八九。

❼蔡德金、〈汪精衛集團叛國投敵的前前後後〉，《近代史研究》第二期（一九八三年四月出版），頁一八七。

❽蔡德金、李惠賢：〈關於汪僞政權問題學術討論會綜述〉，頁一八九。

❾見〈蘇日中立條約訂立前（後）的中共與敵僞〉，《共黨問題研究》第五卷第十一期，（台北：法務部調查局出版，民國六十八年十一月十五日出版），頁一二〇—一二二。

❿李國祁：〈國父去世後汪精衛的爭權〉，《民國史論集》，（台北，南天書局發行，民國七十九年二月初版），頁四五六—四五七。

⓫見黃美真、張雲：〈抗戰時期汪精衛集團的投敵〉《復旦學報》，一九八二年第六期。引自曾景忠編：《中華民國史研究述略》，頁三〇八（中國社會科學出版社出版，一九九二年六月第一版。）

⓬見蔡德金：〈汪精衛集團叛國投敵的前前後後〉，《近代史研究》一九八三年第二期。引自曾景忠編：《中華民國史研究述略》，頁三〇八。

⑬ 見沈家善：〈汪精衛叛國投敵初探〉，《杭州大學學報》一九八二年第二期，引自曾景忠編：《中華民國史研究述略》，頁三〇八。

⑭ 見柳蘊琪：〈汪精衛通敵賣國原因初探〉，《貴州大學學報》一九八五年第三期。引自曾景忠編：《中華民國史研究述略》，頁三〇八。

⑮ 這五種意見爲：㈠一九三九年二月，汪在河內與高宗武商定組織僞政權的步驟和方法。㈡一九三九年三月二十一日，汪的親信曾仲鳴遭刺斃命後，汪出於憤怒和傷感，突然決定前往上海，組織僞政權。㈢一九三九年四月初，汪、平（沼）協定成立，其中議定了汪成立僞政權的先決條件。㈣一九三九年三月底，日本遣影佐禎昭助汪離河內，有促汪政權實現之意，汪精衛便從命。㈤汪到上海發展勢力後，遂決定組織僞政權。

⑯ 黃美眞：〈汪精衛傀儡政權是怎樣建立起來的？〉，載《汪精衛漢奸政權的興亡》，頁六八—一二六。轉引自曾景忠編：《中華民國史研究述略》，頁三〇九。

⑰ 余子道：〈汪僞軍事力量的發展和消亡〉，載《汪精衛漢奸政權的興亡》，頁一二七—一八〇。轉引自曾景忠：《中華民國史研究述略》，頁三一〇。

⑱ 石源華：〈汪僞和平救國軍的建立、發展和消亡〉，《軍事歷史研究》一九八七年第一期。引自曾景忠：《中華民國史研究述略》，頁三一〇。

⑲ 黃美眞等〈汪僞特工總部始末〉，載《汪精衛漢奸政權的興亡》，頁三五〇—三九二。引自曾景忠：《中華民國史研究述略》，頁三一〇。

⑳ 余子道：〈汪僞政權的《獨立》《統一》活動〉，引自曾景忠：《中華民國史研究述略》，頁三一〇。

㉑ 張雲：〈汪僞政權的覆滅與漢奸的審判〉，《檔案與歷史》，一九八六年第二期，頁六六—七四。

㉒ 蔡德金：《汪精衛評傳》，四川人民出版社，一九八七年出版，全書四三九頁，目錄如下：

第一章　參加同盟會
第二章　辛亥革命前後
第三章　在大革命的急風驟雨中
第四章　從革命到反革命的轉變
第五章　聯合各派反蔣
第六章　與蔣合作的蜜月
第七章　破壞抗戰暗中通敵
第八章　逃離重慶
第九章　籌組僞府
第十章　粉墨登場
第十一章　效忠敵寇禍國殃民
第十二章　末日
第十三章　結束語

㉓ 孫子和評〈蔡德金著《汪精衛評傳》〉，《中國現代史書評選輯》(八)（台北、國史館出版，民國八十一年六月出版）頁八二一一三八。

第四章　抗戰時期的蔣汪關係(一)

第一節　蔣汪與首屆國民參政會關係

壹　前　言

國民參政會成立於民國二十七年（一九三八）七月六日。它的成立，是在日軍大舉侵華、中華民族面臨危亡的特定歷史條件下，中國國民黨、中國共產黨以及其他各黨各派政治勢力的政策變化之結果。由於汪精衛是首屆國民參政會議長，其與參政會關係密不可分。以往歷史學者對此問題較少研究，本文擬以汪精衛於抗戰時期如何參與籌組國民參政會作一引言，進而探討汪精衛如何以議長身份來運作國民參政會，並從參政會的各種提案中，選取一些個案以瞭解汪對參政會的看法，同時引用蔣中正先生與汪精衛往返的函電史料，進一步分析抗戰時期蔣汪二人對國民參政會之態度。

貳　汪精衛與國民參政會基本史料簡介

一、汪精衛生平簡介（一八八三～一九四四）

汪精衛，名兆銘，字季新。祖籍浙江山陰（今紹興），生於廣東番禺（今廣州）。民國前九年（一九〇四）得官費留學日本，入東京法政大學速成科。民前八年（一九〇五）七月加入中國同盟會，被推爲評議部議長。同年十一月「民報」創刊，任該刊主筆。民前六年（一九〇七）奉孫中山之命赴南洋各地，在華僑中募捐經費，組織同盟會分會，進行革命宣傳。民前二年（一九一〇）潛赴北京，謀刺清攝政王載灃，事洩被捕。辛亥革命後出獄，與楊度組織國事共濟會，後參與南北議和，主張孫中山讓權。民國元年（一九一二）秋去法國。民國十三年（一九二四）一月在中國國民黨第一次全國代表大會上，被選爲中央執行委員。同年十一月孫中山北上擔任對外聯絡工作。民國十四年（一九二五）二月孫中山病危，代孫中山起草遺囑。同年七月，被選爲廣州國民政府主席、軍事委員會主席和國民黨中央政治委員會主席。民國十五年（一九二六）中山艦事件後出國。民國十六年（一九二七）四月回國主持武漢國民政府工作。同年七月十五日，發動武漢「分共」。民國十七年（一九二八）底，陳公博、顧孟餘等在上海成立中國國民黨改組同志會，擁其爲改組派的首領。民國十九年（一九三〇）在北平與馮玉祥、閻錫山等合作召開國民黨中央黨部擴大會議，反對蔣中正。中原大戰失敗後，又與反蔣勢力在廣州召開國民黨中央執、監委非常會議，並成立廣州國民政府，任常委。[1]

民國二十一年（一九三二）一月汪蔣合作後，任南京國民政府行政院長，後又兼外交部長，支持蔣中正圍剿共軍及安內攘外政策。民國二十四年（一九三五）十一月，國民黨四屆六中全會開會期間遇刺，後出國治療。民國二十五年（一九三六）十二月西安事變後從歐洲回國。民國二十六年八月汪任國防最高會議副主席，參與決策。民國二十七年（一九三八）國民黨在武漢召開全國臨時代表大會，被選爲副總裁，並任國民參政會議長。同年十二月秘密逃出重慶，在河內發表「艷電」。民國二十八年（一九三九）春從河內到上海，叛國投敵。年底，與日本簽訂「調整中日新關係之協議文件」。民國二十九年（一九四〇）三月汪僞國民政府在南京成立，任汪僞政權主席。民國三十三年（一九四四）十一月十日病死於日本名古屋。

二、國民參政會簡介（民國二十七年七月六日至二十九年四月十日）

民國二十年（一九三一）底中國國民黨在上海召開第四屆全國代表大會上，蔡元培先生提出了關於召開國難會議的臨時動議。動議說：在此國難當頭之際，政府應「容納各方有經驗之人才加入，以收集思廣益之效，而使全國人民與本黨共同負責任。」❷國民黨四屆一中全會遂做了籌備召集國民代表會議機關的決議。

民國二十一年（一九三二）四月在洛陽召開的「國難會議」上，國民政府不得不做出了提前設立中央民意機關的決議。五月，國民黨中央政治會議第三〇九次會議決議「訓政時期中央民意機關定名爲國民參政會」❸在同年十二月召開的國民黨四屆三中全會上，通過了國民黨中常會關於召集國民參政會並規定組織要點案及孫科等二十七個委員提出的集中國力挽救危亡案，蔣中正先生等七人提出的關於民國二十二年（一九三三）的召集國民參政會之提議。這些提議、提案、決議，雖未付諸實施，但畢竟反映了國民政府的政策已在發生變化。

民國二十六年（一九三七）七月七日，日本軍閥發動震怒全國的盧溝橋事變，那時國民政府正約集全國學者、社會賢達和各界領袖三百餘人開談話會於廬山牯嶺，共商抗戰大計，軍事委員會蔣委員長七月十七日到會致辭，嚴正表示：「盧溝橋案，將為對日和戰關頭最後之界限，不僅是中國的存亡問題，而將是人類禍福之所繫」「如果戰端一開，那就地無分南北，年無分老幼，無論何人，皆有守土抗戰之責任，皆應抱定犧牲一切之決心。」❹八月十二日，中樞設置國防最高會議，以商決抗戰大計，並設國防參議會，聘請各界領袖二十五人為國防參議員，以聽取前方戰報，商討戰時物資和人力的調配與運用。根據民國二十六年八月十四日國防最高會議第一次會議紀錄，通過聘任的參議員名單有張伯苓、胡適、李璜、毛澤東等十四人，八月十六日舉行第一次常務委員會議，汪精衛主席報告已聘定參議員十六人。至九月時名額才再增為二十五人，十二月又擴增至七十五人，汪且擔任議長。

民國二十七年（一九三八）三月三十一日，國民黨臨時全國代表大會第三次會議通過中央執行委員會提案「國民參政會組織法大要」，根據該提案，參政會以「統一民衆意志，增加抗日力量」為宗旨。四月一日，大會通過了內容包括有抗日的軍事、政治、經濟、外交等方面政策的「抗戰建國綱領」。其中規定組織國民參政機關，許諾給予人民言論、出版、集會、結社等自由。四月十二日，國民政府依「抗戰建國綱領」，明令公佈「國民參政會組織條例」凡十五條。規定國民參政會是「國民政府在抗戰期間，為集思廣益，團結全國力量的一個特設機構」，置參政員總額一五〇名（後增為二〇〇名），在「年滿三十歲，具有中華民國國籍之男子或女子」中，選任曾在各省、市公私機關或團體服務三年以上並確為本省市籍貫之「著有信望」者八十八名，曾在蒙古、西藏地方公私機關或團體服務之「著有信望」者或熟諳各該地方政治、社會情形，信望久著之人員六名（蒙古四名、西藏二名），曾在海外僑民居留地工作三年以上之著有信望者或熟諳僑民生活情形、信望久著之人員六名，曾在文化團體、經濟團體服務三年以上之著有信望者或努力國事，信望久著之人員五〇名（後改爲一〇〇名，選任改爲遴選）。參政員任期爲一年（國民政府認爲有必要時，可延長一年），現任官吏不得爲參政員。❺

國民參政會職權爲：㈠對抗戰期間政府對內對外重要施政方針實施之前，有決議之權；㈡對政府有提出建議之權；㈢有聽取政府施政報告之權；㈣有向政府提出詢問之權。國民參政會每三個月開會一次，會期十天（國民政府認爲有必要時，可召開臨時會議或延長會期）。國民參政會會其會議有總額半數以上參政員出席，即得開議。中央各院、部、會長官得出席國民參政會會議，但不參加表決。國民參政會置正副議長各一人。由參政員互選十五至二十五人組成國民參政會駐會委員會，負責在休會期間「聽取政府各種報告及決議案之實施。」❻

民國二十七年七月六日，國民參政會正式開會，歷經十年，由第一屆至第四屆先後在漢口、重慶和南京開會十三次，對抗戰必勝，建國必成，貢獻頗大。其中尤以用民主方式集中全民意志，團結全國國民力量，功不可沒。茲將國民參政會歷次大會會議時間地點列表於下：❼

屆次	會次	參政員名額	時間	地點
第一屆	第一次	二〇〇人	二十七年七月六日至七月十五日	漢口兩儀街二十號
	第二次	二〇〇人	二十七年十月二十八日至十一月六日	重慶軍事委員會委員長行營
	第三次	二〇〇人	二十八年二月十二日至二月二十一日	重慶軍事委員會
	第四次	二〇〇人	二十八年九月九日至九月十八日	重慶大學
	第五次	二〇〇人	二十九年四月一日至四月十日	重慶林森路軍事委員會
第二屆	第一次	二四〇人	三十年三月一日至三月十日	重慶復興關國民大會堂
	第二次	二四〇人	三十年十一月十七日至十一月二十七日	重慶林森路軍事委員會
第三屆	第一次	二四〇人	三十一年十月二十二日至十月三十一日	重慶林森路軍事委員會
	第二次	二四〇人	三十二年九月十八日至九月二十七日	重慶林森路軍事委員會
	第三次	二四〇人	三十三年九月五日至九月十八日	重慶林森路軍事委員會
第四屆	第一次	二九〇人	三十四年七月七日至七月二十二日	重慶林森路軍事委員會
	第二次	二九〇人	三十五年三月二十日至四月三日	重慶林森路軍事委員會
	第三次	三六二人	三十六年五月二十日至六月二日	南京國府路國民大會堂

由上述列表可知，第一屆國民參政會自民國二十七年（一九三八）七月六日起至三十九年四月十日止，期間共召開了五次大會，而首屆國民參政會二〇〇名參政員中，❽國民黨黨員佔了絕大多數，然亦包括了各黨各派人士。其中首屆國民參政會第一、二次大會係由汪精衛任議長，汪叛逃後第三、四、五次大會則由蔣中正先生擔任議長。

參 蔣中正、汪精衛參與籌設國民參政會之經緯

國民參政會之設立，源起於中國國民黨第五屆臨時全國代表大會第三次會議（民國二十七年三月三十一日下午於武昌）上，中央執行委員會之提案「國民參政會組織法大要案」。❾汪精衛當時是中央常務委員會，參與了臨時全國代表大會籌備工作，洞悉中執會提案形成的過程。而且臨時全國代表大會開會討論這一提案之際，大會主席團鄭重其事的再三商酌，推舉汪先生說明案由。

原因不外爲：一、顯示此一提案之重要性，必須特別鄭重。二、汪氏在黨內地位崇高。三、汪氏善於演說。他在說明案由中，表示三項要點：㈠設立國民參政會必要理由、㈡國民參政會性質、㈢國民參政會職權及代表資格問題授權國民黨五屆一中全會決定。

就第一項要點，關於設立國民參政會之必要理由，汪氏作了說明表示：

> 主席團所以要有此決定，是因爲國民政府一面鑒於敵軍大舉入寇，國民代表大會不能依照預定計劃即行召集，同時鑒於値此非常時期，必需團結全國力量，廣集全國之思

慮與見識，以利國策之決定與推行，所以制定國民參政會組織法大要，召集國民參政會，並提出議案請大會決定。因爲機關的產生要有法律根據，國民參政會非建議機關，而爲國民參政機關，國民政府不能憑空設立，所以必須經過大會決定，以爲法律根據。⑩

此一理由，乃在強調非常時期，不易召集國大代表集會，爲使抗戰建國順利進行，乃有組國民參政會之必要。

就第二項要點，關於國民參政會性質，汪氏也作了說明表示：

國民參政會是否爲民意機關，嚴格的說不能認爲是純粹民意機關，因爲民意機關，必定要依照選舉法，由人民投票選舉的代表組織。國民代表大會所以不能依照原定的計劃召集的原因，是選舉困難。國民參政會的代表，自亦不能盡由選舉產生，所以國民參政會不能說是完全民意代表機關。雖然非完全的民意機關，但也能表示人民的意思，因爲他是團結全國力量、集中全國思慮的機關，所以也是表示民意的機關。⑪

此一說明，乃宣示國民參政會並非純粹民意機關。

就第三項要點，關於國民參政會職權及代表資格問題，爲何不希望在大會決定，而希望大會在決定設立以後授權予民國二十七年四月召開之五屆四中全會上決定呢？汪氏說明了一個很重要的理由，他說：

> 因爲每次全國代表大會閉會後，隨著有一次全體中央執行委員會的全體會議，因此許多重要案件內容牽涉很廣的案件，大會只決定原則，授權於一次中執委全體會議作詳細決定，因爲在法律上，大會決議案非大會不能修改，如果大會決定國民參政會的組織法及各種條例，就成爲硬性規定，非再召集全國代表大會不能修改，在此非常時期，是否能隨時召集全國代表來討論，這在平時也不可能，所以只能由大會決定設立國民參政會後，詳細辦法授權中央執委會作全體會議討論，全體會所決定議案，全體會可以修正。⑫

此一說明，主要用意在要求大會只要決定大原則，細節與技術性問題，則交給次一級的機關辦理，以保有彈性空間。汪氏還附帶說明「在本次大會中，中執委會的提案，中央在事先曾組織提案起草委員會，作詳密研究，共開過十三次會，其中有幾次是專門討論國民參政會組織問題的。」⑬表示鄭重其事。

經過汪精衛的說明及與會的代表相繼發言後，大會主席（戴傳賢、丁惟汾、居正）作了總結表示：

> 汪先生是中國國民黨第五屆臨時代表大會主席團推選出來說明的。……本案是經過政

> 治、軍事負責的人多少的考慮才有這一個意見提出大會。今天主席團鄭重其事的再三商酌推舉汪先生說明，並要求大會決定要設立這樣一個國民參政會，至於怎樣組織，在大會裡不必有硬性的決定，免得將來因這個問題發生困難。我們爲了國家與本黨的前途，抗戰的勝利，民族的復興，建國的成功，我們應該把這個案看得重些，並且不要作硬性的規定，以便將來有更多考慮，謀得一個盡善盡美的方案。[14]

最後交付表決，大多數代表決議通過在非常時期應設一國民參政會，其職權及組織方法交中央執行委員會詳細討論妥訂法規。而正式的組織條例則是在民國二十七年四月七日的五屆四中全會第二次大會提出，經過熱烈討論之後決定，始交由國民政府公佈，汪不僅擔任是項大會主席，爲便於討論，還特別暫時離開主席地位，說明組織條例起草的經過，和條例大要，之後在他主持下，逐條進行討論通過。

國民參政會的設立已成定局，國民政府乃於民國二十七年四月十二日明令公佈「國民參政會組織條例」十五條，同年六月二十一日經修正後公佈，而修正的過程，除蔣中正先生外，皆由汪精衛以副總裁身份全程主導參與，這可由中國國民黨第五屆中央執行委員會常務委員會第八十一次會議紀錄[15]獲得證明，該次會議時間爲民國二十七年六月十六日（星期四）下午三時，地點在漢口河街四號會議室，出席者有：汪副總裁、居正、李文範、葉楚傖、于佑任、孔祥熙、陳公博，列席者有：陳樹人、陳立夫、張厲生，主席爲汪副總裁精衛、秘書長爲朱家驊、副秘書長爲甘乃光，紀錄爲王子弦、陸翰芹、高廷梓。會中討論事項第一案「關

於國民參政會案」，決議有四點：[16]

一、國民國民參政會組織條例第三條中，參政員總額由一百五十名修正爲二百名，(甲)項選任八十八名，修正爲遴選八十八名。(乙)項選任六名，修正爲遴選六名。(丙)項選任六名，修正爲遴選六名。(丁)項選任五十名，修正爲遴選一百名。另外組織條例第四條之選任，亦修正爲遴選。

二、國民參政會參政員名單通過。

三、國民參政會定於本年(民國二十七年)七月一日召集。

四、選任汪兆銘(即汪精衛)先生爲國民參政會議長、張伯苓先生爲副議長。

關於第一點的決議部分，汪精衛親筆在國民參政會組織條例上刪改，並於六月十六日批示「修正通過」四字。[17]

關於第二點決議部分，通過國民參政員名單二百名，係依照國民參政會組織條例第三條丁項遴選者，由國防最高會議提出者，其中有五位名單被以毛筆字刪除改換，分別爲唐繼虞改換鄧飛黃、何其鞏改換郭任生、張志讓改換王世穎、伍智梅改換章伯鈞、羅衡改換鄧穎超，總名單之後有蔣中正及汪精衛親筆簽名，並批示「決議通過，電國民政府公佈，並即日交中央通訊社發表」，時間爲六月十六日。由此可知，這二百名參政員係經由蔣、汪二人愼重遴選出來，再交由五屆中央常務委員會第八十一次會議決議通過的。[18]

關於第三點決議部份，國民參政會訂於本年（民國二十七年）七月一日召集，觀之首屆一次大會時間卻為二十七年七月六日開始，似乎有點令人疑惑，為何延至七月六日召開，經筆者查證後，始知七月一日至七月五日為參政員報到日，同時汪在六月二十七日對中央總理紀念週的一篇報告，談到參政員無法全部如期在七月一日前到齊，最遲在七月七日可以開會。因此七月一日召集之決議應無疑義。[19]

關於第四點決議部份，選任汪兆銘先生為國民參政會議長，張伯苓先生為副議長。此乃蔣中正先生親自選任，於二十七年六月十六日提第八十一次常會決議通過，再由中央執行委員會秘書處通知國民政府。[20]依國民參政會組織條例第十三條規定議長、副議長之設置，是由中央執行委員會選任之。但從國民黨五屆中央常會會議記錄顯示，選任議長、副議長一案，係蔣中正交議，經中常會通過，可見蔣氏還是相當倚重汪氏，此對一般所謂汪、蔣兩人自選舉總裁之爭後關係疏離惡化，或可資為澄清疑慮之一明證。

肆　蔣中正、汪精衛協調運作國民參政會之梗概

汪在首屆第一次大會中，曾以議長身份提出「致電慰勞軍事委員會蔣委員案」、「致電慰勞前方將士案」及「秘書處擬提駐會委員會選舉方法案」三個提案，均經大會無異議通過，足以顯示汪對大會的實質貢獻。另筆者在偶然的機會下有幸參閱汪偽資料檔案，從蔣中正與汪精衛往返的函電史料中，整理出汪氏在蔣中正先生的指示下，如何以議長身份協調運作國民參政會，分述如下：

一、關於首屆第二次大會開會時間問題

七七事變後，全面抗戰爆發，在抗戰軍興的形勢下，民國二十六年八月，國民黨中常會決議設置國防最高會議，對中政會（中國國民黨中央政治委員會之簡稱）負責，十一月又決議中政會停止開會，其職權由國防最高會議代行。民國二十七年九月三日汪精衛致函蔣先生說：

> 國民參政會各議案迭經楚傖、岳軍等諸兄擬具辦法，分別提出國防會議通過，均已呈報，想承鑒及國民參政會，照章須三個月一開會，上次係七月十五日閉會，現擬於十月十五日開會，未知與五中全會期間有衝突否，尚乞示知為荷。弟兆銘冬。㉑

針對此一開會時間，蔣先生於九月五日上午零時五十五分自武昌發函電到重慶給汪，表示「國民參政會會期最好展至十月底或十一月初」，㉒汪乃遵照指示，將首屆二次大會時間訂於民國二十七年十月二十八日至十一月六日。

二、關於有參政員逝世及任官吏者是否補充缺額問題

民國二十七年十月三日汪致電武昌蔣總裁表示：

> 國民參政員死亡者有喻維華、張耀曾、侯樹彤，已任官吏者有胡適、蔣方震、盧鑄諸君，關於補充缺額各方面函電紛紜，弟意當日選任參政員時經過許多推舉審查等程序。

此時若爲數人缺額重新舉行，未免太繁，似以缺額不補較爲適宜，此意曾託雷兄面陳，未知當否，如爲處有適當人員補充，則程序雖繁，亦所不進，併乞決定示知爲荷。[23]

蔣總裁隨即於十月五日下午十一時半自武昌致電汪精衛，表示「參政員缺額不補弟甚贊同」。[24]

三、關於參政員會內言論自由與提案原則問題

民國二十七年十月二十六日汪致電蔣總裁說：

參政會後日（指十月二十八日）開會，在此緊張局面中，擬加重團結，並對於各參政員保障其在會內之言論自由，同時申明約束不得在會外洩露秘密，如此庶可使各參政員，皆得盡言以供政府採擇而不致發生攻訐，至於提案大概集中於現階段之對內對外方針，甚盼時加指示，俾有率循至禱，弟兆銘宥。[25]

針對此問題，蔣總裁於十月二十八日上午十一時半自南嶽致電回覆汪，表示「開會方針理合如此，弟甚贊成，如有鄙意當隨時貢獻也。」[26]總之，實現民主政治，是國民參政會重要的議題之一。首屆參政會召開了五次大會，有關內政的提案有一五八條，其中要求實施民主政治的佔百分之六十，表明要求改革政治以利抗戰是人心所向。也因爲要抗戰建國並行，民主政治需穩步前進，不宜大步開放，參政員之言論自由與提案方針須在合理與有限度的規

範，蔣汪皆有此一共識。

四、關於運用若干參政員提出請求對日宣戰案

蔣總裁於民國二十七年十一月二日下午六時半自南嶽致電重慶汪主席表示「可否於本屆參政會中運用若干參政員提出一請求對敵宣戰之建議案，但不作硬性決議而送政府參考並作爲密案不公布，是否可行」，[27]汪於十一月四日回覆蔣總裁表示「……宣戰利少害多，就參政會言，份子如此複雜，即使對宣戰案，不作硬性決定不公布，會外傳說無從禁止，倘政府不宣戰，必藉此攻擊，謂政府無抗戰決心，是不啻自作束縛，以上兩點敬祈考慮示覆爲幸」，[28]由此可見蔣先生是主張對日宣戰，而汪則反對對日宣戰外，更不贊成利用參政員提對日宣戰案。

五、關於保障人民權利和言論出版自由問題

參政員沈鈞儒、張瀾、鄒韜奮提出保障人民權利和言論出版自由，國民政府在大會閉幕後公佈圖書雜誌審查標準，把「鼓吹偏激思想」，也列入「反動言論」，而且規定出版刊物一律要審查原稿。參政會上強烈反對這種規定，鄒韜奮領銜七十三人聯署提案，要求徹銷審查原稿辦法，雖經大會通過，卻被蔣中正先生指責爲「不重要的提案」，討論許久是「消耗抗戰時期的寶貴光陰」，[29]大會決議遂完全無效。蔣先生對於戰時圖書雜誌原稿審查辦法，非常重視且堅持己見，特別於十一月三十日電函重慶中央黨部及最高國防會議秘書處「表示此撤銷審查原稿案決不能通過，否則無異自促敗亡也」，[30]後來竟獲多數通過，汪精衛對此特別表示「至爲疚歉，深自引咎」，[31]汪亦致電蔣先生呈報並說明爲何多數通過之原因，內

容如下：

參政會昨日休會議決案共八十餘件，容彙寄呈中有鄒韜奮等提圖書雜誌檢查案，將原稿檢查改爲出版後檢查，與現行辦法不符，卒以多數通過，至爲疚歉，在開會前曾召集黨團申明約束，非得指導委員允許勿提案，勿簽名於他人之提案，開會期內復隨時召集黨團，由楚傖、立夫、公博三兄指導，乃鄒韜奮等此案，連署者七十三人，同志居三分之一，及審查會議決維持現行辦法後，復經通告同志，而表決時仍不遵約束，此在黨的紀律上爲最大缺憾，楚傖、立夫、公博三兄憤而辭職，弟召集同志痛加責備，並深自引咎，同志已悔悟，聲稱以後改過矣。謹以報。㉜

六、關於透過參政會決議擁護蔣總裁告國民書之提案

觀首屆第二次大會休會式汪精衛致詞談到：

國民參政會第二次大會，在十月二十八日開會，同仁感覺到時局的嚴重……當廣州失守武漢撤退的消息來了之後，抗戰進入了新階段……正在這時候，蔣委員長有告國民書，對於全面抗戰，持久抗戰，爭取主動的方針，有很詳細的說明。這種說明，是非常重要的，參政會同仁拿最熱烈最誠摯的表示，來擁護這個告國民書。㉝

其中有關蔣委員長「告國民書」是將氏指示先交予汪氏過目潤飾修改後再公佈的，可見蔣對汪之器重有加，在交由國民參政會決議熱烈擁護之後，汪氏曾致函電給蔣總裁報告此事，函電內容爲「蔣總裁鈞鑒：冬二侍秘湘電敬悉，遂密參政會昨日決議對告國民書，熱烈擁護，想承鑒及」。㉞

總之，從上述汪氏在首屆國民參政會中的協調運作之點點滴滴，可以看出渠與蔣中正先生應是合作無間，從國民參政會之籌設到實際運作，汪氏表現可圈可點，對於抗戰建國綱領與方針，積極參與，熱烈擁護，功不可沒。若要說蔣、汪再度由合而分，應以民國二十七年十二月十八日以後汪氏叛離重慶爲分界線，較合史實，也就是汪氏擔任首屆一、二次大會國民參政會議長告一段落之時，亦即是汪氏背離國民參政會，失信於國民參政員的開始，汪氏已走入另一不可知的命運。

伍　國民參政會對汪精衛叛國後之反應

一、蔣中正先生對汪叛國之反應

汪精衛叛離重慶國民政府後，蔣中正先生繼任國民參政會議長，首屆第三次大會時蔣先生並未公開指責汪之罪行，直到第四次至第五次大會時，始公開指責汪之叛國罪行，㉟這期間以民國二十八年十月一日蔣中正先生在重慶接見中外新聞記者多人，各記者對汪精衛召開僞代表大會及企圖成立僞中央政權問題，提出詢問，蔣中正先生針對六大問題逐一答覆，這也正代表民國二十七年十二月十八日汪叛逃後，蔣對汪叛國的心境反應與看法。

㈠　關於第一個問題

記者問：汪精衛上月在上海召開所謂「第六次代表大會」，何以中央黨部對此未有若何表示？蔣中正答：

此理顯而易見汪逆賣身降日，罪惡昭著，根本上已自絕於中華民國，全國國民對此漢奸罪犯，人人得起而誅之。汪逆所召集之會議，國民皆知為漢奸賣國之會議，其參加之每一份子，國人盡知為賣國之漢奸，問題已遠超過於黨的紀律規章之外，故中國國民黨不必再有如何聲明，而舉國自無一人不知邪正黑白之所在。㊱

㈡　關於第二個問題

記者問：汪精衛方面發表之文電，仍稱國民黨員為同志，是否彼尚有悔過之心，希望將來可以寬恕與來歸之餘地？委員長之意見如何？蔣中正答：

余意汪逆未必存此妄念，其誣稱本黨黨員為同志者，實欲使黑白混淆，誣衊本黨而已。唯其主人日本在其幕後指使，只求消滅我民族，則可無所不為，或有此匪夷所思之夢想。此種夢想，與余在去冬駁斥東亞新秩序一文中所指出者，實無二致。君等須知，吾人對汪逆決非好惡恩仇之問題，蓋汪逆今日與任何中國人民，已立於不共戴天之地位，非任何人所得而寬恕。余受國民付託，職在捍衛我國家，汪逆受日人指使，欲出賣我國家民族之地位，不僅應爲本黨誅此敗類，更爲爲國家除此元惡。汪逆態度如何，自其通敵以後，早已不值注意。其在民國十五年以後汪如何對余，汪自知之，余爲國家關係，始終不忍聲言。數年以來，對之如舊，直至其離開中央爲止。今彼甘心作賊，出賣國家，此爲民族公仇，凡有人心，必與之誓不兩立，故余決不能想像汪逆尚有悔過之可能，而爲我民族人格與國家榮譽計，亦絕無赦免之餘地。如其果有天良發現之一天，猛省罪惡，不欲玷污其祖宗與子孫，亦惟有自殺，以謝國人耳。中國抗戰三年以來，一般軍民，皆能爲國家効忠，無愧其職責，即卑賤如盜匪，以至於獄中之囚犯等，亦皆能激發愛國良知，盡其國民一份子抗戰之天職，其中可歌可泣之事，不勝枚舉。故吾敢信我黃炎胄裔，全國同胞，無一而非能爲愛國與救國事業者，更無一人忍心害理，倒行逆施，至於如汪逆所爲之極者。汪逆投降日本，破壞抗戰，是其罪惡誠百死不足蔽其辜。余對人向守絕交不出惡言之旨，其間或有意睽違者，但除私人函電規戒之外，從不公開斥辱何人，而獨對於今日之漢奸汪兆銘，在此絕望之餘，則不能不聲討其罪。中外人士，誠知此意，即可知余對汪逆之深惡痛絕有如何矣。[37]

㈢關於第三個問題

記者問：國民黨向主寬大，從前黨部政府，亦嘗有離而復合之事例，何以此次決絕至此？

蔣中正答：

君所言者，當係指民國十六年武漢另立中央自治政府，及民國二十年廣東分開代表大會等事例而言。但此與現在情形絕對不同，當時僅爲黨內國內之紛爭，故爲黨國利益起見，一經彼此覺悟，即可提攜復合。即如總理生前陳炯明率部謀叛，甚至礮轟總統府，總理寬大爲懷，猶謂可以宥之；余以西安事變之負責者，亦請國府加以特赦。蓋因其過犯誠極重大，然並非外患罪之罪犯，非如汪逆投身敵人卵翼之下，以敵軍爲背景，而進行其賣國之行爲也。君等試思，在敵軍壓境，戰鬪劇烈時，公然響應敵人所謂「建立東亞新秩序」意圖併吞中國之聲明，此爲何種之行爲？奔走敵京，勾結敵軍，嗾使敵軍加緊侵略，屠殺同胞，此爲何種之行爲？在敵軍司令部內廣播演講，污辱我國軍，誣衊我同胞，對於我正在戰鬪之將士，勸誘其局部停戰，此又爲何種之行爲？君等試思，任何國家政府，對此等奸逆應作如何處置？中國國民黨負有革命救國之責任，對於如此罪惡昭著之漢奸國賊，如予以寬縱，則將何以對總理！何以對先烈！何以對主義！何以對國民！更何以盡領導革命之天職！如此在本黨豈不蒙熏蕕同器之譏，而國紀蕩然，廉恥道喪，又將何以立國乎。一言蔽之，海可枯，石可爛，而對於引狼入室爲虎作倀之漢奸汪逆，則永無寬恕赦免之理！[38]

(四) 關於第四個問題

記者問：國民黨之意見，既承詳示矣，但汪兆銘等正在進行其和平運動，彼此曲解主義，聳惑聽聞，是否國民將爲其所欺矇，以遂其賣國降日之所欲？蔣中正答：

今日全國國民，不分黨內黨外，只有一個意思，即堅決抗戰，反對投降，以保持國家之獨立生存，國民參政會之討汪通電，言之甚爲透徹。汪之所爲，其爲投降敵人，斷送祖國，無論如何巧辯，亦不能自飾其奸。余敢斷言，稍有國家觀念，與認識三民主義，明瞭民族主義者，斷無一人爲其所惑。除非喪失人性，毫無理智之漢奸敗類，乃始物以類聚耳。須知敵人今日所唯一畏懼者，即爲我民族正氣，與全國國民不屈不撓之精神。今汪逆在上海敵軍卵翼下，對我同胞威脅利誘之行爲，及種種卑劣無恥之伎倆，無非欲將我全國國民與本黨黨員，一網打盡，迫令與之同流合污，而後中國盡爲漢奸所支配，同胞盡爲敵人之奴隸。此其幕後牽線，一望而知爲敵閥所主使。敵人此種辱污我民族之毒計深心，較之軍事侵略，尤堪痛恨。蓋由此更可證明敵人之處心積慮，不僅欲滅亡我國家，實欲消滅我種族，必致使我民族之正氣沉淪，而後具有五千年歷史之偉大民族，乃可澌滅以盡，用心之毒，無可比倫。然吾國民於此必更能認識敵人漢奸之陰毒險狠，必更切齒痛恨，而結成子子孫孫百世莫解之深仇。因此吾敢斷言，汪逆在敵人指使之下，逆謀愈張，而本黨與全國民誓死衛國，奮勇殺敵之決心，亦必愈堅愈強愈普遍。余敢言敵人漢奸此種心勞日拙之所爲，只自暴露其日暮途窮，決不能得到絲毫之結果耳。[39]

㈤　關於第五個問題

記者問：現在歐戰發生，各國對中日戰爭，未始無希望早日結束者，汪之運動，正在此時急進，國際方面是否將有若干影響？蔣中正答：

任何友邦，決不能忽視中國人民眞正之感情與意志。國民政府之抗戰，乃執行中國國民眞正之公意，吾人抗戰達到目的之日，纔是戰事結束，和平實現之日。余信世界各國對汪逆之投降運動，只有鄙棄，決無重視之者。中國只有國民政府有統治大權，只有全國人民賦予職權之國民政府，方有決定對外作戰與媾和訂約之權，否則無論其假借任何名義，皆爲降敵賣國之漢奸行爲。故無論汪逆將來僭竊何種政府名號；或如何假借本黨名義，乃至僞造任何民意，對內對外，決不能發生任何效用。[40]

(六) 關於第六個問題

記者問：如果汪兆銘之僞中央政治委員會產生，其僞中央政府而竟獲得若干國家之承認，委員長以爲中國將作如何處置？蔣中正答：

汪逆之所謂「中央政治委員會」，及其所產生之僞組織。誰亦明知其皆爲日本所製造之傀儡機關，余不信除日本以外，更有任何國家承認汪逆之漢奸政權。蓋余信世人決無一個國家願與我四萬萬五千萬之全體中國民眾爲敵也。以僞滿爲例，德義承認僞滿已將兩年，試問有何效果。僞滿問題，果因德義承認而能解決乎？反之，在日本方面，始則製造傀儡，繼乃加以承認，亦可謂無所不用其極矣。但徒使其國內二二六等之劇變，層出不窮，日本承認僞滿之結果，其影響於我國與日本最後之得失與利害，究爲如何？中國全體民眾，既已一致覺醒，抗戰建國，不達目的，決心不止，無論國際環境如何險惡與艱危，決不能障礙我抗戰國策於萬一。試觀蘇俄革命時代，其國內反革命之僞組織與僞中央政權，爲世界各大國所承認者，何止三四？如遠東共和國，即爲日本之傀儡，而今皆安在哉？況世界守信守義之各友邦，尤其與遠東有密切關係之各大國，決不能附和日本之侵略行爲，明知此等傀儡組織爲日本之軍事附屬機關，自決無承認之理。故無論敵人製造十個僞組織，無論其僞組織假借任何名義，吾人只認爲日本之奴隸，無論其對內對外，決不生絲毫效用，亦決不能損害我黨國於毫末也。要在我全國國民，因此更能敵愾同仇，抗戰到底，以求得最後之勝利而已。[41]

從上述蔣中正先生的答話中，可以看出自汪氏叛逃後，乃由蔣氏接任國民參政會議長之職位，蔣一再表示對汪一向寬大爲懷，隱忍相處，多方禮讓，及至汪叛國通敵，因所獨犯乃內亂外患罪，罪不可赦，故忍無可忍，才予以聲討，蔣堅信國人絕不會原諒汪之所爲，國際友邦亦不會承認汪之僞政權。

二、國民參政員對汪叛國後之反應

汪精衛潛離職守，匿河內發表艷電主張和議後，前經中央加以懲戒，猶復不自醒悟，竟不惜與敵往還，圖謀不軌。全國各界及海外僑胞，愈以汪倒行逆施，甘心附敵，除籍褫職，何足蔽辜，乃紛紛呈請國府通緝法辦。國府爲整肅紀綱、伸張國法起見，於民國二十八年六月八日明令緝汪，㊷而在首屆第四次大會時，國民參政員紛紛提案討汪。

例如，張參政員一麐等提：請用大會名義通電全國聲討汪逆兆銘及附逆諸漢奸以示堅持抗戰國策案。郭參政員英夫等提：擬用本會同仁全體名義通電聲討汪逆兆銘以正觀聽而利抗戰建國案。王參政員卓然等提：請聲討汪精衛並否認其一切偽組織與行動以彰民意案。董參政員必武等提：擁護抗戰到底反對妥協投降聲討汪逆肅清汪派活動以鞏固團結爭取最後勝利案。鄒參政員韜奮等提：嚴加肅清汪派賣國活動與漢奸言論案。㊸

以上五案，合併討論，經全體一致決議如下：

㈠五案標題合併修正為：「請用大會名義通電全國聲討汪逆兆銘及附逆諸漢奸並否認一切偽組織與行動以彰民意案」。

㈡各案所列辦法，送請政府參考。

聲討汪逆兆銘的電文，內容如下：

全國同胞公鑒：汪逆兆銘，身負國家重寄，於去年十二月出走後，匿跡越南，發表艷電，響應敵前首相近衛文磨之聲明，違反國策，逆跡已露，初尚止於言論，國人已見其精神屈服於暴日，而哀其自毀革命人格，初不料其由越南潛至上海東京，覥顏事仇，並與南北諸醜逆，勾結為姦。近復嘯集敗類，在敵人卵翼之下，開偽代表大會，喪盡天良，不知羞恥。本會頃開第四次大會，經全體一致決議聲討，並以二義昭告全國：

㈠忠奸不兩立，汪兆銘及附逆諸姦，賣國求榮，宜膺顯戮，以彰國法。㈡汪兆銘等出賣祖國，已自絕於人類，凡其所言所行，悉爲無恥罔義之言行，凡其所組織之機關，全爲敵人所製造之傀儡，我全國國民應洞悉奸隱，一致斥伐，以昭大義。[44]

一直到國民參政會召開首屆第五次大會時，胡參政員景伊等臨時動議：聲討汪逆兆銘南京僞組織案。

本案經大會處理情形如下：[45]

㈠第一次會議決議：推定張熾章、陳豹隱、左舜生三參政員，會同原起草人黃炎培、胡景伊、莫德惠三參政員，並參酌各參政員意見，修正原案文字，再行提出大會決定。

㈡第二次會議，由張參政員熾章等提出「聲討汪逆兆銘南京僞組織通電文稿」，經大會全體一致通過。該電文：

全國同胞公鑒：汪逆兆銘，叛國降敵，爲虎作倀，早經政府明令通緝，本會亦於第四次大會通電聲討。詎該逆天良泯喪，毫不愧悔，竟與敵閥訂立賣國密約，由敵閥庇護指使，在南京設立僞組織，盜稱中央，其各項僞機關，悉盜用原有名義，將欲以僞亂眞，實行賣國密約，以亡中國。明明消滅獨立也，而曰此即獨立，明明喪失自由也，而曰此即自由。事實上，舉政治軍事經濟資源，凡國家主權，民族命脈所寄託之一切有形無形之權利，完全歸諸敵人之手，而汪逆及其同夥群奸，反揚言爲和平救國。充其極，蓋欲全中國民族雖亡國而不知其亡，且使其逐漸忘卻一獨立國家必須具備之一切條件，千秋萬世，安作於日本武力支配下之奴隸順民，而徒見僞銜林立，僞官擾攘，尚以爲國家與政府如故也。回顧五千年來歷史，雖偶有叛國降人通敵事仇之事，然從無目降敵爲救國，稱亡國爲和平，助敵進攻而有理論，代敵招降而講主義，顚倒黑白，喪盡羞恥，如汪逆兆銘其人者。本會同人，自民國二十七年膺選集會以來，在抗戰建國綱領之下，代表全國公意，翊贊政府，共當國難，茲對於汪逆兆銘之叛國賣國行爲，一致深表憤恨，用再昭示軍民，同伸誅討。惟須注意者，汪逆僅敵閥之奴隸，敵閥則策動之本源，故望全國同胞，因逆奸之污行，更悟敵閥之狡計，日本三年來經我英勇抗戰之結果，國基動搖，人民惶恐，侵華敵閥，雖野心未死而自信已亡，其扶立汪逆之鄙行，實際乃其最後無聊之一試。故我軍民，務須寶貴過去之成績，加強勝利之自信，自今以後，更一德一心，努力奮鬬，予敵人以最後之打擊，抗戰成功之日，即逆奸伏法之時。抑我前後方及游擊區同胞，務須時刻記憶國家主權神聖不可侵犯之大義，及我抗戰必勝建國必成之至理。夫敵軍佔領地，安能有政府，降人訂僞約，安能有效力，四萬萬五千萬同胞，以血汗保障之國家主權，安能容敵僞盜竊，無量數忠勇將士及各項辛勤工作人員血戰三年所取得之國際信譽，安能被敵僞動搖。尤可笑者，敵僞更僭言憲政，並稱包含各黨，世界安有以亡國爲目的之憲政，又安有以降敵爲主義之政黨。是以凡敵閥指使汪逆之一切罪行，惟加強中國民族抗戰之決心，以儘速求取最後之勝利。至於世界各友邦，早有正確認識，斷不爲敵僞宣傳所惑。蕩滌污穢，光復河山，可企而待，惟賴全國同胞，加緊努力焉耳。謹電瀝陳，即希公鑒。(46)

由上述可知汪身為議長，不知愛惜羽毛及以身作則，卻叛國投敵，致失信於國民參政員，終遭全民聲討，可說咎由自取。

陸　結　論

綜上所述，在抗戰歷史的研究中，長期以來海峽兩岸對汪精衛與國民參政會之關係，並無人作深入研究探討，若有則只針對個別的汪精衛與個別的國民參政會作一些零星的研究，例如在中華民國地區的歷史論著，僅見莊焜明先生的《國民參政會研究》（文化大學史研所碩士論文）、邵銘煌先生的《汪偽政權的建立及其崩潰》（文化大學史研所博士論文，民國七十九年）、梁榮華先生的《中年汪精衛之研究》（東海大學史研所碩士論文，民國八十一年）、李國祁先生的〈國父去世後汪精衛的爭權〉（《民國史論集》，臺北：南天書局，民國七十九年二月）、王雲五編《國民參政會史料》（臺北：國民參政會在臺歷屆參政員聯誼會出版，民國五十一年十一月十二日出版）、李璜、陶百川：〈國民參政會與中國現代化〉（《蔣中正先生與現代中國學術研討會論文集》，臺北：民國七十五年十月二十六日至三十日），或限於史料，或限於漢奸禁忌，所有這些論著，尚未發現有將汪氏與首屆國民參政會之關係，作一連貫之研究者，因此筆者在撰寫此文時，一則以喜，一則以憂，喜的是，能發前人所未發，對抗戰歷史研究之全面化，或許能產生一點積極作用，憂的是，對漢奸人物的研究，恐讀者誤解筆者在為漢奸人物平反，事實上就汪精衛個人歷史而言，由於他在民國政治舞臺上幾度扮演反蔣中正的急先鋒，晚節不保，走上與敵國日本議和違背抗戰國策之不歸，自絕於國人。是故，以往國人對汪精衛一生的評價，持否定態度者居多，似乎故意忽略汪精衛在其他方面的正面表現。不過學術研究講求客觀公正，是非分明，是則爲是，非則爲非，不應有一竿子打翻一條船的現象。汪精衛在抗戰初期的表現，仍然是擁護抗戰建國之基本方針，對國民參政會之設立，參與策劃，有一定之功勞，不容抹煞。渠在首屆國民參政會運作協調的作爲，吾人應賦予肯定的評價才是，至於叛逃以後的作爲，史家自有論斷，於此不再贅述。

反觀中國大陸地區歷史學界有專研汪精衛者，也有專研國民參政會，卻也從未見有人探究汪精衛和國民參政會之關係，一般而言，近年來大陸學者研究汪僞政權史，[47]主要集中在㈠有關日本帝國主義的誘降政策，㈡汪僞集團叛逃的原因，㈢汪僞政權的特點及其本質，對國民參政會之研究論文如俞曙民、孔慶泰：〈論國民參政會的成立及其首屆首次會議〉（《歷史檔案》，第二期，一九八八年出版）、劉煉：〈抗日時期的國民參政會〉，（《歷史教學》，第三期，一九八六年出版）等，由以上可知海峽兩岸歷史學界對汪僞禁區的研究，仍有待加強。總之，從本文的探討，使我們體認到當年國民政府爲抗戰勝利建國必成而苦思謀劃的表現，當予肯定。但是對於汪精衛，曾盡力促成國民參政會誕生，復被蔣中正先生選任議長，協調運作議事之進行，凝聚國民智慧和識見以爲政府抗戰之後盾，其功勞乃有目共睹；惜不能與國民參政會共終，中途背離參政會一致決議擁護抗戰建國基本方案之民意，兀自採取與日本謀和行動，遭致國人嚴厲痛斥誅討，殊爲人所不解。

註釋

❶ 黃美真、郝盛潮主編：《中華民國史事件人物錄》，頁六一二。（上海：人民出版社，民國七十六年九月，初版。）

❷ 俞曙民、孔慶泰：〈論國民參政會的成立及其首屆首次會議〉，《歷史檔案》，第二期，頁一一五。（一九八八出版）轉引自中國第二歷史檔案館館藏國民參政會檔案。

❸ 同❷，頁一一五。

❹ 李璜、陶百川：〈國民參政會與中國現代化〉《蔣中正先生與現代中國學術研討會論文抽印本》，頁一。（民國七十五年十月二十六日至三十日）

❺ 同❹，頁二〇—二三。國民參政會第一屆參政員名單大致如下：

甲、依照國民參政會組織條例第三條（甲）項規定選出者：

江蘇省　張一麐　顧子揚　冷　遹　江恒源
浙江省　褚輔成　陳其業　陳希豪　周炳琳
安徽省　常恒芳　光　昇　梅光廸　陶行知
江西省　李中襄　王造時　王冠英　王又庸
湖北省　孔　庚　喻育之　黃建中　陳　時
湖南省　胡元倓　仇　鰲　許孝炎　楊端六
四川省　邵從恩　謝　健　張　瀾　胡景伊
河南省　杜秀升　胡石青　王幼僑　馬乘風
山東省　王近信　孟慶棠　王仲裕　張竹溪

河北省　耿　毅　王葆眞　張伯謹　王啓江
廣東省　伍智梅　黃元彬　李仙根　楊子毅
山西省　李鴻文　韓克溫　梁上棟
陝西省　茹欲立　李元鼎　郭英夫
福建省　胡兆祥　秦望山　宋淵源
廣西省　林　虎　黃同仇　陳錫珖
雲南省　李培炎　隴體要　羅　衡
貴州省　王亞明　黃宇人　吳緒華
甘肅省　喇世俊　駱力學
察哈爾省　席振鐸　馬　亮
綏遠省　潘秀仁　榮　照
遼寧省　孫佩蒼　張振鷺
吉林省　莫德惠　王家楨
新疆省　張元夫　麥斯武德
南京市　陳裕光　盧　前
上海市　王志莘　陶百川
北平市　陶孟和　陳石泉
青海省　李　洽
西康省　姚仲良
寧夏省　周士觀
黑龍江省　于明洲

熱河省　譚文彬

天津市　張彭春

青島市　楊振聲

西京市　田毅安

乙、依照國民參政會組織條例第三條（乙）項規定選出者：

蒙古　倉吉周威古　榮祥　何永信　李永新

西藏　喜饒嘉錯　丁傑呼圖克圖

丙、依照國民參政會組織條例第三條（丙）項規定選出者：

莊西言　陳守明　李尙銘　張振帆　李清泉　周崧

丁、依照國民參政會組織條例第三條（丁）項規定選出者：

張君勱　甘介侯　黃炎培　顏惠慶　史良　秦邦憲　陸鼎揆　陳輝德　錢端升　鄒韜奮
蔣方震　施肇基　張東蓀　沈鈞儒　陶玄　胡健中　吳貽芳　陸費伯鴻　徐柏園　錢永銘
劉百閔　張肖梅　周星堂　張劍鳴　徐謙　胡適　陳紹禹　杭立武　章伯鈞　奚倫
羅家衡　羅隆基　程希孟　盧鑄　許德珩　陶希聖　劉叔模　董必武　余家菊　陳啓天
張忠紱　劉王立明　居勵令　左舜生　毛澤東　楊賡陶　成舍我　林祖涵　范銳　章士釗
彭允彝　周覽　鄧飛黃　晏陽初　李璜　曾琦　朱之洪　吳玉章　喻維華　陳豹隱
任鴻雋　張伯苓　梁實秋　侯樹彤　張申府　傅斯年　范予遂　李聖五　羅文幹　劉蘅靜
徐傅霖　韋卓民　鍾榮光　譚平山　顏任光　常乃悳　張奚若　張熾章　胡文虎　陳嘉庚
王世穎　江庸　歐元懷　王雲五　陳博生　鄭震宇　馬君武　梁漱溟　張耀曾　杜重遠
高惜冰　齊世英　王卓然　錢公來　劉哲　郭任生　陳經畬　于斌　鄧穎超　溥侗

上述名單中，中國國民黨員佔了絕大多數，然亦包括了各黨各派人士，例如依丁類遴選的一百名參政員中，國民黨有甘介侯、胡健中、徐柏園、劉百閔、杭立武、盧鑄、劉叔模、陶希聖、鄧飛黃、朱之洪、任鴻雋、徐謙、范予遂、李聖五、程希孟、劉蘅靜、鄭震宇、馬君武、陶玄、高惜冰、齊世英、錢公來、溥侗共二十三人；中國共產黨籍有毛澤東、陳紹禹、秦邦憲、吳玉章、林祖涵、董必武、鄧穎超共七人；青年黨籍有曾琦、李璜、左舜生、陳啓天、余家菊、常乃悳、喻維華共七人；國家社會黨有張君勱、張東蓀、陸鼎揆、羅隆基、梁實秋、江庸共七人（另：河南省參政員胡石青亦係該黨）；農工民主黨有譚平山、章伯鈞共二人；救國會派有沈鈞儒、史良、鄒韜奮、杜重遠共四人；職教派有黃炎培一人（另：江蘇省參政員中之冷遹、江恒源亦係此派）；鄉村建設派有梁漱溟、晏陽初共二人（另：山東省參政員中之王近信亦屬此派）；無黨派人士有顏惠慶、蔣方震、施肇基、胡適、傅斯年、羅文榦、張肖梅共七人；教育界名流學者有張伯苓、張中府、王世穎、錢端升、吳貽芳、劉王立明、韋卓民、鍾榮光、張奚若、歐元懷、王卓然、張忠紱、居勵今、周覽、侯樹彤、陳豹隱、顏任光、許德珩共十八人；金融實業界人士有陳輝德、錢永銘、范銳、周星堂、奚倫、陳經畬共六人；新聞出版界知名人士有成舍我、陳博生、張熾章、王雲五、陸費伯鴻共五人；華僑領袖有胡文虎、陳嘉庚二人；舊國會議員有章士釗、彭允彝、羅家衡、張耀曾、劉哲共五人；天主教有于斌一人；另有楊賡陶、郭任生、張劍鳴三人。由此可見，在抗戰初期國民參政會初創之時，國民黨確有網羅各黨各派、無黨派之熱心國事的各方人士，企求在抗戰建國中有所作爲。

❻ 國民參政會史料編纂委員會編：《國民參政會史料》，頁五—六。（臺北：國民參政會在臺歷屆參政員聯誼會，民國五十一年十一月十二日出版。）

❼ 同❻，頁六三五。

❽ 同❺。

❾ 林泉編：《中國國民黨臨時全國代表大會史料專輯》（上），頁二三九—二五三。（臺北：中國國民黨中央黨史委員會，民國八十年，初版。）

⑩同⑨，頁二四〇。

⑪同⑨，頁二四〇。

⑫同⑨，頁二四一。

⑬同⑨，頁二四二。

⑭同⑨，頁二四九。

⑮〈中國國民黨中央執行委員會常務委員會第八十一次會議紀錄〉民國二十七年六月十六日下午三時。（中國國民黨中央黨史會藏，鋼筆原件影本共三頁）。

⑯同⑮，討論事項第一案，決議四項爲毛筆原件影本共二頁。

⑰〈國民參政會組織條例〉（民國二十七年六月十六日），中國國民黨中央黨史會藏，鋼筆原件影本共七頁。

⑱〈國民參政會參政員名單、丁、依照國民參政會組織條例第三條丁項遴選者由國防最高會議提出者〉，中國國民黨中央黨史會藏，毛筆原件影本共四頁。

⑲同⑥及⑯。

⑳〈中央執行委員會致國民政府函稿〉（民國二十七年六月十七日、二十一日、二十二日）中國國民黨中央黨史會藏共有毛筆原件影本七件。

㉑〈汪精衛致蔣總裁函電〉（民國二十七年九月二日），《汪僞資料檔案》，法務部調查局資料室藏，五七五三，毛筆原件影本。

㉒〈蔣總裁致汪精衛函電〉（民國二十七年九月五日），《汪僞資料檔案》，法務部調查局資料室藏，毛筆原件影本。

㉓〈汪精衛致蔣總裁函電〉（民國二十七年十月三日），《汪僞資料檔案》，法務部調查局資料室藏，五七六九，毛筆原件影本。

㉔〈蔣總裁致汪精衛函電〉（民國二十七年十月五日），《汪僞資料檔案》，法務部調查局資料室藏，毛筆原件影本。
㉕〈汪精衛致蔣總裁函電〉（民國二十七年十月二十六日），《汪僞資料檔案》，法務部調查局資料室藏，毛筆原件影本。
㉖〈蔣總裁致汪精衛函電〉（民國二十七年十月二十八日），《汪僞資料檔案》，法務部調查局資料室藏，毛筆原件影本。
㉗〈蔣總裁致汪精衛函電〉（民國二十七年十一月二日），《汪僞資料檔案》，法務部調查局資料室藏，毛筆原件影本。
㉘〈汪精衛致蔣總裁函電〉（民國二十七年十一月四日），《汪僞資料檔案》，法務部調查局資料室藏，毛筆原件影本。
㉙同❻，頁七三，引自〈開會式蔣議長演詞〉，民國二十八年二月十二日，國民參政會第一屆第三次大會記錄。
㉚〈蔣總裁致重慶中央黨部函電〉（民國二十七年十一月三十日）及〈蔣總裁致國防最高會議秘書處函電〉（民國二十七年十一月三十日），《汪僞資料檔案》，法務部調查局資料室藏，毛筆原件影本。
㉛〈汪精衛致蔣總裁函電〉（民國二十七年十一月日期不詳），《汪僞資料檔案》，法務部調查局資料室藏，毛筆原件影本。
㉜同㉗。
㉝〈汪精衛致蔣總裁函電〉（未註明年月日），《汪僞資料檔案》，法務部調查局資料室藏，毛筆原件影本。
㉞同㉝。

㉟ 同⑥，頁一五九。

㊱ 鴻佩：〈蔣委員長痛斥漢奸賣國行爲〉，《東方雜誌》，第三十六卷，第二十一號，現代史料，頁四九。（民國二十八年十一月一日出版）

㊲ 同㊱，頁四九—五〇。

㊳ 同㊱，頁五〇。

㊴ 同㊱，頁五〇。

㊵ 同㊱，頁五一。

㊶ 同㊱，頁五一。

㊷ 璞君：〈國府明令嚴緝汪兆銘〉，《東方雜誌》，第三十六卷，第二十一號，頁六八。（民國二十八年七月一日出版）

㊸ 同⑥，頁一四二。

㊹ 同⑥，頁一四三。

㊺ 同⑥，頁一九二。

㊻ 同⑥，頁一九二—一九三。

㊼ 蔡德金、李惠賢：〈關於汪僞政權問題學術討論會綜述〉，《歷史研究》，第五期，頁一八五—一九〇。（一九八六年五月出版）

議決

茲經執行委員政治會昨日開會議決案共八十餘件密案寄呈中有關於書籍等檢查禁讀檢查一案將原稿檢查改為出版檢查與頒發後依現行出版法辦理卒以多數通過至為疾歎

在開會前曾召集實業國防來開非隊指

其各員允許切提案切以本名于他人之提

案開會期內又復臨時召集國團由

楚傖、立夫、公博三兄指導[crossed out]不

[crossed out]乃鄒彬蔚等此舉連

署者七十三人，同志居三分之一，及籌委會

議決維持現狀，而法復漠漠，經通告同志[crossed out]而

表決時，仍不[crossed out]尊選的來的，以在黨紀律上為

最大錯誤。楚傖、立夫、公博三兄憤而辭職，

弟召集同志，痛加責備，並自[illegible]引咎，澤以

同志已悔悟，聲稱將收復改過矣，務博以報

中國國民黨中央執行委員會用牋

第　頁

前敵總[illegible]

電

[illegible]

[illegible]告國民

[illegible]

[illegible]

[illegible]

兄出示所擬宣稱[illegible]對敵宣戰[illegible]

[illegible]有害無利

今晨亮疇[illegible]

未知已達覽否又敵廣播已知我方研究宣戰

敵已有備

此時中華民國如[illegible]

[illegible]於今午宣告[illegible]截止

[illegible]各國得因中立而卸其制裁援助之一切責任似非得計尚乞裁奪

國防最高會議

前後我們應守密
吾戰範許尊違諸先喚復與壹國勾結同志者
俾以情立夫論商國際事就宜戰利
宜言宣戰結果
美實行中立國可使其斷絕
敵人鋼鐵棉油之來源同時我對美借款
希望亦斷其他各國務以中立形勢一切
制裁援助者任實施制其害敵就

國防最高會議

（四）句子如此複雜，即使對

表政府宣戰，即不作積極

決不正常，會外之傳說

至屢事上倘政府不宣戰，必發

謂政府

攻擊之根據，決心是否貴自作求得

以上兩點殊形考慮，亦宜為幸，而

非諱江

南嶽蔣總裁鈞鑒有機密敘夾
遙密已深馳系潛接賜示感謝
何極參政會後日開會弟為戰務
所羈不能趨前段屆希於時分
指示俾免貽誤至禱弟兆銘叩寢

有廿七日
汪引學代發

蔣總裁鈞鑒　茲參政會後日開會在
此際張向而中擬加重團結並對於參
政員保障其在會內之言論自由同時申
明約束不得在會外洩漏秘密如此庶
可使各參政員皆得盡言以供政府採
擇而不致發生政計至於檢察大概
集中於現階段之對內對外方針國
[illegible]甚盼時加
指示俾有率循至禱肅此謹肅

十月廿七日

[illegible]

我今蔣紀報約之遺憾圖民為戰氣死
云者有啥排單了張掛帳便樹那已經
當吏者有胡適蔣方震廣鑄諸君同
於補充缺欲為言識之意綏德乃志商
日盡適任為此為時經述件為兼排單一查籌後程
序後時語輯數人缺欲重新草行未免太煩
解所以缺欲不補殘損者適宜此意當取重
殘見面後未知者何居此為一處有為適者內人為人

補充新程式雖繁亦頗不相違俟先決定

字形有歧再以此錯者

十月三

嘉□前奉文侍秘郭密

教尊案列序。後與同志詳細商榷兌

黨圖民藝協會會期[illegible]

至多兩昕，展至十月底以免選與會

事難展至十月底[illegible]則十月初即須通

知。可否定為十月二十六日，乞核定

賜復為荷即頌時綏

九月廿一日

现行所修改部分宪
国民大会召[illegible]集便于保留 议 述
拟是由将
军事职谘之[illegible]职权[illegible]之划出四
会防[illegible]议通过之均已留数强作宪
及国民大会三个月一开会 照章次
上次修七月十五日开会改拟为
[illegible]定于十月十五日宪会[illegible]和与
之中宪会期间布征宪及

對日平和約稿節略說帖之一

國防最高會議秘書處敬電悉。密擬銷戰時圖書雜誌原稿審查案決不能通過否則無異自從敗亡也中正卅巳印

國防最高會議秘書處

限即到重慶中央黨部
朱秘書長勛鑒乙密關於參政會建議撤銷戰時圖書雜誌原稿審查辦法一案聞國防最高會議議決送交中常會決定此案決不能通過否則無異自促敗亡也請即商陳　汪先生設法打銷為要中正卅巳印

南嶽來電十一月三十日十四時廿分發

十二月一日八時收

○電

重慶汪主席季兄尊鑒邃

密可否於本屆參政會中運

用若干參政員提出一請求

對敵宣戰之建議案但不作

硬性決議而送政府參考並

作為密案不公布是否可行

請兄裁酌辦理并祈電復弟

中正叩冬一侍秘湘

南嶽十一月二日下午六時半發

九時譯

國民政府軍事委員會委員長行營辦公廳摘要電報摘由箋

號次	職銜 姓名或機關名	電	到	摘要	擬辦	批示
B1932	委座 南嶽	10月29日	月 日	茲錄告全國國民書全文，請轉林主席汪先生暨中央諸同志核閱後，在渝發表。		

摘由者簽名 [illegible]　擬辦者簽名　擬稿者簽名

中華民國二十七年

重慶汪主席季兄尊鑒有電敬悉密遞密參

議員缺額不補弟甚贊同弟中正叩徽侍

秘鄂

武昌十月五日下午十一時半發

六日上午八時譯

求報紙
RECEIVING FORM

交通部電報局

TELEGRAPH OFFICE
MINISTRY OF COMMUNICATIONS

由 FROM HW 25	流水號數 RUNNING HPX451	報類 CLASS S	發報局名 OFFICE FROM WUCHANGHQJCP			求報號數 TELEGRAM No.
時刻 TIME 0415	原來號數 ORIGINAL No. HQ2504	字數 WORDS 40-44W		日期 DATE 25	時刻 TIME 0430	26320 派送員 BY
值機員 BY TSAO	備註 Service Instructions: UHSUM					

CHUNGKING 0022中 1135央 7825黨 6752部 3076江 0031主 1598席 1323李 0338元

1415尊 7003鑒 9502養 7193電 2417敬 1885悉 0523楊 1378森 4605參 0233攻

3342會 4003定 2988十 3328月 6517二 2988十 6707八 5614日 4046開 3342會

9554中 7997長 7701賀 8867龍 1717 0022中 2973正 0661叩 2417敬 0174侍

4434秘 6759邦 0001一 SEAL

註意：如有查詢事項請帶此紙
Note: Any enquiry respecting this telegram; please produce this form

請閱背面
See Back

國民參政會秘書處摘由箋

來文機關	文別	收到月日	附件
蔣先生	寢電	民國二年九月二八日午時	

事由	擬辦	批辦
贊成參政會第二次大會日期為十月二十八日		

收文第　　號

重慶國主席委員蔣鑒：冬電敬悉。密

國民參政會會期最好展至十月底

或十一月初，何如？請卓裁示復為盼。

蔣中正叩。支。侍秘。

武昌九月五日午口時五十五分發

七時半譯

第二節　蔣汪與對日宣戰問題之關係

壹　前　言

在中國現代史中，中國對外宣戰，前後計有三次：第一次是光緒二十年（甲午、一八九四年）日本乘朝鮮東學黨之亂，進兵朝鮮，中國同時出兵，旋請日本共同撤兵，日本反佔韓京。六月，又擊沉中國運兵船，七月一日中日兩國正式宣戰。❶至光緒二十一年（一八九五年）清廷以無力再戰，與日議和；五月八日迫訂馬關條約，❷這就是歷史上所稱的甲午戰爭。

第二次對外宣戰，是民國六年（一九一七）五月，第一次世界大戰，歐洲戰局緊張，北京政府國務總理段祺瑞主張參戰，助協約國攻德、奧，國會及總統黎元洪不同意，遂釀成府會之爭，黎罷段職，段赴津以督軍團威脅國會，黎召張勳入京調停，張竟密謀復辟，逼黎下台，由馮國璋代總統，重任段爲國務總理。是年八月十四日，中國宣佈對德、奧宣戰。至民國八年（一九一九）協約各國在巴黎開會討論和約條款及一切善後問題。❸

第三次是民國二十年（一九三一），九一八日本侵佔東北；二十六年（一九三七）七七事變，中國全面抗戰；至三十年（一九四一）十二月八日，日本襲擊珍珠港，太平洋大戰爆發，中國於次（九）日正式宣告對日本宣戰，並聲明對德意志、義大利立於戰爭地位。

以上是中國近現代史中，對外國三次宣戰，其中第一、第二兩次，均無任何特殊之處，但是抗日戰爭就不同了。自民國二十年（一九三一）九一八事變日本對中國發動侵略，民國二十六年（一九三七）七七事變揭開全面戰爭，直至民國三十年（一九四一）十二月九日才對日本宣戰。爲何要等那麼長久的時間才對日本宣戰？其理由何在？而蔣汪二人在抗戰期間對日宣戰，有何不同的看法？這是一個值得研究抗戰時期蔣汪關係的問題。茲分別就中日關係與蔣汪函電兩方面來研究。

貳　九一八事變後中國爲何不對日宣戰

九一八事變以來，南京國民政府的對日外交方針，在表達方式上有過三次變化：「九一八」事變爆發時，蔣中正當政的南京政府，執行「不抵抗」主義與「依靠國聯解決」的方針；孫科長行政院時，陳友仁當外交部長，高喊「對日絕交，積極抵抗」，但卻無絕交的辦法、抵抗的措施，實際行動仍然是「不交涉，不抵抗」。汪精衛上台，力斥陳友仁對日絕交之說，但不敢宣佈放棄抵抗，遂有「一面抵抗，一面交涉」之說出籠。④綜觀九一八事變以後蔣汪合作的國民政府爲何不對日宣戰，約有下列原因：

一、中國國力薄弱，不可孤注一擲

當時青年學子，激於愛國熱誠，並至南京向國民政府要求對日宣戰，中共從而煽動利用，竟使部份學生藉對日宣戰之請願，發動污蔑國民政府之宣傳與行動。如陳友仁輩，亦以對日絕交宣戰之詭詞譁衆取寵。蔣中正當時都堅持主張抵抗，但卻反對絕交宣戰的立場。

蔣中正先生在奉化故里武嶺學校參加紀念週講「東北問題與對日方針」時，再度懇切說明不能對日絕交宣戰的理由和決心：

自東北問題發生以來……，不曰對日宣戰，即曰對日絕交；……總理孫先生所謂「中國若與日本絕交，日本在十天以內便可以亡中國」，此乃事實如此……是以余於昔日當政之時，即告國人，余寧含垢忍痛，決不願意以個人一時之快意，博得國民之同情，而簽對日首先絕交與宣戰之字。誠以國家為重，個人為輕；民族悠久之生命為重，個人一時之榮辱為輕；故寧可毀滅余個人過去一切之事業與歷史，而保存我國家與民族之利益，決不肯犧牲我四萬萬同胞之利益，以換得余個人一時之虛名，而永為我中華民族千秋萬世之罪人也。❺

民國二十一年（一九三二）一二八上海事變，蔣先生一面令駐軍抵抗，一面於一月三十日通告全國將士「抱寧為玉碎不為瓦全之決心」，以與「破壞和平，蔑棄信義之暴日相週旋」❻，但仍反對宣戰。

二、為爭取國際同情，希藉外力壓迫日本撤退

民國二十年（一九三一）九一八事變時，蔣中正先生在中山陵園官邸，召集黨政軍首長會商大計，決定對外避免擴大戰爭，經由向國際聯盟的申訴，獲得公平的判斷。九月二十二日蔣中正先生應邀對中國國民黨南京市黨部黨員大會發表政策性演說時，他說：「此時世界輿論，已共認日本為無理。我國民此刻必須上下一致，先以公理對強權，以和平對野蠻，忍

痛含憤，暫取逆來順受的態度，以待國際公法之判斷。」❼蔣之所以如此信賴國聯會公平處理，董顯光曾作如下之解釋：「當此之時，中國只有兩條路可走，一是立即以武力對付日本的挑釁，這自然是極度艱險之路；二是採取延緩的措施，藉外力壓迫日本從東北撤退，此第二途徑曾利用於民國十年（一九二一）山東的僵局。由於日本在東北之舉動，出於關東軍之自發，顯然未與其首相協商者，故我國採取第二途徑，未必完全無望。」❽

事實上，九一八事變後第二天，國民政府外交部即電令駐國聯代表施肇基向國聯提出申訴，同時蔣中正先生為加強外交陣容，特任顧維鈞署理外交部長，並特設特種外交委員會以為決策機構，以戴季陶為委員長，顧維鈞為秘書長，蔣先生亦為委員之一。民國二十年十一月間，特種外交委員會向中國國民黨中央政治會議提出「處理時局之根本方針」報告：認為對日外交問題，雖判斷「國聯不能採任何有力制裁」，但仍確信「此次對日交涉，中國在國際上，必得最後之勝利。」因此建議政府之對外策略：「第一，中國無論如何，決不先對日本宣戰；第二，須盡力維持各國對我之好感；第三，須盡力顧慮實際利害……。」❾此建議當為中央政治會議所接受。因為在當時強弱懸殊情勢下，中國政府寄望國聯，希望從國際方面孤立日本，自是正當之舉。國聯雖無力立即援助中國收復東北，但都毫無疑問的給予中國以道義的同情與支持。如民國二十年（一九三一）十二月二十四日國聯表決限令日本撤兵一案時，日本的提案只日本一國贊成，終以十三票對一票予以否決，這自然給予中國精神上極大之鼓勵。其後，國聯對東北問題的調查團，亦使日本無所逃避其侵華的罪責。由於中國外交方面運用的成功，日本遂不得不退出國聯，從此陷於外交的孤立困境。國民政府此時在外交上的努力，關係中國後來對日抗戰勝利的成效至大。⑩

當時蔣中正先生曾對國際聯盟教育考察團訪問時表示：「我們料到日本不肯輕於退出東三省，也料到日本不肯把大連、旅順輕於交還中國，所以我們唯有依賴國民的努力，與世界上的公道，但我們一定更要有最後的決心。什麼是最後的決心？就是流血的決心。」國聯教育考察團聞悉蔣中正先生決心後，至表欽佩，同時建議：「希望你不要說中國政府將與日本作戰的話，如對日宣戰的話，從中國政府方面說出去，深恐世界各國之擁護正義與和平者，將與中國不表同情。」⑪當時爲爭取國際同情，在國際上孤立日本，以強化外交活動代替宣戰絕交，事後檢討，是極爲正確的政策。

三、忍辱負重爭取抗戰準備時間

上海停戰協定於民國二十一年（一九三二）五月五日簽字，中國即著手「攘外必先安內」，充實抗戰準備的工作。五月九日，蔣中正先生出席南京軍界聯合總理紀念週，以沉痛的心情，講述日本侵略中國的情形說：「要同越王勾踐一樣去臥薪嘗膽，求雪國恥」。⑫總之，自九一八事變至七七，蔣中正先生在那一段時間內，艱苦卓絕，忍辱負重的奮鬥過程，其用心的深遠明智，直至七七事變爆發，才爲國人所明悉。因爲爭取了六年的時間，在這段期間，積極充實抗戰準備，發起新生活運動，振奮民族精神，要求全國總動員，展開國民經濟建設運動，開發全國經濟資源，擴建鐵路、公路，重視理工教育，實行法幣政策，統一全國幣制，實施軍國民教育，施行徵兵制度。就在這六年之內，奠定了八年抗日戰爭的基礎。

基於上述，九一八事變後，蔣汪認爲不能和日本宣戰的原因，是由於中國當時國力薄弱，情勢上不能與日本以實力決戰，故不能不顧事實，徒逞一時意憤，爲博取國人同情，對日本一怒興師，宣戰絕交，將整個國家作孤注一擲，所以蔣中正先生堅苦卓絕，含垢忍辱，一面爭取國際同情，希藉外力壓迫日人撤退，一面爭取時間，統一內部，生聚教訓，充實國防，以爲抗戰準備，結果八年抗戰的勝利，實奠基於此時。

參　七七事變後中國爲何遲不對日宣戰

民國二十六年（一九三七）七七事變後，蔣汪合作之下的國民政府，亦有下列共識而遲不對日宣戰。

一、希望不因宣戰觸及美國中立法而得到美國的援助

在戰爭敵我對峙中，如能在國際間爭取多數的友邦，同時亦孤立敵人，獲勝的機會亦愈大。尤其抗戰期間，中國工業落後，舉凡戰時軍械彈藥、交通器材、工業機械及金融穩定，均需仰賴國外輸入與援助。因而尋求國際同情與支持，對中國抗戰前途，影響實大，尤其是美國，對我關係密切，孤立主義爲其傳統的外交政策，避免戰爭是美國人民的普遍心理。當中日戰爭爆發後，美國則縮到其所訂中立法的保護介殼裡，表面上同情中國，實質上對日採取安撫的方式，以獨善其身。

美國中立法於民國二十四年（一九三五）八月三十一日正式通過，其後曾作數次修改，其中有關軍火運輸方面，要點如次：⑬

1.美國總統於戰爭發生時，得以命令禁止運輸軍火與軍用品給交戰國。

2.戰事發生時，美國總統得以命令禁止美國商船裝運軍火及軍用器具至交戰國或中立口岸轉運至交戰國。

3.美國總統有權在美國本部及所屬區域領海附近，禁止從美國口岸轉運人及軍火於交戰國船隻。

此種中立法，顯然地美國只考慮到歐洲的戰爭，而忽略遠東的中、日情形。因爲此種中立法是對英、法有利的：英、法有大量的準備金及商船和強有力的海軍到美國去接運，在現金購買和自船運輸的情形之下，比德、義要便利得多。可是中立法如應用到中、日而言，則日本將獨蒙其利。因日本軍火製造本可自給，其需要的只是原料而已，如廢鐵、廢鋼、金屬品及石油等，日本又有船隊可運輸，自能應用裕如。反觀中國，本身只能製造一部份的輕武器，其餘大部份仰賴國外的輸入，尤其在中日開戰後，中國港口均被日本封鎖，船隻根本無法在海上活動，且亦無船可以運輸，同時有錢亦很難購買到美國的軍火原料，因此反受其害。

因此，中國對日戰爭，所以遲遲不向日本宣戰，其主要原因之一，即以我國爲被侵略國，而非交戰國，希望各國能同情我國，同時亦希望能避開美國中立法的實施，而從國外輸入軍火，以抵抗日本的侵略。

二、倫敦侵略定義公約：「凡首先向他國宣戰者，即為侵略行為。」

「在國際法上，所謂自衛權，是指對抗不合法的攻擊而言。自衛權的行使，是對於非法攻擊的防衛。」⑭「但自衛權在國際法上無明確之定義，以往各國藉自衛之名而行侵略之實。一九一四年德國藉口自衛，破壞比利時之永久中立。一九三一年日本進佔中國東北，亦諉稱爲自衛行爲，日本之外交代表且在國際聲稱，日本之行爲完全符合韋伯斯特之自衛要旨」。⑮「國聯調查團實地調查之結果，認爲日本在中國東北之行爲，不能謂爲自衛。」⑯「因此之故，世人深感自衛與侵略亟應劃分，若自衛之意義難以確定，亦不妨先將侵略之意義予以鑒定。故一九三三年七月倫敦侵略定義公約成立」。⑰其第二條規定，國際糾紛中，除當事國另有約定者外，凡首先有下列行爲之一者即爲侵略國，其第一項即爲：「(一)對他國宣戰者」。⑱所以國民政府在七七事變後，認爲已到最後關頭，不得不奮起自衛，在外交上於是一面訴諸國際安全機構，同時作了下面的措施：民二十六年八月十四日，國防最高會議舉行第一次會議，決議對日抗戰，不採取宣戰絕交方式。⑲同時國民政府發表自衛抗戰聲明書，節錄如下：「中國今日鄭重聲明：中國之領土主權，已橫受日本之侵略；國際盟約、九國公約、非戰公約已爲日本所破壞無疑。此等條約其最大目的，在維持正義與和平，中國責任所在，自應盡其能力，以維護其領土主權，及維護上述各種條約之尊嚴。中國決不放棄領土之任何部份，遇有侵略，惟有實行天賦之自衛權以應之。日本苟非對中國懷有野心，實行領土之侵略，則當對兩國國交謀合理之解決。」⑳

三、中國如對日宣戰，即不便向國聯提出控訴

自衛權爲各國自保其生存之權利。但今日之國際關係錯綜複雜，一國之生存，往往非其一己之力量所能保衛，故國際聯盟採取集體安全制度。㉑根據國聯盟約第十六條第一款的規

定：「會員國對於違反盟約而訴諸戰爭的國家，有實施經濟制裁的義務」。又規定：「違反盟約而訴諸戰爭的會員國，被認爲是對於其他全體會員國，犯了戰爭的行爲」。「國聯盟約第十六條第二款所規定的軍事制裁，是對於會員國使用武力以實施其執行辦法。」[22]

基於上述國聯盟約規定，爲爭取國際同情，深望得到盟約國的援助。民國二十六年七七事變發生後，國民政府即將中日衝突事件訴諸國聯，中國出席國聯首席代表顧維鈞要求國聯行政院對日本採取必要行動。民國二十七年（一九三八）二月二日，國際聯盟決議，鼓勵會員國分別援助中國。[23]國聯行政院及國聯大會每次開會，中國代表照例提案，請求國聯對日本加以制裁。日本遭受不斷指責，甚感難堪，被迫退出國聯，這不能不說是中國的精神勝利。民國二十七年九月中國援用盟約第十六條，請求國聯對日實施經濟制裁。依該條規定，各會員國可與其斷絕商業或財政關係。日本既已退出國聯，國民政府乃提請行政院，依盟約第十七條規定，邀請日本承受會員國的義務。依照該條第三款規定，日本如拒絕承受會員國的義務，仍繼續從事戰爭，即可適用第十六條的規定，予以經濟制裁。日本果拒絕邀請，行政院遂於九月三十日通過決議，依照第十七條第三款規定，由各會員國個別採取第十六條所規定的經濟制裁辦法。此案獲得通過，可謂差強人意。[24]

當時國民政府已深知國際安全機構之軟弱無力，不可依恃，但由於當時環境，不得不盡其在我，多多少少可爭得一些同情和聲援。國聯雖未因中國之控訴而對日實施強力制裁，但中國卻已獲得國際上極多之同情。如果當時對日宣戰，則與日本立於對等作戰地位，恐難得到國際廣泛的同情。

四、國際法規定：「宣戰即對交戰國義務權利立即全面適用。」

「依照國際法規定，宣戰的效果，往往使某些關於交戰義務權利的規則，立即對交戰國適用，如交戰國對於境內敵僑的待遇、與交戰國間條約的存廢等便是。」㉕中日關係，自來鄰界邇接，關係密切，交往頻繁，歷史日久，無論政府與民間，種種相關相連之處，比比皆是，異於世界上其他國家，一旦宣戰，按照國際法規定，宣戰的效果，對交戰國雙方的義務權利立即適用，如僑民的待遇，條約的存廢等立即生效，就是說在經濟上、文化上、政治上、外交上、社會上一切關係全然斷絕，完全立於不相往來，頓成誓不兩立狀態，同時戰爭結束之手續、解決各種問題之方法，亦極複雜，故非到萬分必要且情勢對我絕對有利時機，絕不宜採取宣戰。

且讓我們從《蔣委員長中正抗戰方策手稿彙輯(一)》的一段導言，觀蔣汪合作下的國民政府對日抗戰，所採取的政策和輿論，該導言摘要如下：㉖

自九一八事變以來，我鑒於日寇步步進逼，狂暴日甚，戰爭勢難避免，為期取得充分準備之時間，一面提請國聯調處，一面積極整理軍隊，加緊國防建設，以充實抵抗力量，並舉辦廬山軍訓，促進精神團結。發起新生活運動與國民經濟建設運動，以為生聚教訓之資。同時清剿赤匪，消弭反側，以貫徹安內攘外之政策，對於敵之壓迫，則以忍辱負重之精神，宣示「和平未至絕望時期，決不放棄和平；犧牲未至最後關頭，決不輕言犧牲。」「抱定最後犧牲之決心，對和平為最大之努力。」以表明吾人不好戰亦不屈服之意旨，政府在重重困阨之情勢下，把握上述方針，勇邁以赴，未嘗少懈。七七事變既起，我以維護國家民族之生存與獨立，主持國際正義及取消不平等條約爲目的，一面呼籲和平，一面加強戰備，俾萬一和平絕望時，以全力對敵作戰，而求最後勝利。故在此項大方針下，我軍事最高當局，審度敵我全般情勢，決以持久消耗戰略，與敵周旋。

自敵攻陷平津後，我最高統帥蔣委員長即認定長期單獨作戰之必要，而於八月七日在京召集國防黨政聯席會議，策定長期作戰之指導，故在第一期抗戰中，我軍爲避免優勢之敵在華北平原作主力決戰，乃於平綏、平漢、津浦各沿線，採重疊配備，多線設防，以爭取時間之餘裕，逐漸消耗疲憊敵人，而毅然以主力使用於長江方面，誘導敵主力於江南湖沼山嶽地區，俾得以有利之地形，達成持久消耗之目的，並掩護我東南工業及沿海物資之內遷，以建立長期作戰之經濟基礎，迫敵初阻於忻口之運動戰，再阻於淞滬之陣地戰。復於徐州及武漢兩會戰，不斷予敵損耗，卒能保持我主力，使達其戰略頂點，而將敵速戰速決之企圖粉碎，以奠定我抗戰勝利之基礎，而我初期以空間換時間之戰略指導，乃獲預期之效果。

由上述可見，中國在抗戰第一期，立場就是具有抗戰到底的決心，也並不放棄光榮和平的意願，只要日本能幡然醒悟，還我失地，恢復九一八前一切狀態，中國就可以和平方式解決中日問題。所以不斷外交路線，苦撐待變，蔣汪合作的國民政府不採用以宣戰方式來解決問題。

肆　蔣汪協調運作是否對日宣戰之梗概

武漢會戰後，抗戰進入第二期，國民政府戰略指導之著眼，在求積小勝爲大勝，即一面於正面實行持久攻擊，以阻止敵之進犯；一面發動廣泛之敵後游擊，以化敵後方爲前方，打破敵「以華制華」「以戰養戰」之企圖。關於此時是否對日宣戰之問題，擬就《汪僞資料檔案》中，蔣汪往返函電史料，作一研析如下：

一、關於蔣擬運用若干參政員提出請求對日宣戰案

蔣中正先生於民國二十七年十一月二日下午六時半自南嶽致電重慶汪主席表示「可否於本屆參政會中運用若干參政員提出一請求對敵宣戰之建議案，但不作硬性決議而送政府參考並作爲密案不公布，是否可行」，[27]汪於十一月四日回覆蔣表示「……頃復與黨團指導同志楚傖、公博、立夫諸兄熟商，就宣戰利害言，宣戰結果，美實行中立，固可望其斷絕敵人鋼鐵煤油之來源，同時我對美借款希望亦斷，其他各國藉口中立放棄一切制裁援助責任，實屬利少害多，就參政會言，份子如此複雜，即使對宣戰案，不作硬性決定不公布，會外傳說無從禁止，倘政府不宣戰，必藉此攻擊，謂政府無抗戰決心，是不啻自作束縛，以上兩點敬祈考慮示覆爲幸」，[28]由此可見到了抗戰第二期的階段，蔣先生有意主張對日宣戰，而汪則不贊成對日宣戰，尤其更不贊成利用參政員提對日宣戰案。

二、關於汪反對對日宣戰之理由

汪於民國二十七年十月二十八日致電蔣中正，內容如下：

……參政會昨日決議對告國民書，熱烈擁護，想承鑒及，今晨亮疇兄出示覆電稿，稱研究結果對敵宣戰有害無利，未知達覽否，又上月抄敵廣播已知我方研究宣戰此消息，不知何從洩漏，似此敵已有備而徒使各國得因中立而卸其制裁援助之一切責任，似非得計，尚乞裁奪爲幸。㉙

同年十一月一日汪再致電蔣中正，內容如下：

……㈠近來對美借款未知有望否？若美因我宣戰而守中立，則借款不能進行。㈡國聯及各會員國是否因我宣戰而守中立，致制裁援助及安南緬甸之交通皆爲中斷，似應先以此兩點電詢駐外各大使，切實探明，然後決定可否。管見如此，敬候裁奪。㉚

由上述二封函電，可知汪精衛認爲對日宣戰，有害無利，首先日本方面已蒐獲我研究宣戰之情報，其次若對日宣戰則我無法向美國借款，各國嚴守中立，對我不利。汪之主和有愈來愈明顯之趨向，只是未知此時汪是否已私下和日本方面暗通款曲，爲其護航，則有待史家進一步研究。

三、蔣希望中日問題擴大為世界問題，要汪指定專家切實研究宣戰問題汪仍反戰

蔣中正於民國二十七年十一月四日自長沙致電重慶汪主席，談到：

……密尊見甚是，惟宣戰案，中央仍須切實研究利害，總期促成國際變化與中日問題擴大爲世界問題，則於我方有利也，務請指定專家切實研究爲荷。中正叩支機。㉛

同年十一月十七日汪精衛致電蔣中正，內容如下：

蔣總裁鈞鑒：密前奉支機電指定專家切實研究宣戰利害，連日討論結果如下：㈠宣戰後，美守中立，在我則借款希望即歸斷絕，在倭則仍可得鋼鐵、汽油之供給，因美中立法，只限於不賣軍火，不借款，不以美國商船運送鋼鐵、汽油，不在軍火之列，倭可以其本國商船至美購買自行運送，是美守中立，徒以困我而不足以困倭，美之遲遲不實行中立法及提議修改中立法，良以同情於我之故。㈡其他各國船舶於宣戰後與倭往來，我無海軍強制之與我往來，則倭可以海軍拘捕或擊沉之，是我無異自加封鎖。㈢宣戰或可振起人心，然抗戰至今，已十六月，至此時始宣戰轉使人惶惑。㈣宣戰或可予英、美、法各國以警告，然各處海口已淪陷於倭手，各國今所患者在倭之閉拒，若倭開放，我即宣戰，各國仍可自由通商，且有促使事實上，承認僞組織之可能，由以上研究宣戰，實屬有害無利，謹陳備核。弟兆銘篠十一月十七日。㉜

由上述可知蔣中正先生希望將中日問題擴大爲世界問題並在可能情形對日宣戰，因此責成汪先生聘請指定專家切實研究宣戰的可行性如何，惟研究結果，汪再度列舉了四點反對宣戰的理由，蔣中正也不得不接受，因此宣戰之議則暫平息，一段期間後汪竟於民國二十七年十二月十八日叛離重慶國民政府，一直到民國三十年十二月九日，國民政府才正式對日本宣戰。

伍　結　論

九一八事變以來，中國以苦撐待變的心情，來對付日本之侵略，始終未對日宣戰，日本發動珍珠港事變後，中國認爲時機已至，立即對日宣戰[33]，這個宣戰，不只是對日本抱有必勝之把握，而且是要向聯合同盟各國昭告中國絕不與敵中途單獨妥協之意志。可惜的是蔣汪合作的國民政府，始終苦撐待變，正當柳暗花明之時，汪竟然中途單獨與敵媾和並組織傀儡政權，甘爲國人所唾棄誅討，或許在對日宣戰問題已多少展露玄機，只是國人未加深究，甚至蔣中正也倚重有加，不加置疑，終致造成蔣汪由合再分的歷史局面。

註釋

❶ 梁啓超：《論李鴻章》，頁七八。（中華書局印行，民國十七年）

❷ 蕭一山：《清代通史》(四)，頁二〇四一。轉引自張明凱：〈抗日戰爭中的宣戰問題〉，《傳記文學》，第四十一卷，第一期，頁七一。（民國七十一年七月號）

❸ 李守孔：《國民革命史》第八章，頁二八九—二九四轉引自張明凱：〈抗日戰爭中的宣戰問題〉，頁七一。

❹ 張同新編著：《蔣汪合作的國民政府》，頁一七。（黑龍江人民出版社，一九八八年四月第一版）

❺ 蔣中正：〈東北問題與對日方針〉，全文見民國二十一年一月二十一日至二十三日上海時事新報及《革命文獻》第三十五輯，頁一二九一—一二九七。

❻ 蔣中正：〈告全國蔣士電〉，見《革命文獻》第三十六輯，頁一五五四。（台北：中央黨史會印行）

❼ 蔣中正：〈一致奮起共救危亡〉，見《中央週報》第一七三期，（民國二十年九月二十八日出版）

❽ 董顯光：《蔣總統傳》中冊，頁二一六。（中華文化出版事業委員會出版，民國四十一年十二月）

❾ 《革命文獻》第三十五輯，頁一二三八，特種外交委員會報告第五條。

❿ 蔣永敬：〈九一八事變中國方面的反應〉，見《新時代》第五卷第十二期。

⓫ 蔣中正：〈對中國國民黨第四次全國代表大會對日問題專門委員會報告補充說明〉，見中國國民黨第四次全國代表大會二十年十一月二十二日速記錄。

⓬ 蔣中正：〈研究中華民族致弱之由來與日本立國精神之所在〉，見《領袖十年來抗戰論集》，頁四一—五三。

⓭ 同前❷，張明凱：〈抗日戰爭中的宣戰問題〉，頁七四。

⑭ 雷崧生：《國際法講話》，第一編第二章第五節，頁二一一二七。（中華文化出版事業委員會出版，民國四十二年六月）

⑮ 陳世材：《國際法學》上冊，第七章第二節，頁六五。（精華印書館印，民國四十三年一月）參見W. W. Willoughby, Sino-Japanese Controversy and the League of Nations, （Baltimore, 1935）。

⑯ 同⑮，頁六五。

⑰ 參見梁鋆立：《侵略國界說的研究》，〈最近國際法上幾個重要問題〉，（南京，正中書局，民國二十三年）頁一一三七。另見朱建民：《侵略問題之國際法的研究》，頁二九〇一三一一（上海：商務印書館，民國二十九年）。

⑱ 同⑮，頁六五。

⑲ 中國國民黨中央黨史會編：《中國國民黨八十年大事年表》，頁三二四。

⑳ 抗戰五週年紀念冊：〈國民政府自衛抗戰聲明書〉。

㉑ 參見國聯盟約第十條。

㉒ 同⑭，頁三一一三三一。

㉓ 同⑲，黨史會編：《中國國民黨八十年大事年表》，頁三三〇。

㉔ 中華民國建國六十年紀念《國家建設叢刊》第三冊第八章，頁七三一七六。（中華民國國家建設叢刊編纂委員會編，民國六十年十月十日）

㉕ 同⑭，頁二二。

㉖ 中國國民黨中央委員會黨史委員會編：《蔣委員長中正抗戰方策手稿彙輯》㈠，頁一一三，（台北：中央黨史委員會出版，民國八十一年六月）。

㉗ 〈蔣總裁致汪精衛函電〉（民國二十七年十一月二日），《汪僞資料檔案》，法務部調查局資料室

藏，毛筆原件影本。

㉘〈汪精衛致蔣總裁函電〉（民國二十七年十一月四日），《汪僞資料檔案》，法務部調查局資料室藏，毛筆原件影本。

㉙〈汪精衛致蔣總裁函電〉（未註明年月日，從內容研判大約民國二十七年十月二十八日左右），《汪僞資料檔案》，法務部調查局資料室藏，毛筆原件影本。

㉚〈汪精衛致蔣總裁函電〉（未註年，十一月一日），《汪僞資料檔案》，法務部調查局資料室藏，鋼筆原件影本。

㉛〈蔣總裁致汪精衛函電〉（民國二十七年十一月四日），《汪僞資料檔案》，法務部調查局資料室藏，鋼筆原件影本。

㉜〈汪精衛致蔣總裁函電〉（未註年，十一月十七日），《汪僞資料檔案》，法務部調查局資料室藏，毛筆原件影本。

㉝民國三十年（一九四一）十二月九日國民政府發表對日宣戰文告，原文如次：

日本軍閥夙以征服亞洲，並獨霸太平洋爲其國策。數年以來，中國不顧一切犧牲，繼續抗戰，其目的不僅所以保衛中國之獨立生存，實欲打破日本之侵略野心，維護國際公法正義及人類福利與世界和平，此中國政府屢經聲明者。中國爲酷愛和平之民族，過去四年餘之神聖抗戰，原期侵略者之日本，施遭受實際之懲創後，終能反省。在此時期，各友邦亦極端忍耐，冀其悔禍，俾平洋之和平，得以維持。不料殘暴成性之日本，執迷不悟，且更悍然向我英美諸友邦開釁，擴大其戰爭侵略行動，甘爲破壞全人類和平與正義之戎首，逞其侵略無饜之野心；舉凡尊重信義之國家，咸實忍無可忍。茲特正式對日宣戰，昭告中外，所有一切條約協定合同，有涉及中日間之關係者一律廢止，特此佈告。

○乙

重慶汪主席季兄尊鑒遜

密可否於本屆參政會中運

用若干參政員提出一請求

對敵宣戰之建議案但不作

硬性決議而送政府參考並

作為密案不公布是否可行

請兄裁酌辦理并祈電復弟

中正叩冬一侍秘湘

南嶽十一月二日下午六時半發

九時譯

國防最高會議

三、前後我所舉實證
尤以英法違諾 以後與壹國携手同志楚
係以特立大總商國 就宣戰利
害言 宣戰結果 請
美實行中立國可與共斷絕
敵人禍識謀油之來源 同時我對美貸款
希望亦斷 其他各國務以中立形勢一切
制裁援助責任實施制裁之實 就

國防最高會議

(四)分子如此複雜，即使對參政会宣戰案[illegible]即不作硬性[illegible]決定不公布，会外傳說，長屋林擊上倩政府不宣戰之秘以攻擊，謂政府長抗戰決心是否自作求得，以上兩点殺影老慮，亦皆為幸

比諸江

中國國民黨中央執行委員會用牋

第　頁

蔣總裁鈞鑒

冬一侍秘湘電敬悉 遠察 [illegible] 參政會昨日決議對國民告

書提到撤廢規承 [illegible]

[illegible]

兄出示曾改電稿 對敵宣戰

稱研究結果 有害無利

今晨亮疇

未知已達覽否 又敵廣播已知我方研究宣戰 上月抄 敵已有備

此間中蘇民國 [illegible]

[illegible] 事已於 今年宣告 [illegible] 止

後各國得因中立而卸其制裁援助之一切責任 似非得計 尚乞裁奪 [illegible]

[illegible]鈞鑒

卅標電悉（一）近來對美借款未知有望否若美因我宣戰而守中立則借款可繼續進行（二）關於桐及各金貨因美國若因我宣戰而守中立致割截援助及與南緬關交通當為中斷以上兩點請仍先洽兩點覆詢駐外各大使切實探明並後決定可否宣言以便獨廠報導不明結束

十一月　日

No.

丙一　　　　　　　　　　　　　　　　　　　　　　王素抄

重慶汪主席鈞鑒各戌江電奉悉○密尊見甚是惟宣戰案中央仍須切實研究利害總期促成國際變化俾中日問題擴大為世界問題則于我方有利也務請指定專家切實研究為荷中正叩支機

長沙十一月四日廿七年

蔣總裁訓詞　密　前奉支機密指

示務須切實研究當前戰局速以討

論結果報告（一）當戰後美對中主借款

在我國則

在倭則欲再得鋼鐵汽油之借

帝望訂婦新德 [illegible] 借未表

給國美中主張國貨只限於不貴

軍火不借款不以商船運送國鋼鐵汽油不

美國

在軍火之列倭國可以其本國商船至美備買

自行運送在美宴中立往以困我而不足

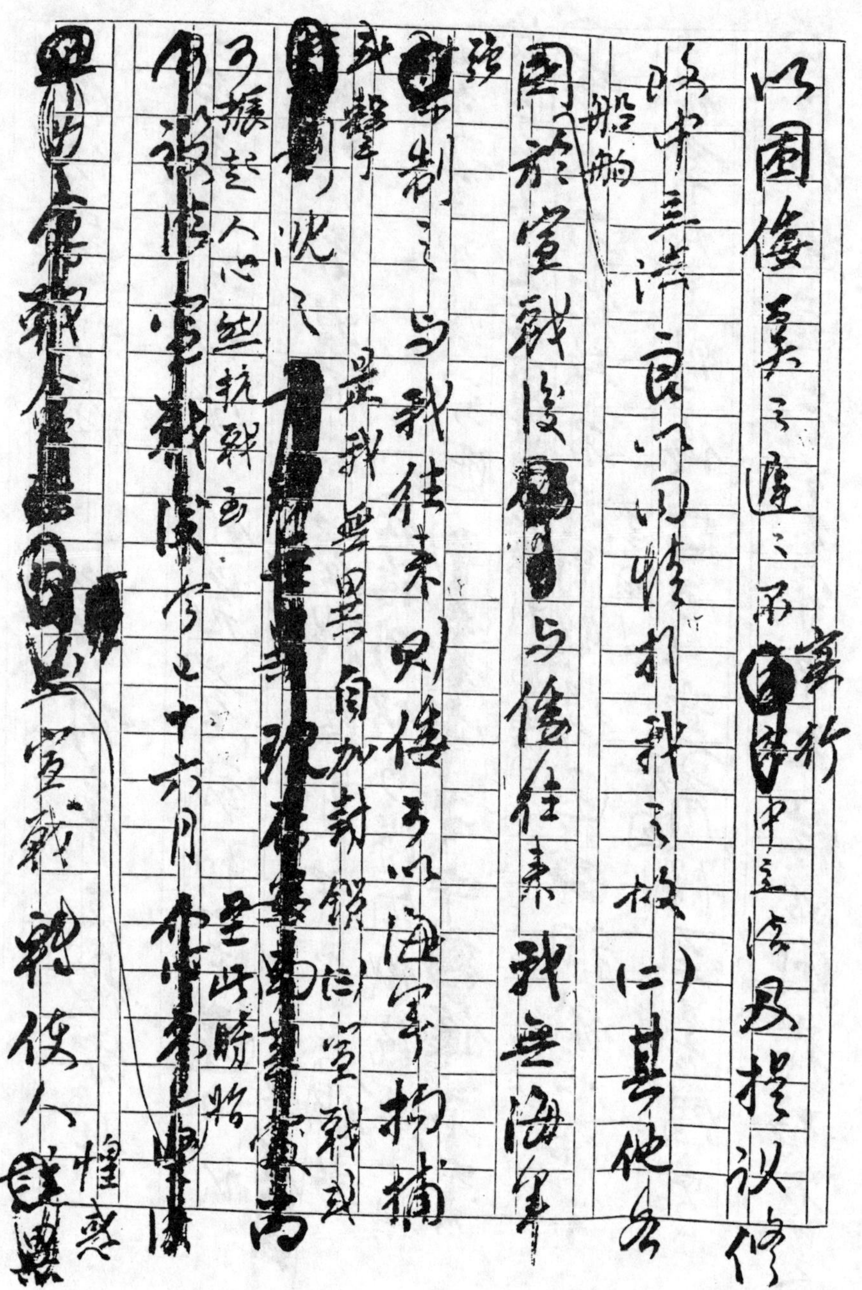

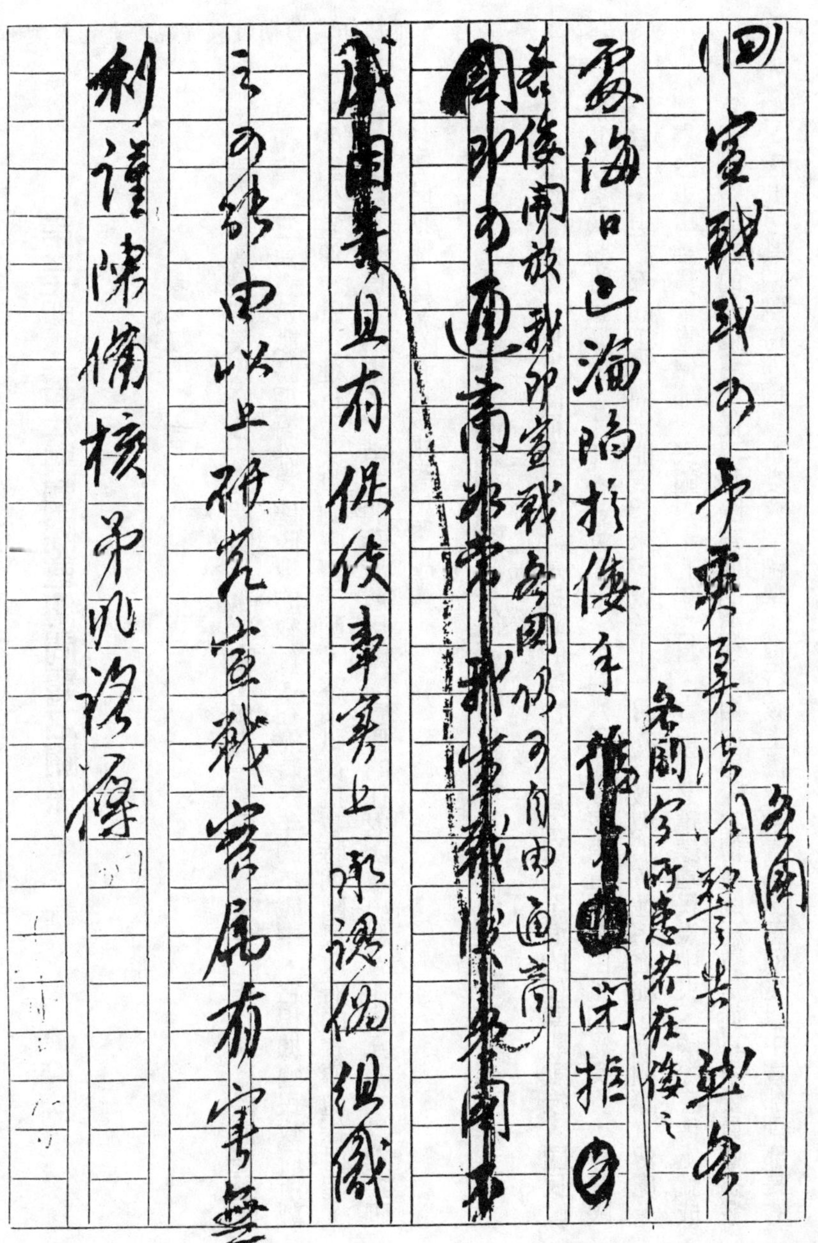

(四)宣戰之手續其實出以整個各國
各國字所患若在倭之
處海口正論陷於倭手[illegible]深據
吾後開放我即宣戰無國際可自由通商
關即可自由通商非常我宣戰後更[illegible]
[illegible]且有促使事實上承認偽組織
之之條件以上研究宣戰實屬有害無
利謹陳備核弟孔祥熙

第三節　蔣汪與國際宣傳問題之關係

壹　前　言

國際宣傳是國民政府於抗戰期間，重要的工作之一。而此一重要工作的執行機構是國際宣傳處，它負責抗戰時期對外宣傳政策的執行。在歷時八年的抗戰中，它根據國民政府所製定的對外宣傳方針，進行了大量的宣傳活動。本文試從抗戰時期國民政府的宣傳處探討起，進而參閱《汪僞資料檔案》中有關蔣汪運用國際宣傳的往返函電史料，作一介紹，以期對研究抗戰時期蔣汪對外宣傳政策有所裨助。

貳　抗戰時期國際宣傳處的設置

國際宣傳處（以下簡稱國宣處）是抗戰的產物。在日本發動全面的侵華戰爭後，國民政府軍事委員會在民國二十六年（一九三七）九月八日添設了第五部，由董顯光負責，專掌國際宣傳。但該部的工作尚未開展起來，就於十一月六日被取消，並將之縮小爲國際宣傳處，隸屬於軍事委員會宣傳部。民國二十七年二月，宣傳部又重隸國民黨中央，國際宣傳處就成爲中央宣傳部的一個專門從事國際宣傳的機構。由於國際宣傳處的經費是從軍事委員會撥發的，因此，其編制待遇均以軍委會爲標準，但行政上仍屬中宣部。董顯光以中宣部副部長的

名義負責該處工作。曾虛白任處長，協助董顯光開展對外宣傳。❶

民國二十六年（一九三七）十月，國際宣傳處西遷武漢，在董顯光的主持下對內部機構進行了組建和調整，建立了以武漢爲總部，下設編撰科、外事科、對敵科、總務科、對敵宣傳研究委員會和一個小型的新聞攝影室，以上海、香港、倫敦、紐約、日內瓦、柏林、莫斯科七個支部爲附屬機構的嚴密組織網路。

民國二十七年（一九三八）十月，武漢失守，該處奉命移駐衡山。十一月中旬，移駐重慶，十二月一日在重慶兩路口巴縣中學的一幢校舍內正式開始工作。到重慶後，該處在總部添設了電播室（後改電務室）、書報室，將攝影室擴大爲攝影科。國際廣播電台傳音科的工作也歸該處負責。附屬機關添設了中國海外通訊社、成都編輯委員會，將原來的七個支部改爲香港、上海、倫敦、紐約四個辦事處。民國二十八年（一九三九）該處還派人到新加坡、馬尼拉、仰光等地考察，與當地華僑協會取得聯繫，加強對敵宣傳。此外該處在國外還派有「別動組織」，這些人直接受命於總部，進行獨立的個人宣傳活動，不與該處的駐外機構發生聯繫。❷

珍珠港事變後，國民政府在重點對美宣傳的同時，加強了對英、印、澳的宣傳活動，特別是對英語國家的宣傳，該處爲了適應這一政策的需要，對其駐外機構作了較大的調整。又增設了華盛頓、舊金山、芝加哥、加爾各答、悉尼、蒙特利爾、墨西哥城、巴黎等辦事處。民國三十年（一九四一）七月在仰光、新加坡設立辦事處，承擔了自港、滬淪陷後的部份聯絡工作。民國三十一年（一九四二）至三十二年（一九四三）間，該處又在美國西部小城溫圖拉（Ventura）設立了一個廣播收音站。自此，除加爾各答辦事處外，其他駐外辦事處的工作均以溫圖拉收音站為總樞紐。該收音站每天收錄播自重慶國際廣播電台的新聞資料和特寫稿件，再藉無線電傳眞或航郵分寄各辦事處。民國三十三年（一九四四）該處添置了無線電傳眞設備，紐約可在每日下午二時收到當天的重慶新聞並擇要發稿，次日見報。在國內，民國二十八年（一九三九）以後，該處就著手在西南一帶佈置新聞通訊網路，派遣若干名幹練的新聞人才去那裡採集新聞並做聯絡工作。民國三十二年（一九四三）設立昆明、桂林兩辦事處，以加強同盟軍的合作宣傳與聯絡，添置了昆渝、昆桂無線電台。❸

參　國際宣傳處的重要機構及主要活動

一、總部機構

(一) 編撰科：是抗戰時期該處進行對外文字宣傳最重要的一科，故又稱第一科。民國二十六年（一九三七）冬在武漢設立。沈劍虹為第一任科長，以後是鄭鈞、趙敏求、萬君和。編撰科的主要工作為採集新聞，撰發電訊通訊，出版刊物，印發書籍和小冊子。武漢時期出版的定期刊物有英文日刊和月刊。民國二十六年（一九三七）十二月二十日印發漢口第一期英文日刊。它是武漢時期外國記者用以撰發電稿、電訊，向國外報導中日戰況的主要新聞資料藍本。民國二十七年（一九三八）春，編撰科又創辦英文月刊，刊名為《戰時中國》（CHINA AT WAR），第一卷第一期於是年四月出版，大半寄送國外。遷渝後因當地無較好的印刷設備，加渝港間郵運困滯，於是自第六卷起改在香港出版。

重慶時期，向該處索取材料的人愈來愈多，編撰又於民國二十八年（一九三九）六月將英文日刊稿件加以整理，在重慶、香港分出英文周刊。這一時期，該科還編發俄文日刊、法文周刊、《東方呼聲》、世界語月刊等。到民國三十四年（一九四五）止，該科所發行的定期刊物主要有：英文《戰時中國》月刊一種，半月刊兩種，日刊一種；在華盛頓、芝加哥、舊金山、墨爾鉢、蒙特利爾各刊行日刊一種；在倫敦、加爾各答各刊行周刊一種；在悉尼刊行三日刊一種。在國內出版的外文定期刊物有《重慶新聞》（CHUNG CHING Reporter），俄文月刊一種，專供駐華使領館人員、外國軍事宣傳人員、盟邦及蘇聯人士閱讀參考。

㈡外事科：是該處開展對外活動及宣傳的重要部門。民國二十六年（一九三七）十二月設立於武漢。科長季澤晉。該科的主要工作爲招待來華的國際團體及國際名流，並向國民政府軍政要人引見；聯絡駐華各使領館人員、外僑及外國新聞記者、作家；與國外重要的報社、通訊社保持聯繫；舉辦新聞會議，協助記者採訪，策動民間對外宣傳團體的活動，以及承擔部份的檢查外文電訊等事宜。武漢時期，外事科除了招待外賓，舉辦新聞會議外，還經常派遣人員參加國際會議。重慶時期，該科和世界各大通訊社、報社建立了聯繫，如英國路透社、美國合衆社、聯合社、紐約時報、法國哈瓦斯社、蘇聯塔斯社、德國海通社和德國新聞社等，它們在重慶都派駐記者。

㈢對敵科：民國二十六年（一九三七）十二月成立。科長崔萬秋，科員幾乎是清一色的留日學生。該科的主要工作是對敵方廣播和收錄，並兼以文字、圖片等形式對在華日軍、日本國內人民、以及在世界各地的日僑進行反戰宣傳。編制各種日文宣傳品。民國二十七年

（一九三八）三月成立了對敵宣傳研究委員會，專門負責對敵宣傳方針、宣傳品的內容和輸送辦法以及對日廣播等事宜，由邵毓麟主持該會工作。編有《敵情報告》、《敵情檢討》、《敵情資料》、《敵方謬論》等不定期刊物，專供有關當局決策人物參考。該科還聘用日本反戰人士擔任播音員，如綠川英子、長谷川照子、鹿地亘等都在該科擔任對敵廣播節目的播音工作。此外，該科每週還組織日軍俘虜召開座談會，進行反戰宣傳和「感化教育」。民國三十一年（一九四二）國民黨中宣部成立了對敵宣傳委員會，專門負責對敵宣傳的規劃和督導。但各項具體工作仍由該處對敵科辦理。民國三十二年（一九四三）十一月，國民黨中央秘書處決定將對敵科改稱爲「對敵廣播收錄科」，明確規定了它的職掌是負責辦理日語廣播，每日在國際廣播電台播送，收錄敵方廣播電訊。[4]

㈣攝影科：民國二十五年（一九三六）冬末成立。次年六月以「鄺光新聞攝影通訊處」名義對外發稿，在國外產生一定影響。民國二十九年（一九四〇）四月正式擴大爲攝影科，科長李欽瑞。攝影科的主要工作爲：派遣人員及協助外籍攝影記者到各戰區前線及後方拍攝時事新聞照片、攝製電影等。

㈤國際廣播電台傳音科：專掌國際廣播，是該處開展對外宣傳的重要喉舌。武漢時期，對外廣播節目先後在漢口、長沙兩擴播電台播出。民國二十七年（一九三八）十月，先遣播音員抵渝後，開始假重慶交通部無線電台恢復國際廣播宣傳節目。以XRVG爲呼號，播送英、法、德等語的新聞、演講和時評等。該處全體人員抵渝後，增設了俄語、日語廣播。民國二十八年（一九三九）中央短波廣播電台成立，以XGOY爲呼號，專司國際廣播節目。該台由該處和中央廣播事業管理局合作辦理。二月十九日，XRVG電台停播，XGOX和XGOY正式開始播音，播出英、日、法、俄語節目。民國二十九年（一九四〇）一月五日該處奉命正式接管了中央短波廣播電台，稱「中國國際廣播電台」，台長王愼名，呼號爲「中國呼聲」。取消了廣播科，將國際廣播工作歸入中國國際廣播電台傳音科。民國二十九年七月，該台又移交中央廣播事業管理處，而其傳音科工作仍歸該處主持。❺

此外，國際宣傳處的附屬機構大致有㈠中國海外通訊社、㈡都編輯委員會、㈢上海辦事處、㈣香港辦事處、㈤倫敦辦事處、㈥駐美辦事處。由於國民政府當局始終以美國爲宣傳重心，特別是太平洋戰爭爆發後，對美宣傳具有更加重要的意義，因此該處在民國三十一年（一九四二）一月決定將美國劃分爲四個宣傳區，增設了舊金山辦事處，由美國人羅學特（Malcolm Rosholt）主持，發刊《中國呼聲》。是年二月又增設芝加哥辦事處，由伊文恩（HENRY Evans）主持。民國三十一年以後兩辦事處分別改由原編撰科長沈劍虹和鄭寶南主持。

國際宣傳處還負責檢查外文新聞電訊。這一直是該處的一項重要工作內容，也是該處進行對外新聞封鎖的重要手段。武漢時期，這項工作是在武漢電報檢查所進行。民國二十七年（一九三八）二月，該處與交通部電政司共同會商，規定外籍記者從前線發電，必須先用有線電拍至漢口，經該處檢查後，再用無線電發往國外。該處遷渝後，電檢範圍最初只限於重慶的各外籍記者，自民國二十八年十一月仍按照在武漢的成例，凡在內地發電的外籍記者，其電稿須經該處檢訖後，才能發往國外。具體負責此項工作的是被稱爲該處「明星」的魏景蒙，精通俄文的朱新民，通曉德文的郎魯遜以及沈琦、徐鍾佩等。民國二十九年（一九四〇）十月，爲加強電訊檢查，該處開始實行三級外文電訊檢查制度，由董顯光、曾虛白最後過目。

肆 蔣汪協調運用國際宣傳的梗概

日本發動侵華戰爭，不但違反九國公約、非戰公約及國際聯盟盟約，而且破壞國際正義與和平。因此中國首於民國二十六年八月三十日及九月十二日向國聯兩次提出聲明，陳述日軍開釁經過，請其採取必要措施，並要求國聯援用盟約第十六、十七條之規定，對日實施制裁。（另專章詳述）惟國聯此時顯已缺乏主持公理正義之決心與能力，故僅決議給予中國以精神上之支援，並鼓勵各會員國自行採取制日援華辦法。❻

蔣委員長中正先生爲促使各友邦對日本實施制裁，除陸續約見各國駐華使節，請轉告其政府主持正義外，國民政府並加強國際宣傳，派胡適赴美，蔣百里赴德、義，說明日本侵華經過及其暴行事實，英、美兩國乃對日本之侵略政策與在華行動，時加譴責。❼僅就《汪僞資料檔案》中，蔣汪二人往返的函電史料，對渠二人協調運用國際宣傳的梗概，作一研析如下：

一、關於加強對美國際宣傳問題

民國二十七年九月二十一日十一時二十五分蔣中正先生自武昌致函孔院長並譯送汪精衛及王寵惠談到：

……國聯既接受我申請，則以後制裁樞紐全在美國，務請對美外交盡我全力設法推動，光甫既到美，屬其與李國欽等，對於財政、經濟與輿論界更應多方推動並多發給宣傳費為要。中正叩哿已機鄂。[8]

其次民國二十七年九月二十二日六時二十分蔣中正先生自武昌再電函孔院長轉王部長鈔呈汪精衛述及：

……此時務使美國從中贊成制裁案，使英法提高勇氣並令我代表團對各小國努力運動使其能督促英法不能卸責推諉也。中正手啓養機鄂。[9]

上述兩封函電，顯示蔣中正重視加強對美國際宣傳，尤其特別交待多發給宣傳費，積極運用國際宣傳，使世人知曉日軍之暴行。而汪精衛在接到第一封函電後，亦於民國二十七年(一九三八)九月二十一日回電函給蔣中正表示遵照指示辦理。該電內容如下：

武昌蔣總裁鈞鑒：密庸之兄抄示哿已機鄂電敬悉，據王部長報告國聯雖接受我申請援引第十七條，但並無意於實行第十六條之經濟制裁，將由各國自由決定，且即使實行第十六條而其範圍之寬狹亦大有差別，除對美運用當遵來電辦理外，擬於日內開會細行研究如何應付謹聞。弟兆銘馬。[10]

二、關於加強對英國際宣傳問題

民國二十七年十一月十一日十八時蔣中正先生自南嶽致電行政院孔院長並譯轉外交部王部長勛鑒：

密支日與英使談話要點摘告如下㈠日本佔廣州動機在同時打擊中國與英國，然前者爲從而後者爲主，日決不以得廣州爲止，日不僅欲剝奪英現有權益，其最大目的實予英帝國歷史威望以致命打擊，英聲望沒落時，日之威名實力在中國與亞洲民族心目中將隨之比例增長，日希望完全奪取英百年來歷史地位爲東亞盟主，且使中國不再信賴英國，從此彼在英帝國勢力範圍區域乃可爲所欲爲，貽患所及，豈止華南一地，且日勢將進佔海南此對香港影響不言可喻。余欲知英國鑒於日最近舉動，其遠東政策究如何，將視廣州佔領一如滿洲、華北、上海之被佔乎，抑將如何處置之乎，將接受此既成事實乎！抑以鮮明態度，昭示眞正意向以保障其在遠東之經濟政治利益乎！將信守其維護崇高偉大原則政策，抑放棄此原則乎！願得一確切答案。㈡中國抗戰至今，望英援助頗殷，實際迄無所獲，港輸運軍火，固可感，但此途今已阻塞，借款討論……策有關之事而中國未來國策與態度亦不再商之於英國。然余固不信累代產生大政治家之英國對於英國今所採消極政策在全部亞洲前途之影響，竟不能確切認識。㈣英國應知中國統一強固，從來未有且決長期抗戰日本方努力求不利於英之和平，只要中國不信賴英國，不使英干與亞洲問題，必願讓棄其一切戰爭所得之結果，如此中國答案又將如何，如日本戰勝英在華權益將蕩然無存。㈤吾人必須明瞭，英國之答案，因中國將據此決定國策展在吾人當前之途徑，固不止一種以上，各問題甚盼立即轉達貴政府並予余以答覆云云。㈥又詢英使，英美能否在遠東採聯合行動，彼答英固求之不得，但美不願參加耳，除電郭胡兩使外，特電達。中正灰巳侍秘湘。⑪

民國二十七年十一月十一日十一時四十分蔣中正自長沙致電孔院長並譯轉王部長勛鑒：

密弟對英大使談話要點諒達，該使到渝時，我中央同志或可以相同之語意應之，另有一點尚須補述，即英國如再無切實協助辦法則中國除自行另想辦法外並擬對日宣戰，問英政府之意如何一段請特別注意，蓋宣戰問題是否實施當作別論，而對英美則可以此作一警告，以中日宣戰以後，日本在遠東可依照戰時公法，干涉各國行動，無異驅逐英美勢力於遠東之外，此實可引起日本與英美之衝突，未始非英國所忘也，故英使到時，中央皆以宣戰於我有利之意示之或可囑中立報紙作此社論，以警戒英美也。中正眞辰機。⑫

上述兩封函電，再再顯示蔣中正先生爲喚醒英美支援中國，制裁日本，透過報紙宣傳運用，搏得外國友邦的支持與同情，其用心良苦，於此可見。

三、關於加強歐洲國際宣傳之問題

抗戰期間，蔣中正曾派蔣百里赴德、義，說明日本侵華經過及其暴行事實，透過國際宣傳使世人知曉並同情中國。民國二十七年四月二十六日蔣中正自武昌致電汪精衛談到對歐工作部份，該函電內容如下：

漢口一德街九號汪主席季兄尊鑒：頃接蔣百里先生二十三日由羅馬來電稱，英、義協定，義得虛名，英得實利，三國協約裂紋已露，歐局暫告安定，震旅費可至五月底，應否繼續工作，抑即日歸國自效敬候核示等語，百里先生應否囑其歸國或仍請其留歐不審，尊意如何，敬祈示復爲禱。弟中正叩侍秘鄂宥。⑬

蔣中正對於蔣百里赴歐進行戰時外交與國際宣傳，非常重視，對於是否要百里回國或留歐繼續工作，蔣則徵詢汪精衛意見，表示蔣對汪仍然尊重有加，緊密配合。

另民國二十七年（未署明）八月二十八日汪精衛致電蔣中正提到關於義大利之問題，該函電內容如下：

漢口蔣總裁鈞鑒：密頃得郭復初來電云，關於日前義國調停之謠傳，現正徹查來源，據工黨部記者來言，此消息非來自日義方面，係同情於我者所供給，其用意在揭破義國陰謀云云，特電奉聞，義參贊到渝後曾來謁，僅係訪問性質未談時事，併聞。弟兆銘儉。⑭

從上述函電史料，可知兩國開戰，知己知彼，百戰百勝，尤其在國際宣傳的作爲中，避免謠傳攻心，提高應有的政治警覺，才是上上之策。同時蔣汪在此間的搭配，應是完美無缺，看不出汪有叛國迹像。

伍　結　論

綜上所述，抗戰伊始，董顯光就爲國際宣傳處制定了「絕對掃除一切宣傳痕迹，利用外國人在各國推進宣傳工作」的方針。蔣汪合作的國民政府，在具體執行過程中，表現出以下幾個特點：

第一、採用「西人路線」，即利用同情和支持中國抗戰的「洋人」爲其開展對外宣傳。

第二、在國內、國外注重聯絡各國使領館人員、知名作家，特別是外籍新聞記者，利用他們「中立國」、「第三者」的身份對外宣傳。抗戰時期，來華的新聞記者所代表的報社或通訊社都是世界著名的輿論機關，其代表的消息或言論足以影響各國執政者的意旨，左右一般民衆的心理。

第三、就是利用教會力量進行宣傳。教會在國外尤其在歐美有著相當大的勢力。抗戰初期，他們爲中國抗戰做過積極的宣傳鼓動，並都與該處有著密切的關係。

第四、抗戰初期，國際宣傳處的對外宣傳採取不顯露組織痕迹和系統的方法，「個人接觸」和「別動組織」的行動多於有組織的宣傳。例如蔣中正先生於民國二十七年九月八日十時五十四分發自武昌，函電內容如下：

限即刻到

孔院長密並請抄轉汪主席外交部王部長對於訓令我代表團之最後方針，頃已電復汪先生贊同，但此訓令不可早發，以我方密電碼，日內瓦及各國政府皆能偷譯也。最好另設他法，此電不直接發日內瓦，亦不可發由法轉或電捷公使，請其到日內瓦面交代表團，否則由俄國派人轉去亦可，如無妥密傳達方法，則先令代表團如會員國有主張票決時，我方當暫勿表示態度，須待請示後再定，如何請酌核。中正庚巳二侍秘鄂。⑮

上述函電訓令的轉達即採取隱蔽不顯露組織痕迹和有系統的方式之案例。

註釋

❶ 武燕軍：〈抗戰時期國民黨政府的國際宣傳處〉，《歷史檔案》，第二期，頁一二五。（一九九〇年）

❷ 同❶，頁一二五。

❸ 同❶，頁一二五—一二六。

❹ 同❶，頁一二六—一二七。

❺ 同❶，頁一二七。

❻ 中國國民黨中央黨史委員會編：《中華民國重要史料初編——對日抗戰時期、第三編戰時外交(一)》，頁二，（台北：中國國民黨中央黨史會出版，民國七十年九月初版）。

❼ 同❻，頁二。

❽ 〈蔣總裁致汪精衛函電〉，（民國二十七年九月二十一日），《汪僞資料檔案》，法務部調查局資料室藏，鋼筆原件影本。

❾ 〈蔣總裁致汪精衛函電〉，（民國二十七年九月二十二日），《汪僞資料檔案》，法務部調查局資料室藏，鋼筆原件影本。

❿ 〈汪精衛致蔣總裁函電〉，（民國二十七年九月二十一日），《汪僞資料檔案》，法務部調查局資料室藏，鋼筆原件影本。

⓫ 〈蔣總裁致汪精衛函電〉，（民國二十七年十一月十一日），《汪僞資料檔案》，法務部調查局資料室藏，鋼筆原件影本。

⓬ 〈蔣總裁致汪精衛函電〉，（民國二十七年十一月十一日），《汪僞資料檔案》，法務部調查局資

料室藏，鋼筆原件影本。

⓭〈蔣總裁致汪精衛函電〉，（民國二十七年四月二十六日），《汪僞資料檔案》，法務部調查局資料室藏，毛筆原件影本。

⓮〈汪精衛致蔣總裁函電〉，（未署年，八月二十八日），（根據推測約民國二十七年）《汪僞資料檔案》，法務部調查局資料室藏，毛筆原件影本。

⓯〈蔣總裁致汪精衛函電〉，（民國二十七年九月八日），《汪僞資料檔案》，法務部調查局資料室藏，鋼筆原件影本。

財政部抄電紙

秘二字第　　號
第　　頁

來自何處　南嶽　　發電27年11月11日11時　分

來自何人　蔣委員長　　收電27年11月11日11時　分

行政院孔院長並請轉外交部王部長勛鑒密支日與英使談話要點摘告如下(一)日本佔廣州動機在同時打擊中國與英國敵前者為從而後者為主日決不以得廣州為止日不僅欲剝奪英現有權益其最大目的實予英帝國歷史威望以致命打擊英聲望沒落時日之威名實力在中國與亞洲民族心目中將隨之比例增長日希望完全奪取英百年來歷史地位為東亞盟主且使中國不再信賴英國從此彼在英帝國勢力範圍區域乃可為所欲

秘二字第　　號

財政部用電紙

第　　頁

來自何處……………… 發電……年……月……日……時……分

來自何人……………… 收電……年……月……日……時……分

以照悉所及直止華南一地且日勢將進佔海南此對香港影響不言可喻余欲知英國當於日最近舉動其遠東政策究如何將視廣州佔領一如滿洲華北上海之被佔乎抑將如何實貫之乎將接受此既成事實乎抑以鮮明態度昭示真正意向以保障其在遠東之經濟政治利益乎將信守其維護崇高偉大原則政策抑放棄此原則乎願得一確切答案(二)中國抗战之今茲英援助頗殷實際上無所獲惟輸運軍火國可感但此途今已阻塞借款討論

財政部抄電紙

號　第　字第

發電　年　月　日　時　分　　發自何處

收電　年　月　日　時　分　　來自何人

采有關之事而中國未來國策與態度亦不再商之於英國然全國不信累代產生大政治家之英國對於英國今所採消極政策在全部亞洲前途之影響竟不能確切認識（四）英國應知中國統一強國從未未有且決長期抗戰日本亦努力求不利於英之和平只要中國不信賴英國不使英干与亞洲問題日必願讓棄其一切戰爭所得之結果如比中國答案又將如何如日本戰勝英在華權益將蕩然無存（五）吾人必須明瞭英國之答案因中國時機

財政部之電紙

秘二字第　　號
第　　頁

來自何處　　　　發電　　年　　月　　日　　時　　分

來自何人　　　　收電　　年　　月　　日　　時　　分

此次定國策處在吾人當前之途徑國不
以一種以上各國服甚賜之命符違責政
府並予余以答覆云云（六）又詢英使英美
能否在遠東採聯合行動彼答英國求之
不得但美不願參加耳除電郭胡兩使外
特電達中正灰巳侍秘湘

秘二字第　　號

財政部抄電紙

第　　頁

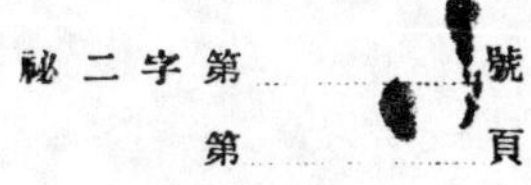

來自何處　長沙　　發電 27 年 11 月 11 日 11 時　　分

來自何人　蔣委員長　　收電 27 年 11 月 11 日 12 時　　分

孔院長並譯轉王部長郭參事對英大使談話要点請速該使到渝時我中央同志或可以相同之語意應之另有一点尚須補述即英國如再無切實協助办法則中國除自行另想办法外並拟对日宣战向英政府之意如何一段請特別注意盖宣战問題是否實施当作別論而对英美則可以此作一警告以中日宣战以後日本在遠東可依照战時公法干涉各國行動無異驅逐英美勢力於遠東之外此實可以促日本與英美之衝突未始非英國

財政部抄電紙

祕二字第　　號
第　　頁

來自何處　　發電　年　月　日　時　分

來自何人　　收電　年　月　日　時　分

所忌也故英使到時中央皆以宣戰於我有利之意示之或可囑中立報紙作此社論以警戒英美也中正真亥机

丙一　　又壹抄

武昌蔣總裁鈞鑒○密庸之兄抄示卯艷巳機電敬悉據王部長報告國聯當接受我申請援引第十七條但關於實行第十六條之經濟制裁將由各國自由決定且即使實行第十六條而其範圍之寬狹亦大有差別請對美運用尚盼速來電辦理刻擬於日內開會細行研究如何應付謹聞弟兆銘馬

廿七年九月廿一日發

財政部抄電紙

秘二字第＿＿＿＿號

第＿＿＿＿頁

來自何處 武昌　　發電 27年9月8日10時50分

來自何人 蔣委員長　　收電 〃年〃月〃日11時35分

限刻到

孔院長密並請抄轉汪主席外交部王部長對於訓令我代表團之最後方針頃已電復汪先生贊同但此訓令不可即發以我方密電碼月內恐及各國政府均能偷譯也且最好另設他法此電不宜接發月內亦不可發由法轉或電顧大使請其到月內再面交代表團否則由俄國派人轉去亦可如無妥密傳達方法則先令代表團如會員國有主張要決時我方應暫勿表示態度須待請示後再定如何請酌核中正庚巳侍秘鄂

漢口蔣總司令。密。頃得郭復初

來電云：寅於日前義國調停之謠傳，現已徹

查來源，據工黨報記者來言，此消息非

來自日義方面，係同情於我者所供給，

其用意在揭破義國陰謀云云。特電

奉聞。義參贊到滬後，曾來謁談，僅係訪問

性質，未談時事。[illegible]向不能諒 儉

毋外

八月廿八

國民政府軍事委員會快郵代電

侍秘祁字第　號　共　字

M1210

第　頁（共一頁）

摘由

漢口一德街九號汪主席季兄尊鑒頃接蔣百里先生廿三日由羅馬來電稱英義協定義得虛名英得實利三國協約裂紋已露歐局暫告安定震旅費可至五月底應否繼續工作抑即日歸國自效敬候核示等語百里先生應否囑其歸國或仍請其留歐不審尊意如何敬祈示復為禱弟中正叩侍秘鄂宥

中華民國廿七年四月廿六日武昌發

財政部抄電紙

總二字第　號　第　頁

來自何處　成都　　發電 27 年 9 月 22 日 6 時 20 分

來自何人　蔣委員長　　收電 〃 年 〃 月 〃 日 12 時 40 分

精衛先生鑒閱

急。孔院長、兆銘兄、王部長勛鑒：此時務使美國從中促成制裁案，使英法提高勇氣，並令我代表團對各小國努力運動，使其能督促英法不能卸責推諉也。中正手啓。養機蓉

財政部抄電紙

第　　　號
第　　　頁

來自何處　武昌　　　　發電　27年9月21日11時25分
來自何人　蔣委員長　　收電　〃年〃月〃日13時50分

鈔呈
精衛先生鈞閱

限即刻到
孔院長密并譯送汪主席王外交部
長、國聯既接受我申請則以後制
裁樞紐全在美國務請對美外交
盡我全力設法推動光甫既到美
屬其與李國欽等對於財政經
濟與輿論界更應多方推動并
多發給宣傳費為要中正帥祭巳
機邗

第四節 蔣汪與焦土抗戰問題之關係

壹 前言

早在民國二十一年八月，也就是華北局勢日益危急之際，北方學人傅斯年先生就傾向焦土抗戰的立場。他在獨立評論上發表「日寇與熱河平津」，主張「為中華民國的整個前途計，北平的存毀是不值得半秒鐘猶疑的」。❶北平的世界日報更主張不惜「焦土」抵抗。❷本文擬就抗戰時期蔣汪對「焦土抗戰」的看法，從其往返函電中，取一、二案例探討二人之關係。

貳 蔣汪與焦土抗戰的由來及其意義

抗戰爆發後，全國上下更加趨向焦土抗戰的立場，而政府負責人中，誰最早對焦土抗戰這一名詞加以明確的定義？就資料顯示來說，最遲應在民國二十七年元月，汪精衛和蔣中正曾分別對不同的對象予以闡釋；也就是說，在這個時候，政府可能已開始採用焦土抗戰政策了。

一、汪精衛對焦土抗戰口號的闡釋

汪精衛於民國二十七年元月十二日，以中國國民黨中央政治會議主席身份，在《中央日報》發表〈如何使用民力〉一文。他在這篇文章中，對當時流行的焦土抗戰口號有所闡釋。他說：

> 所謂焦土戰者，是因戰而至於焦土，絕不是不戰，更絕不是即使不戰也要焦土。由前之說是焦土戰，由後之說是不戰而焦土，二語絕不相同，不可混爲一談。焦土戰必能發生效力與影響；不戰而焦土，則不惟不能發生同樣的效力與影響，而且適得其反。[3]

汪精衛並特別強調，焦土戰本來是戰術上的名詞，然而流行起來，漸漸的成爲政治上的名詞。這於國力所關甚大，善用之可以使民力發展，有益於長期抗戰；不善用之，則可以消耗民力，斷絕了長期抗戰的生命。盼望沿用這個名詞的人，加以注意。

二、蔣中正對焦土抗戰口號的闡釋

早在民國二十六年十一月二十七日蔣中正先生致青島市市長沈鴻烈並轉第三集團軍副總司令于學忠對敵人產業立即破壞電示，即可見已有焦土抗戰之意味，只是未有「焦土抗戰」之口號而已，該電內容如下：

> 青島沈市長並轉于副總司令孝侯兄勳鑒：青島敵人產業，接電時應立刻根本破壞爲要。南京決守城，請兄等以後交通，以徐州爲基地，軍委會駐衡州（陽），特聞。中正。感己。機京。印。[4]

同年十二月二十七日蔣中正先生再致青島市市長沈鴻烈仍照前令破壞敵人產業電示，該電內容如下：

青島沈市長勳鑒：敬夜電悉。敵必進犯青島，請兄照德鄰長官電令辦理，青市敵人所殘產業，應全部燬滅可也。中正。感午。機鄂。

蔣委員長批示：如有線電不通，則用無線電。立復。❺

其次蔣中正先生也在民國二十七年元月，以軍事委員會委員長身份，對各戰區司令長官解釋焦土抗戰這一名詞。蔣中正對焦土抗戰如何解釋，限於史料，不得其詳。但他確曾在此時對各戰區長官解釋過，則是無庸置疑的事實。我們可以從長沙大火後，國民參政會駐會委員左舜生、傅斯年等十餘人給蔣中正的電文得到有力的證據。該電文大要是請蔣委員長將誤解焦土抗戰的長沙守土者加以最嚴厲之懲罰，並重申本年（民國二十七年）元月蔣委員長對各戰區長官解釋焦土抗戰之通令，誥誡各方將領遵行。❻

另外在民國二十七年十月二十一日、二十五日，華南、華中兩大城市——廣州、武漢先後失陷後，蔣中正於民國二十七年十月二十八日二十一時三十分致電重慶行營張主任轉汪先生修飾「告國民書」之文字，該函電談及「即非焦土亦成空城」❼之語，內容如下：

南嶽，限二小時到汽行營張主任朗容告國民書中（即非焦土亦成空城）句之下另加如下一段「自今以往，全面抗戰日益發展，而我軍一切行動進戰退守，不惟一無拘束，而且能處處立於主動地位，自由處置矣，不僅使敵軍被佔之區，一無所用，而且使之一無所有，昔則使之深陷泥淖不能自拔，今則使之步步荊棘，葬身無地矣」。其文字

如不妥，請汪先生修正而勿失其語意可也，並請從速發表。中正儉機申印。❽

從汪精衛和蔣中正對焦土抗戰分別解釋中，可知民國二十六年底至民國二十七年元月，政府已採用或認眞討論過焦土抗戰這一政策。

參　蔣汪對焦土抗戰的幾個案例之看法

一、關於廣州失陷與武漢會戰問題

日軍佔領徐州後，即轉移兵力於長江沿岸，企圖深入武漢，破壞中國抗戰中樞。民國二十七年（一九三八）六月，日軍先後由合肥向舒城、桐城推進，沿長江攻擊懷寧及潛山。七月陷馬當，佔領九江，完成戰前戰略基點之配置。後日軍分五路西進：一路沿南潯鐵路南下，掩護其左側背之安全；一路沿瑞武公路西進迂迴武昌之南；一路沿長江北岸，循大別山南麓，進出黃陂攻漢口；一路沿霍山，出麻城；一路由六安、固始進出信陽，迂迴漢口之北。另以波田旅團協同艦隊溯江西進，以陸戰隊適時登陸策應，採分進合擊戰法，企圖擊破國軍以達成佔領武漢之目的。民國二十七年十月中旬，日軍為振作已疲的士氣，突然在廣東大亞灣一帶登陸，十月二十一日攻佔廣州，以策應武漢方面的作戰。中國保衛武漢的意義原在阻滯日軍西進，消耗其戰力，掩護西部、西南的建設及武漢工業、物資的轉移。經數月劇戰，在武漢外圍消耗日軍、阻滯日軍的目的已達，且各方面的佈置亦已完成，乃於十月二十五日主動撤出，各部隊均遵照計劃，順利轉進，日軍僅武漢一空城而已。❾

在我政府撤出武漢之前一日，即十月二十四日，汪精衛致電蔣中正，希望只讓武漢成爲空城而非焦土，該函電內容，如下：

> 限二小時到漢口蔣總裁鈞鑒：密頃庸之、哲生、佑任、覺生諸兄暨諸常委談話，一致主張武漢如放棄時，除有關軍事之建設物，不能不破壞外，其餘如電燈、自來水廠及其他一切無關軍事之建設物，若悉行破壞，無損於敵而徒結怨於民，萬乞禁止，至禱。弟兆銘敬。[10]

由此可見汪精衛是希望與軍事無關的建設物，不要破壞淪爲「焦土」以免結怨於民。蔣中正也同意其看法，因此讓武漢成爲「非焦土亦成空城」。在蔣中正所撰〈告國民書〉中有一段話談到：

> ……武漢殲滅我主力，使我長期作戰陷於困頓以達其速戰速決之目的，因此我軍之方略在空間言，不能爲狹小之核心，而忘廣大之圖，以時間言，不能爲一時之得失而忽久長之設，故決心放棄核心而著重於全面之戰爭。茲因疏散人口，轉移兵力，皆已完畢作戰之部署，重新布置業經完成乃即自動放棄武漢三鎮核心之據點而確保武漢四周外圍之兵力，使我軍作戰轉入主動有利之地，後今武漢雖已被敵人佔領，然其耗費時間五閱月，死傷人數五十萬，而其所收之效果，一無所得，即非焦土亦成空城矣！[11]

再者，廣州於民國二十七年十月二十一日失陷，在放棄廣州之前，汪精衛曾於十月十三日自重慶致電蔣中正談到：

……經與庸之、亮疇兩兄詳商，除電適之外，並電少川赴倫敦與復初協同運用，弟愚以為日本此次看破英俄無積極行動之決心，故悍然出此誠為最後之一著，若廣州能如武漢之堅持，使敵力疲智盡，則大局必可好轉也。銘元亥。⑫

可見在日軍尚未攻佔廣州之時，汪精衛希望廣州能像民國二十七年六月至八月間，國軍進行武漢保衛戰那樣堅持，可惜日軍攻佔廣州之前，國民政府決定放棄廣州，而放棄廣州之時，卻縱火焚燒民居、商店等，汪精衛為此頗有異議，特於十月二十九日致電蔣中正，該電內容如下：

蔣總裁鈞鑒：邃密此次廣州放棄時，縱火焚燒除軍事設備外，民居、商店亦一律被燬，雖云不以資敵，然民怨已深，將來淪陷區內之工作，必受影響，利害相權，利少害多，告國民書中，焦土一段，可否注意及此，稍加分別，敬陳管見以備裁奪。弟兆銘艷戌。⑬

從上述可知，蔣先生要汪精衛代為修飾〈告國民書〉之文詞，汪則特別提出「焦土」一段，請蔣先生注意，更可見汪對於以焚城方式作爲焦土抗戰之政策，很不以爲然。

二、關於長沙大火與焦土抗戰問題

(一) 長沙大火簡介

武漢會戰後，日軍繼續南進，湖南省政府主席張治中曾奉令如日軍迫近長沙時，可採焦土政策，預先破壞市區，以免陷敵後爲敵所用。民國二十七年（一九三八）十一月十二日，張治中得到日軍攻佔岳陽，迫近新牆河的報告，驚慌失措，以爲日軍已到長沙北郊外的新河，便下令準備放火燒城。⑭

張治中親派警備第二團團長徐崑爲總指揮，負責放火的工作，並召湖南省政府保安處長徐權面示一切。徐崑奉令後，即將該團士兵每三人編爲一組，共編一百組，並通令各組如聞警報聲響，或見一處火起，即行四出放火。適當南門外的傷兵醫院不慎失火，警備團士兵誤認爲信號，便用洋油和木柴四處縱火，長沙便立刻陷入大火之中，全城三分之二以上被焚燬，財物損失不可勝計。事後，軍法審判，長沙警備司令酆悌、警備第二團長徐崑、湖南省會警察局長文重孚，處以死刑；湖南省政府主席張治中革職留任；湖南省保安處長徐權革職查辦。⑮

長沙大火，長沙民衆深受其痛，因而事後有人以文字痛責張治中之張皇無能。如一幅對聯寫道：「治績安在？兩大方案一把火；中心何忍！三顆人頭萬古冤。」橫幅爲「張皇失措」。另有一幅則謂：「治湘無策一把火；中心有愧萬家哭。」都足以顯示湘民對張氏之譏諷。⑯

(二) 蔣汪對於長沙大火與焦土抗戰之反應

根據張治中回憶錄記載，民國二十七年十一月十二日上午九點左右，張治中先接到委員長侍從室副主任林蔚文的電話說：「我們對長沙要用焦土政策」，不久，接到蔣中正先生的文侍參電，內容是：

> 限一小時到，長沙張主席。密。長沙如失陷，務將全城焚燬，望事前妥密準備，勿誤！
>
> 中正文侍參。⑰

張治中接到這個電文後，隨即召集湖南保安處長徐權、長沙警備司令酆悌，研商如何執行長沙焦土政策。下午四點，徐權、酆悌向張治中提出焚城準備綱要。在這份綱要中，酆悌打算以長沙市社訓副總隊長王偉能當正指揮，警備司令部參謀處長許權爲副指揮。張治中認爲王偉能只是軍訓教官，可能無法擔負這項任務，因而改用警備第二團團長徐崑爲正指揮，王偉能、許權爲副指揮，並以第二團所屬士兵每三人爲一組，共編成百組。張治中並要求：須在我軍自汨羅撤退後，再命令開始行動。又和酆悌、徐權商定，下命令還不夠，要等到接命令後，先放空襲警報，讓人民逃避，等到再放緊急警報時，才開始行動。⑱

由這些資料可知，政府要在長沙執行焦土抗戰，本是有計劃、有組織的；如果能在日軍陷長沙時，按照計劃行事，無疑的將在抗戰史上有其一定的地位。可惜的是，當天晚上卻發生了一場慘絕人寰的大火，使一座歷史名城燬於一旦。

長沙大火發生以後，蔣中正先生的反應，可從其電國府報告長沙大火及處置經過，知其梗概，內容大致如下：

查我軍對於重要城市與軍事有關建築物施行破壞，免資敵用，原爲作戰上之必要。長沙既臨戰區，事前準備，亦爲當然之事。乃地方軍警當局，於我軍放棄岳州時，誤信謠言，驚慌躁切，將準備工作變爲行動，同時一部民眾鑒於敵機轟炸平江、岳州、通城等縣之慘酷，激於民族義憤，以爲敵寇將至，不如先行自焚其室，遂至一處起火，到處發動，波及不可收拾，災情之重，損失之鉅，中正親臨視察，實深愴痛。而中正到長沙後，即一面遴員派隊，分別收容救濟難民，恢復秩序及交通通信，一面徹查肇事禍首，交由軍法會審。查長警備司令酆悌、警備第二團團長徐崐(昆)，誤信謠言，驚慌躁切，辱職殃民，罪無可逭；省會警察局長文重孚，未奉命令，放棄職守，均經本會高等軍法會審，判處死刑，業經發交株長警備司令部，依法執行在案。又湖南安政府主席張治中，用人失察，防範疏忽，請予革職留任，責成善後，以觀後效。保安處長徐權，驚惶失措，動搖人心，業令革職查辦；其餘有關人員亦正徹查究辦中。所有罹難軍民、流亡民眾，及所受損失，經飭湖南省府督同當地軍警機關迅予設法收容救濟，調查具報，並飭於彼災區域逐步清理，分期興復，以期少慰人心，而挽元氣。⑲

另觀之汪精衛對長沙大火最直接的反應是質疑「焦土抗戰」的眞諦，他說：

爲什麼會有這種過早的行動，最主要的原因在於執行人員誤解焦土抗戰的眞諦。他們認爲九一八事變時，將一座瀋陽好好的交給敵人；七七事變後，又將北平好好的交給敵人。不僅敵人樂於使用，漢奸們也得以依此爲憑藉，大肆胡作非爲。因爲他們認爲與其將整座城市好好交給敵人，不如把它毀了，然後放棄，決不使敵人得以受用，也不讓漢奸們有所憑藉。正因爲他們有了這種誤解，因而造成了一項相當要不得的觀念——那就是不但戰要焦土，即使不戰也要焦土。他們的著眼點在把一切物資燒光，以免「資敵」；但是他們卻忘了淪陷區的物資仍然可以利用，如果把一切物資燒光，對敵人來說或許會覺得有點困難，但他的困難決不像我們那麼嚴重。因爲敵人還有本國的物資源源不斷的供應，而我們如果每個城市都不戰而焦土，不就什麼都沒有了嗎？在接戰地區把一切物資燒光，我們要靠什麼作戰？在淪陷區內把一切物資燒光，剩下一大群食衣住行都沒有著落的老百姓，敵人一來正可以收買他們，這才是「資敵」。更何況這些淪陷區我們終究要收復，等到收復的時候，我們接收的是一無所有的城市，我們要如何復原呢？因此，焦土抗戰並不是臨走前放一把火，將整個城市燒掉了事；而是遇到要堅守某一城市時，必能堅守到底，使人與物都能發揮最大的效用；遇到要放棄某一城市時，也要能根據戰術，分別出什麼時候才破壞，破壞到什麼程度；即使遇到事出倉促，來不及破壞的時候，雖然免不了將整個城市陷入敵人手中，但仍可使用一切物資來從事敵後破壞工作，這樣才能使焦土抗戰發生一定的效用和影響。[20]

肆　結　論

對日抗戰期間，我們以一個弱國抵抗一等強國，所付出的代價當然是昂貴，焦土抗戰就是其中之一。從廣州的棄守、武漢的撤退、長沙的大火，可以看出蔣中正在抗戰到底的決心下，是主張「寧爲玉碎，不爲瓦全」的主戰派，而汪精衛則是較偏向「寧爲瓦全，不爲玉碎」的主和派。尤其是長沙大火，使一座歷史名城付之一炬。對蔣汪的打擊甚大，如蔣中正親臨長沙處理大火時，曾悲憤地說：「長沙焚燬了，精神上的打擊，十百倍於戰敗的痛苦。痛心用人不當，人才缺乏，以致竟無知無能如此。」㉑而廣州焚城與長沙大火則動搖了汪精衛抗戰的決心，最明顯的證據，是汪精衛曾一再拿這幾件事做口實，說不能再抗戰了，應該和平了。㉒固然汪精衛的謀和計劃早已展開，是否反對焦土抗戰藉以資敵，則不得而知，但經過廣州焚城與長沙大火後，使他更加動搖抗戰必勝的信念，卻是不容否認的事實。

註釋

❶傅斯年：〈日寇與熱河平津〉，載《獨立評論》第十三號，頁九。

❷北平《世界日報》社論：〈不惜《焦土》抵抗〉，載《國聞週報》第十卷第三十期，論評選輯，頁五—六。

❸重慶《中央日報》，民國二十七年一月十三日，第二版。

❹中國國民黨中央黨史會編：《蔣委員長中正抗戰方策手稿彙輯㈠》，頁五一。（台北：近代中國出版社出版，民國八十一年六月初版）

❺同❹，頁五四。

❻重慶《掃蕩報》，民國二十七年十二月二日，第二版。

❼〈蔣總裁致汪精衛函電〉，（民國二十七年十月二十八日），《汪偽資料檔案》，法務部調查局資料室藏，鋼筆原件影本。

❽同❼〈蔣總裁致汪精衛函電〉。

❾關玲玲：〈武漢會戰〉，《中國現代史辭典史事㈠》，頁四五六。（台北：近代中國出版社出版，民國七十年）

❿〈汪精衛致蔣總裁函電〉，（民國二十七年十月二十四日），《汪偽資料檔案》，法務部調查局資料室藏，毛筆原件影本。

⓫〈蔣委員長告國民書〉，（民國二十七年十月二十八日），《汪偽資料檔案》，法務部調查局資料室藏，鋼筆原件影本。

⓬〈汪精衛致蔣總裁函電〉，（民國二十七年十月十三日），《汪偽資料檔案》，法務部調查局資料

室藏，毛筆原件影本。

⑬〈汪精衛致蔣總裁函電〉，（民國二十七年十月二十九日），《汪偽資料檔案》，法務部調查局資料室藏，毛筆原件影本。

⑭關玲玲：〈長沙大火〉，《中國現代史辭典》，頁四七六。

⑮張治中對長沙大火的回憶，目前我們可以看到的資料有三：一是大火後第五天，也就是十一月十七日上午，他接受記者訪問時的一段簡短談話。二是一九五九年元月七日，他給郭沫若的信函中，對長沙大火的發生有扼要的交待。三是一九八五年出版的張治中回憶錄第三章第十三節—「長沙大火」，他在這節中特別引述了「災難後幾小時記載」的「長沙火變一日記」。為了避免過於冗長的引述，茲作一簡表如下：

張治中交待長沙大火當日行止簡表

日期	時間	談話	信函	日記
十一月十二日	九點		接蔣介石文侍參電。侍從室林副主任來電。將電令交酆悌執行。	侍從室林副主任來電。接蔣委員長文侍參電。陳誠告以長沙市區警察崗位已撤。
	十二點			徵詢陳誠焦土政策意見。
	十三～十五點			接見傷兵管理處汪強、軍管區參謀長滕杰、電報管理局局長張忍、長沙市長席楚霖。

十一月十二日			
十六點		鄷悌來見，提出焚城準備綱要。	和鄷悌、徐權商量焚城準備綱要。
十七點			接見秘書長及各廳長。
十九點	宴請長沙教會代表、英沙燕號艦長。		副官報告街上無一崗位，警察已整隊開走。
十九點半			宴請長沙英美教會領袖。
二十一點	到廣播電台演講		
二十二點一刻			應邀爲總理誕辰紀念作廣播演講，沿途已無警察崗位。
二十二點三刻			接見英國沙鷗號艦長兼代領事伊麥斯。
二十三點	由寓所搬到唐生明公館居住。		
二十四點	電席市長囑以電工廠人安心工作		電文局長，但電話已斷，副官報告，街上警察局均從門上用竹板釘起。

十一月十三日			
一點			由寓所搬到唐生明公館居住。
一點半～二點	令□□□召集民伕五百人。		電席市長，詢翌日伕子人數。
二點		就寢，不久，副官報告城內起火。	就寢，剛入睡，副官報告城內起火。
三點			火勢更大，電話都打不通。
四點			酆悌來報告。

由上表可知：(一)張治中在長沙火變一日記中，對他當天的行止交待的相當詳細，據他說這份日記是「災變以後幾小時記載的實情實況」，也就是他在蔣中正親臨長沙時面呈的報告。他並一再保證，「其中所記是沒有任何一點不是忠於事實的」。但是我們只要稍稍瀏覽這份簡表就可以知道：日記和信函所載的事實與談話的內容有點出入，就三份資料出版的時間來說，日記和信函都刊在一九八五年出版的張治中回憶錄中，談話則登在民國二十七年十一月二十七日的掃蕩報和中央日報上。按常理推測，如果說他這份交待詳細的日記確實是在「災變後數小時記載的」，那麼他以這份日記為基礎，五天後所發表的談話應不致於有所不同，但事實並不如此。(二)張治中在長沙火變一日記中作如此詳細的交待，無非在證明他並沒有下令焚城。如果再把他的日記、信函和談話加以比較，我們

可以明顯的看出，其中最大的不同在前兩者多了蔣中正的文侍參電。在此我們不免又有疑問，何以談話中沒有文侍參電，而日記和信函又明載此一電文？如果日記眞的是災變後幾小時寫的，又是蔣中正親臨長沙時面呈的報告，張治中敢如此直言不諱的記載嗎？由此我們可以得到如下的體認：張治中的長沙火變一日記很可能是大陸淪陷後寫的，不然的話，也是在大陸淪陷後重寫的；而他所以開宗明義就記載 蔣委員長文侍參電，明顯地有其用意存在。（引自何智霖：〈長沙大火相關史料試析〉，《國史館館刊》復刊第五期，頁一三二—一四二。（民國七十七年十二月出版）

⑯ 同⑭。

⑰ 《張治中回憶錄》，頁二六三。（文史資料出版社印行，一九八五年二月）

⑱ 同⑰，頁二六四。

⑲ 重慶《中央日報》，民國二十七年十一月二十三日，第二版。

⑳ 汪精衛：〈爲什麼誤解焦土抗戰〉，載重慶《中央日報》，民國二十七年十一月二十三日，第二版。

㉑ 張其昀：《黨史概要》，第三冊，頁九四五（台北：中央文物供應社印行，民國六十八年三月再版。）

㉒ 吳相湘：《第二次中日戰爭史》，上冊，頁四六六（綜合月刊社印行，民國六十二年五月）。

南嶽

限二小時到渝行營張主任朗密告國民書中(即非焦土亦成空城)句之下另加以下一段(自今以往全面抗战日益發展而我軍一切行動進战退守不惟一無拘束而且能處處立於主動地位自由處置矣不僅使敵軍被佔之區一無所用而且使之一無所有昔則使之深陷泥淖不能自拔今則使之步步荊棘葬身無地矣)其文字如不妥請汪先生修正而勿失其語意可也並請從速發表中正儉機申印

陶宗依
28.10 21.30

武漢殲滅我主力使我長期作戰陷於困頓以達其速戰速決之目的因此我軍之方略在空間言不能為狹小之核心而忘廣大之圈以時間言不能為一時之得失而忽久長之設故決心放棄核心而着重於全面之戰爭茲因疏散人口轉移兵力皆已完畢作戰之部署重新布置業經完成乃即自動放棄武漢三鎮核心之據點而確保武漢四周外圍之兵力使我軍作戰轉入主動有利之地後今武漢雖已被敵人佔領然其耗費時間五閱月死傷人數五十萬而其所收之效果一無所得即非焦土亦成空城矣

六26日 江政 蔣總裁電

前後戰防必遵憲[illegible]，此次廣州被
棄時，除軍事設備外，絕不焚燒民居，
房屋一律被燬，雖云不以資敵，然民怨之深，鄂
將來淪陷區之作，如受敵軍[illegible]判，出陷民青中但
實相權利少害多，著[illegible]中[illegible]準[illegible]
土一段可否注意及此，特加別致，[illegible]
[illegible]中[illegible]土民政聯政府要
以備載存乎北諸隨，戌
[illegible]不[illegible]絕[illegible]

廿七、十、廿九、

限二小時內譯呈蔣總裁鈞鑒○密
頃府已接去日任覺生諸兄暨諸常
委[illegible]決議一致主張將我政策將
除有關軍事之建設物不能不破壞外
其餘如電燈自來水廠及其他一切未
關軍事之建設物若妄行破壞者
損打殺總[illegible]打民萬包禁止至
請示取消致敬

國民政府軍事委員會委員長行營辦公廳機要室電報摘由箋

號次：1773

銜 姓名或機關名：委座

來處：南嶽中

電：[illegible]月[illegible]日

到：月 日

送出 處何交

復電號次

月 日

摘要：在國民黨中另組一團，方法如不妥，請即停止，而勿外洩消息，並請停止發表。

擬辦：

批示：

中華民國二十七年

擬稿者簽名…… 擬辦者簽名…… 摘由者簽名 盧[illegible]

武鳴總裁轉任文亥樵屆叙

來逐寇綏與廣之三民時雨先許

商陳寇遁之外並寇廿日赴偽

設與復初協同軍運用最是以為

日來此次看破英俄無積極行動

之決心奴悍然出此誠為最後之

一著若廣州能以武裝之堅持

後敵力疲智盡則大局可將

也　轉弟亦思南粵勗勉同志併

告總裁斟酌　兆銘謹　元亥

廿八十二（？）

第五章 抗戰時期的蔣汪關係(二)

第一節 蔣汪與福建事變問題之關係

壹 前言

民國二十一年（一九三二）一二八事變後，在上海抗擊日軍的十九路軍被蔣中正調到福建進行剿共。民國二十二年（一九三三）十一月，十九路軍將領蔣光鼐、蔡延鍇等認爲剿共沒有出路，乃聯合國民黨內李濟琛等人在福建成立「中華共和國人民革命政府」，公開宣布反蔣，並與共軍簽訂抗日反蔣協定。民國二十三年（一九三四）一月，福建政府在蔣汪合作的國民政府之優勢兵力攻擊下失敗。史稱「福建事變」或「閩變」。本文擬從福建事變作一簡介，進而從蔣汪在事後的往返函電史料，對此事變之看法，以探究抗戰時期蔣汪和福建事變一些人物的關係。

貳 福建事變簡介

民國二十年（一九三一）廣東事變，陳銘樞因爲未附和粵方，故得在孫科內閣成立時被任爲行政院副院長兼交通部長之職。詎料陳之野心日益增大，常與社會主義者接觸，並支助神州國光社，出版有關社會主義書籍及刊物。至民國二十一年初因牽涉招商局變產契約及簽訂電訊合同受賄事，外間復謠傳其利用十九路軍以自用，逼使陳不得不辭職，赴歐旅遊。❶

民國二十二年五月陳銘樞由法國經香港返抵福建，在一部份「社會民主黨」人士慫恿下，計劃反政府活動。結合李濟琛、陳友仁及十九路軍前任總指揮蔣光鼐（時任福建省主席）、蔡廷鍇（時任福建綏請公署主任）、徐謙等一群失意軍人、政客組織所謂「生產黨」。十一月二十日在福建省福州揭出「中華共和國人民政府」旗幟，以李濟琛爲主席，並擬以胡漢民爲領袖，以抗中央，然爲胡所嚴拒。次日李、陳等人通電脫離中國國民黨，取消黨旗、國旗，焚毀中山先生遺像，並焚燒三民主義等書籍。其口號爲「一國最高權力屬於生產人民，以農工爲國家主幹，商、學、兵爲附屬，而定計口授田」，並與章伯鈞、黃琪翔等之「第三黨」結合，標榜「抗日」及實行民主政府。實則外與日本接近，內與共黨勾結，極爲明顯。❷

民國二十二年十一月二十四日陳銘樞自任僞府「行政委員會主席」，蔡廷鍇爲「人民革命軍總司令」，陳友仁爲「外交部長」，章伯鈞爲「教育部長」，黃琪翔爲「參謀總長」，並發表宣言，表示對蘇俄及中共聯盟之意願。十一月底在福州屢次舉行「人民大會」。十二月十四日將福建分爲「閩海」、「延平」、「興泉」、「龍江」四省陳銘樞原以全國民衆會因對蔣委員長的對日政府不滿而予其支持，孰知即使參加行動者亦因陳之舉動過爲激烈而感震驚，紛起反對，兩廣也不嚮應援助，陳銘樞孤立無援，復以十九路軍有擁陳及反陳派系之衝突，故除在其脅制下之福州、厦門外，其餘各地均起而反抗。

福建事變發生後，蔣委員長於十一月二十二日發表「告十九路軍全體將士書」勸即反正，惟陳銘樞執迷不悟。十二月十五日政府褫奪陳、李、蔡之本、兼各職，並命蔣委員長討伐。二十八日蔣親赴前敵督戰，以第十四軍爲主力，分三路進攻福建；一路由浙攻閩北部；一由江西東向；另一路肅清閩贛邊區共黨，切斷叛軍與共黨之交通，另派海軍南下，攻厦門、福州，並遣空軍掩護作戰。民國二十三年一月初，國軍全線發動攻擊，五日克延平，七日克水口，海軍亦於十日收復厦門，十三日收復福州，叛軍分別退集泉州、漳州一帶，陳銘樞、李濟琛、陳友仁、蔡廷鍇等逃亡，「人民政府」消滅，三十日軍事委員會將十九路軍殘餘改編爲第七路軍，以毛維壽爲總指揮，而福建事變全部底定。❸

參　大陸學界對福建事變的研究觀點

民國二十二年（一九三三）十一月「福建事變」是具有魅力的研究課題。大陸學者們一致認爲國民黨十九路軍將領蔡延鍇、蔣光鼐和國民黨內李濟琛、陳銘樞等一部份反蔣勢力發動這次事變是歷史的進步，它不僅動搖了蔣中正國民政府的根基，也激發了全國各階層愛國人民抗日反蔣運動的高漲。❹

爲什麼這一事變遭到失敗，大陸學者們的看法是不同的，有的認爲事變沒有群衆基礎，福建人民政府內部情況複雜，領導層中意見不一，同床異夢，起事倉卒，孤立無援。有的大陸學者則認爲是蔣中正重兵壓境，力量對比懸殊。中國共產黨因「左」傾路線干擾，無視中

間階級的變化，未給予積極支援，結果「福建人民革命政府」在歷史上僅存在了兩個月。❺

肆　蔣汪合作的國民政府應付福建事變的措施

正當南京國民政府發動第五次剿共之時，福建事變突發，不能不使蔣汪大爲憂慮；一怕由此而引起全國的連鎖反應，打亂其「攘外必先安內」的全盤計劃。二怕十九路軍與中共聯合。三怕各地方割據勢力乘勢而起，各據一方，自立政府，使已形成的表面統一復成亂局。

蔣汪基於上述考慮，對福建事變是「剿」是「撫」，一時舉棋不定。爲防止這三種情況發生，蔣汪一個在江西，一個有南京，一唱一合，對閩變既謹愼應付，又觀察盡速撲滅閩變的時機與找尋平定福建事變的有效辦法。

南京國民政府對事變採的第一個行動是，大肆喧嚷閩變爲「叛黨亂國」、「聯共勾日」之舉。閩局揭幕當晚，國民黨中央臨時動議，提前舉行第三八四次中央政治會議，到會者三十六人，由汪精衛主持。會議指斥陳銘樞等福州之舉，「是直危國家，中央義難容恕。」❻決議函致政府，嚴厲處置，並通電各省市政府。當天晚上，汪精衛還對中央社記者發表談話，除給閩變宣佈種種罪名外，特別強調說：

> 敢信此僅爲少數人之盲動，閩方同志深明大義，大都不予贊成，中央於短期內即可將此種動亂消滅。❼

民國二十二年（一九三三），南京國民政府及軍事委員會發佈處置閩變的命令，但只宣佈罪名，並未說明如何處置，意在觀望事態發展。十一月二十二日，蔣中正以軍事委員會委員長的名義發表「告十九路軍書」主要申明對閩變的方針，即：「對於閩變罪魁，姑觀其以後之行動，俾以自覺自新之機會」；要求十九路軍，「一面堅持剿匪之原有陣線，毋見撓於成命，一面力圖正義之彰明，以促叛亂之悔悟」。⑧

十一月二十三日，蔣中正又發出「告蔣士長官電」，以防止國民政府軍因同情閩變而引起動亂。同一天，國民黨中央常會決議，陳銘樞、李濟琛、陳友仁，因「背叛民國，殘害人民」，「應永遠開除黨籍」，「並交政府嚴行拿辦」。對其餘「附從叛亂各犯，請監察委員會查明，分別議處。」⑨十一月二十五日，南京國民政府訓令行政院、軍委會，正式發出通緝令，通緝閩變的主持人陳銘樞、李濟深、陳友仁等三人。

分化閩粵桂聯盟是蔣汪對付閩變的關鍵步驟。閩變第二天，吳稚暉急忙致電胡漢民，試探西南對閩變的態度。當南京中央確定兩廣對閩變持反對態度，已安心大半。它為給懲罰閩變創造更有利的條件，蔣汪決定大力攏絡胡漢民與兩廣。⑩

國民黨中央於十一月二十二日、二十三日連續召開中央政治會議與中央常務會議，分析了閩變後國民黨的內部形勢，認為廣東的各中央委員對待閩變的立場已與南京一致，決定派人赴香港請胡漢民到南京共同主政。經過一議再議，至民國二十二年十二月七日國民黨中常會才推張繼、陳肇英、馬超俊、王陸一、傅秉常等五中委赴香港、廣東，與西南方面具體商討一致對閩的行動，迎請胡漢民及西南各中央委員到南京參加四屆四中全會。蔣中正寫信給胡漢民，交張繼携帶前往。在五位代表出發前，南京國民政府，極力稱讚西南方面反對閩變的立場，聲稱南京與西南雖有不同意見「但擁護本黨、信仰三民主義」並無二致，表示可以容納西南方面的不同意見，期其共同「早日消滅叛逆」⑪張繼在十二月七日的中常會上特別強調，「此時救黨救國，莫重於實現眞正的團結。有意見拿來大家討論，在會場上盡可不客氣，會外則力求和平。余信西南同志亦甚贊同」。⑫

莊汪合作下的國民政府意識到，「福建政府」宣言、各項文告對南京國民政府的抨擊，會引起全國的共鳴。爲消除閩變的政治影響，國民黨中政會與中常會聲稱對閩變以政治方法解決，同時決定於十二月二十日召開國民黨四屆四中全會，稱將討論三中全會以來各種有關改革內政、開放政權等主張，尤其對粵方委員會經提出的各項建議，特別予以重視。⑬

最後，製造地方效忠中央，聲討閩變的通電，是蔣汪應付閩變的另一措施。如蔣中正的家鄉浙江省首先於民國二十二年（一九三三）十一月二十二日發表對閩變通電，特表示相信「中央安定國本，保障民生，德威所及，必能戡逆謀於乍著，定變亂於俄頃」⑭，以何應欽爲首的二十名河北將領於十一月二十五日發表通電表示「應請中央速決大計，嚴厲制裁，以正紀綱，而固國本」。⑮河南省主席劉峙等於十一月二十四日發表通電，聲言他們已「一致奮起」，爲「共弭方興之亂」而「待後命」。何成濬更糾集了湖北、河南、安徽等地國民黨駐軍的二十七個將領，於十一月二十五日發表聯名通電，猛烈攻擊閩方，要求武力征討。⑯

在國民政府軍的討伐下，「福建人民革命政府」從民國二十二年（一九三三）十一月二十日在福州成立，到民國二十三年（一九三四）一月十六日潰散，只存在一個月又二十六天。

雖然蔡延鍇統率已經殘破的十九路軍，幻想能夠爭得一席立足之地，最終也難逃被平定的命運。

伍　蔣汪與閩變十九路軍幹部關係

一、十九路軍系幹部略歷

十九路軍系從民國十三年秋粵軍第一師第一旅第二團發展，歷經九年，至「閩變」發生，已擁有三十二團之衆，擴充亦頗迅速，惟所屬第四十九師原爲福建張貞的部隊，由十九路軍幹部張炎接任師長僅半年，補充師譚啓秀部編成師亦未及半年，這兩個師的戰力自然不及第六十、第六十一、第七十八師。

由於人事資料殘缺，十九路軍系重要幹部僅查得四十餘位，其中查得學歷者二十八人：

保定軍校：陳銘樞（一期肄業）、蔣光鼐（一期肄業）、黃固、陳維遠、張讓（以上三人一期畢業）、華振中、丘兆琛、梁世驥、趙錦雯、阮寶洪（以上六期畢業）、載戟（期別待考）。[17]

黃埔軍校：范漢傑、張君嵩（以上皆一期）。

中央軍校潮州分析：丘清英。

雲南講武學校：趙一肩、吳典。

雲南講武學校韶關分校：鄧志才。

陸軍講武堂：蔡廷鍇、沈光漢。

廣東護國第二軍講武堂：鄭爲楫。（註二）

保定陸軍速成學堂：黃強（一期）。

日本陸軍士官學校：翁造垣（二十期）、吳履遜（二十一期）。

日本步兵學校：丘國珍（原爲援閩粵軍軍官講習所一期出身）。

粵軍第一師軍官教育班：毛維壽。

第十一軍軍官教導隊：陳生、蔣靜庵。（註三）

廣東陸軍將校團：譚啓秀。

陸軍大學：張襄（養成教育爲保定軍校一期）。

十九路軍系幹部以張襄學歷最高。蔡廷鍇原爲行伍出身，後來入林虎所辦的講武堂受訓十三個月，其中前十一個月爲新兵教育與軍士教育。

十九路軍的本質爲粵軍，自以廣東人佔大多數，所屬五個師，僅第四十九師爲福建張貞舊部，閩人較多。全軍重要幹部中，外省籍的有：戴戟（皖）、黃固（桂）、陳維遠（閩）、張襄（閩）、毛維壽（贛）、趙錦雯（滇）……等人。

二、陳銘樞簡介

陳銘樞，字眞如，廣東合浦人。光緒十五年（一八八九）生。民國元年，入保定陸軍軍官學校第一期。二年，因事被學校開革。七年，任肇軍某營營長。八年六月，粵督莫榮新通緝前省長李耀漢，取消肇軍總司令部，派林虎爲肇陽羅鎮守使，節制該地各軍，陳銘樞所部改編爲護國第二軍陸軍游擊第四十三營，仍任營長。九年八月，粵軍自閩南回師，討伐桂系；

九月，陳氏在陽江宣佈獨立，任粵軍六軍（李耀漢）第一縱隊司令，後改編爲粵軍第五十四統領。十年初，所部改編爲粵軍第一師（師長鄧鏗）第四團，任團長。十一年夏，隨軍北伐，攻占贛州，旋因陳炯明叛變，以事無可爲，乃辭職，往南京學佛，第四團團長由營長陳濟棠升任。

十三年秋，粵軍第一師（師長李濟琛）第一旅重新編成，任旅長。十四年初，率部參加第一次東征；夏，回師廣州，討伐楊劉；國民革命軍成立，任第四軍第十師師長；九月，兼任南路警備司令；十月，擊敗鄧本殷部於江門，奪回單水口；十一月，兼任南征軍（總指揮朱培德）第一路指揮。十五年春，與白崇禧赴長沙，促唐生智加入國民革命陣營；夏，與第十二師張發奎部入湘援唐；八月，於汀泗橋、賀勝橋之役擊敗吳佩孚部；九月，圍攻武昌；十月，因守軍團長賀對廷內應，克復武昌；旋兼武漢衛戍司令；十一月底，升任第十一軍軍長。[18]

十六年三月，爲唐生智、鄧演達所迫，辭職出走；四月，任國民革命軍總司令部總政治部副主任（主任吳敬恒），嘗以副主任代理部務，又當選中央政治委員；五月，兼任軍隊清黨委員會委員；六月，任總司令部政治訓練部主任；七月，兼任國民政府軍事委員會委員（十月暨十七年二月再度連任）；十一月，自日本抵福州，復任第十一軍軍長；十二月，所部返粵，任東路軍總指揮，率部討伐張發奎、黃琪翔。十七年三月，任廣東省南區善後委員、廣州政治分會委員；六月，兼任廣東省政府委員；十一月，升任廣東省政府主席；十八年二月，當選廣東省黨部執行委員；三月，任中國國民黨第三屆中央執行委員，同時，所屬第十一軍縮編爲第八路軍第三師，蔣光鼐任師長；七月，兼廣東省政府民政廳廳長。十九年一月，獲二等寶鼎章，同月，免兼廣東省政府民政廳廳長，由許崇清繼任；七月，舊部蔣光鼐、蔡廷鍇兩師編爲第十九路軍，蔣光鼐任總指揮。[19]

二十年一月，獲一等寶鼎章；四月，因胡漢民事件與古應芬、陳濟棠意見不合，被迫離職赴港；六月，任剿赤軍右翼集團軍總司令官、中央政治會議委員；九月，奉派與張繼、蔡元培赴港，與粵方代表汪兆銘、孫科、李文範磋商和平，同月底，應粵方要求，南京國民政府任命銘樞爲京滬衛戍總司令，兼代淞滬警備司令；十月，寧粵上海和平會議，任寧方五代表之一；十一月，任京滬衛戍司令長官、第四屆中央執行委員；十二月十五日，蔣中正先生辭本兼各職，銘樞奉命代理行政院院長，二十一日，戴戟爲淞滬警備司令，同月底，國民政府改組，銘樞任行政院副院長（院長孫科）兼交通部部長。二十一年一月六日，免京滬衛戍司令長官，由蔣光鼐繼任，二十八日，汪兆銘任行政院院長，同日夜裏，日軍犯進淞滬，舊部第十九路軍奮起抗日，聲名大噪，二十九日，宋子文選任爲行政院副院長，銘樞免行政院副院長；三月，任軍事委員會委員（委員長蔣中正，委員七人，當然委員六人）；六月，因招商局案而辭交通部長職；七月，中央准予給假三月，由內政部長黃紹竑兼代交通部長；十月，正式免交通部長，由朱家驊繼任。銘樞去職後，赴法居住。二十二年五月，自歐返國；十一月，策動「閩變」，任「人民革命政府」委員，兼文化委員會主席，並宣告脫離中國國民黨；十二月，國民政府明令陳氏軍事委員會委員職。二十三年一月，「人民革命政府軍」瓦解，逃往香港。

二十五年，赴歐；八月，政府撤銷通緝令。二十六年一月，自歐返港。回國後組「三民主義同志聯合會」。二十七年，與余漢謀等在粵組織民衆自衛區。三十六年六月，任爲陸軍上將，並退爲備役。三十七年一月，加入李濟琛在香港成立之「中國國民黨革命委員會」。三十八年二月，北上投共；十月，任僞「中央人民政府」委員，……五十四年五月十五日，病逝北平，年七十七歲⑳。

三、譚啓秀生平簡介

譚啓秀　廣東羅定人。廣東陸軍將校團砲科出身。民國九年，任粵軍第二路（司令陳烱光）第三統領，轄三營。十四年五月，任建國軍第一師（師長林樹巍）第二旅旅長。十八年，任第二獨立旅（旅長蔡廷鍇）補充團團長；秋，任陸軍第六十師第一二〇旅第二四〇團團長。二十年，任陸軍第七十八師副師長；十二月，獲五等寶鼎章。二十一年一月，參加「一二八」淞滬之役，旋兼吳淞要塞司令。後任第十九路軍補充旅旅長，由廣東開赴福建。二十二年一月，獲青天白日章；後任援熱先遣軍第一旅旅長；夏，塘沽停戰協定簽字後，從湘南撤返福建，後升第十九路軍補充師師長；十一月，「閩變」發生，任僞第五軍軍長。二十三年一月，所部師長司徒非、趙一肩戰敗投降。「閩變」敉平後，第十九路軍所屬各師僅補充師番號撤銷；春，偕蔡廷鍇赴歐美旅遊。二十六年五月，國民政府任官陸軍少將。二十七年三月，任軍事參議院參議。後任西江挺進隊司令、廣東南路第八游擊司令、第一區游擊指揮官。三十年四月，免軍事參議院參議㉑。

四、蔡廷鍇生平簡介

蔡廷鍇，字賢初，廣東羅定人，光緒十八年生，出身農家。九歲啓蒙，十三歲學習種田、裁縫，十六歲結婚，十七歲開店經商。宣統二年，投入軍旅；冬，返鄉未回營。三年，再投軍旅。民國二年，升班長。三年，請長假，回鄉養鴨。四年，從軍，任上等兵。五年，因策動兵變，事敗他逃；秋，投入寶安縣游擊隊，任班長。六年，改任大鵬城警長。七月，與區宗麟籌組羅鏡商團，任副隊長，後編入肇軍，任中尉排長，旋由陳銘樞任營長，陳、蔡自此相識。八年夏，肇軍解體，林虎任肇陽羅鎮守使，陳銘樞營改爲護國第二軍陸軍游擊第四十三營；七月底，入講武堂（堂長林虎）受訓；八月，開學，第一學期爲新兵教育，第二期爲軍士教育。九年九月，畢業返部，其時，陳銘樞在陽江宣佈獨立，任粵軍第六軍第一縱隊司令，廷鍇任司令部上尉副官，後再改編爲粵軍第五十四統領，陳銘樞任統領，廷鍇任統領部上尉副官。十年初，部隊改編爲粵軍第一師第四團，任團部中尉旗官，後改任該團第一營第四連第二排少尉排長，又經團長陳銘樞介紹，加入中國國民黨，繼升第三營第十一連上尉連長。十一年，隨軍北伐入贛；六月，陳炯明叛變，乃回師返粵，團長陳銘樞旋去職，營長陳濟棠升任團長。十二年，討伐沈鴻英，於肇慶之役建功，廷鍇升少校連長；嗣於英德之役負傷。後轉任大本營補充團第一營（營長鄧世增）連長。十三年，升任營長；秋，所部編入粵軍第一師第二旅第二團（團長蔣光鼐）第一營，任營長。㉒

十四年秋，任國民革命軍第四軍第十師第二十八團第一營營長。十五年夏，北伐前夕，升任第二十八團團長；後於中洞嶺之役負傷；冬，第十師因功擴編爲第十一軍，任該軍第二十四師副師長。十六年春，軍長陳銘樞、師長蔣光鼐先後去職，張發奎兼任軍長，廷鍇調升第十師師長；四月，隨軍北伐入豫；五月，與奉軍激戰於上蔡、臨穎；六月，撤軍回鄂；八月，南昌暴動，被裹脅參加，嗣於進賢脫離共黨，駐防贛東。蔣光鼐代表陳銘樞前來慰問，遂恢復第十一軍軍部，旋假道福建返粵。十八年三月，部隊縮編，任第八路第三師副師長兼第七旅旅長；嗣任第二獨立旅中將旅長；夏，擊敗東江徐景唐部叛軍，因功升任廣東編遣區第二師師長；八月，部隊改爲陸軍第六十師，任師長；冬，擊敗張桂聯軍。

十九年夏，與第六十一師、第六十三師及李韞珩師擊敗李宗仁及張發奎部於衡陽，迫使敵軍退回廣西，無力再圖中原，嗣調津浦路作戰，升任第十九軍軍長，八月，攻佔濟南；旋調平漢路作戰；冬，奉令調贛剿共。二十年一月，獲二等寶鼎章；夏，於吉安防次就第十九軍軍長職，又兼剿赤軍第二軍團總指揮，第六十師師長由沈光漢代理，率部參加江西第三次圍剿之役，於高興圩大破共軍；冬，第十九路軍調赴京滬路一帶駐防。二十一年一月，日軍進犯淞滬，率部奮力抵抗，後得第五軍張治中部增援，乃兼右翼軍指揮官；五月，上海停戰協定簽字，第十九路軍旋調福建剿共，任贛粵閩邊區清剿第四路司令官；八月，升任第十九路軍總指揮；十月，獲青天白日章；十二月，繼蔣光鼐爲駐閩綏靖公署主任。二十二年初，任剿赤軍左路軍總指揮，三月，廣州當局委蔡氏爲援熱前敵總指揮，軍委會委其爲援熱救國軍總指揮，廷鍇乃抽調志願官兵編成援熱先遣軍兩旅，譚啓秀、張炎爲旅長，取道廣東北上；五月，任贛粵閩湘鄂剿匪軍南路前敵總指揮，同月，塘沽停戰協定簽字，援熱先遣軍旋亦自湘南撤返福建；十一月，與陳銘樞、蔣光鼐等發動「閩變」，任僞「人民革命政府」委員、人民革命軍第一方面軍總司令，原有五個師改爲五個軍，沈光漢、毛維壽、區壽年、張炎、譚啓秀任軍長。二十三年一月，事敗逃往香港；春，偕譚啓秀、丘兆琛、麥英俊離港環球旅行。二十四年四月，返抵香港，旋加入「中華民族革命大同盟」，任該同盟最高幹部之一。㉓二十五年六月，兩廣事變發生；七月，陳濟棠下野，粵變和平解決；八月，赴桂，重組第十九路軍，任總指揮，桂變和平解決後遂去職。二十六年夏，重遊菲律賓；八月，入京晉謁蔣委員長，旋任軍事委員會上將軍事參議官。二十七年，任廣東自衛團統率委員、常務委員。二十八年二月，就任第十六集團軍副總司令（總司令夏威）；十一月，任第二十六集團軍總司令。二十九年四月，所部改爲粵桂邊區總司令部，仍任總司令；十二月，回任軍事委員會上將軍事參議官。抗戰勝利後於香港組織「中國國民黨民主促進會」。三十八年，投共。曾任中共「中央人民政府」委員、「人民革命軍事委員會」委員、「國防委員會」副主席。五十七年四月二十五日，病逝北平，年七十七歲。㉔

五、從函電史料觀蔣汪與陳、譚、蔡關係

民國二十六年四月五日下午五時四十分汪精衛致溪口蔣中正先生函電，內容如下：

溪口蔣委員長賜鑒：項密，頃晤譚啓秀面述蔡廷鍇（楷）已深有覺悟，傾向中央，如蒙錄用，最近赴菲律賓一行約一個月後，即來京聆訓等語，謹代達，應如何答覆，乞示知。弟兆銘歆二。㉕

蔡廷鍇於民國二十三年（一九三四）一月，事敗逃往香港；春，偕譚啓秀、丘兆琛、麥

英俊離港環球旅行。民國二十四年（一九三五）四月，返抵香港，旋加入「中華民族革命大同盟」，任該同盟最高幹部之一。旋不久，又於民國二十五年六月，兩廣事變發生；七月陳濟棠下野，粵變和平解決；八月赴桂，重組第十九路軍，任總指揮，桂變和平解決後遂去職。民國二十六年（一九三七）四月「深有覺悟，傾向中央」，於夏天，重遊菲律賓。

而汪精衛對於蔡廷鍇的「覺悟歸來」則向蔣中正提出了兩原則，從民國二十六年五月十五日下午一時汪致蔣中正之函電，可看出其內容如下：

上海蔣委員長賜鑒：項密侵電計達，尊意如何，敬祈賜示，弟意對此宜定兩原則，其一、個人覺悟歸來，共同努力，深所歡迎，但不能有團練背景，如所謂「革命大同盟」之類。其二、個人工作問題見面後再談，中央量才任使，決無成心，但不必豫提條件，如授實職，招徒手兵之類，尤爲不可，以上兩原則，如經確定，則交羅龍青或他同志與之接洽，不必在京守候回話矣，當否乞示。弟兆銘寒。[26]

另從一封未署明時間之汪致蔣之函電，其內容如下：

上海蔣委員長賜鑒：項密董方誠復來持蔡廷鍇親筆所開條件如下：㈠出洋數月對政府改取和平態度。㈡請任沈光漢，譚啓秀以實職。㈢請招徒手兵若干團交沈、譚訓練。㈣數月後來京。另陳銘樞政治條件，頗多，弟意與談條件太瑣碎，尤不願與談軍事條件，然不與以回話則又令其失望。可否由尊處電令羅龍青，就近接洽，如此則董方誠可回港覆命，而又不致斷絕進行，如何候覆。弟兆銘侵。㉗

雖然限於史料，無法獲得蔣回覆汪之函電史料，但從上述汪致蔣之函電，可知參與閩變的幾位將領，雖然有悔悟之心，卻也開出相對條件，蔣汪對此也給予某種程度的限制與同意，例如暫不考慮授以實職，不准其招徒手兵，參與團練組織，主要惟恐這些人又死灰復燃，再度叛變。由於彼此的溝通，達成共識的條件後，民國二十五年八月，政府撤銷對陳銘樞的通輯令，民國二十六年一月陳自歐返港，回國後組「三民主義同志聯合會」。民國二十六年五月，國民政府任譚啓秀為陸軍少將。民國二十六年八月，蔡廷鍇入京晉謁蔣委員長，旋任軍事委員會上將軍事參議官。可惜的是後來陳銘樞於民國三十八年二月投共，民國五十四年五月十五日病逝北平。蔡廷鍇亦於民國三十八年投共，民國五十七年四月二十五日病逝北平，兩人晚節不保。

陸　結　論

從民國建立以來，軍閥割據，各自為政，或許福建事變，也可算是其中一例。吾人從函電史料，知曉在民國二十年九一八事變以後，日本不斷的侵略中國，當時蔣委員長抱定「安內攘外」之政策，先剿共再抗日，奈何閩變發生，因此不得不先平定內亂，汪先生亦協助蔣中正居中協調，功不可沒，終於使閩變在短短不到二個月的時間予以平息，在民國二十六年七七抗戰以前更能招撫重新啓用十九路軍之幹部，以爲八年抗戰效勞，只可惜抗戰勝利到民國三十八年以後，部份國軍將領，尤其參與閩變之十九路軍幹部如陳銘樞、蔡廷鍇卻投向中國共產黨，殊爲國人所不解，更出乎一般人的預料，或許閩變的叛國行爲，已爲其日後投共埋下了伏筆，吾人不應感到意外。

註釋

❶ 中國國民黨中央黨史會編：《中國現代史辭典—史事部份(二)》，頁二五六—二五七（台北：近代中國出版社，民國七十六年六月出版）。

❷ 同❶，頁二五六—二五七。

❸ 同❶，頁二五七。

❹ 蕭黎主編《中國歷史學四十年一九四九—一九八九》，頁三一四，（北京，書目文獻出版社，一九八九年九月第一版。）

❺ 同❹，頁三一四。

❻ 張同新編著：《蔣汪合作的國民政府》，頁一七九（黑龍江省：黑龍江人民出版社出版，一九八八年四月第一版）。

❼ 同❻，引自《國聞周報》卷十，四十七期。❽ 同❻，頁一八〇。

❾ 同❼，頁一八〇。

❿ 同❻，頁一八一。

⓫ 同❻，引自《國聞周報》卷十，四十九期。

⓬ 同⓫。

⓭ 同❻，頁一八一。

⓮ 同⓫。

⓯ 同❻，頁一八二。

⓰ 同❻，頁一八二。

⑰ 于翔麟〈十九路軍簡史及其幹部略歷（下）〉，《傳記文學》第五十二卷第二期，頁八七—八八。（民國七十七年二月號）

⑱、⑲、⑳ 同⑰，頁八八。

㉑ 于翔麟：〈十九路軍簡史及其幹部略歷〉，《傳記文學》第五十二卷，第一期，頁九一。（民國七十七年一月號）。

㉒、㉓、㉔ 同㉑，頁九一。

㉕ 〈汪精衛致蔣委員長函電〉，（民國二十六年四月五日），《汪僞資料檔案》，法務部調查局資料室藏，毛筆原件影本。

㉖ 〈汪精衛致蔣委員長函電〉，（民國二十六年五月十五日），《汪僞資料檔案》，法務部調查局資料室藏，毛筆原件影本。

㉗ 〈汪精衛致蔣委員長函電〉，（未註明年月日時間），《汪僞資料檔案》，法務部調查局資料室藏，毛筆原件影本。

第　頁　廿六年四月五日下午五時四十分發

漢口蔣委員長鈞鑒 頃密 頃晤譚理鳴面述

蔡廷鍇已深有覺悟 頗願向中央效勞歸用最近赴

前線黃一行約一個月後即來京聆訓等語謹代

達度外何香凝色宋知卭諺歌 二

第　頁　廿六年 12 月 十五日 下午 一 時　分發

上海轉俞市長鴻鈞覆張處侵電計
達務奉收悉勢新鴻宗弟意對此
宜以兩原則其一使人覺悟歸來與其
同好力（深所欣迴）保其統有國作戰乘以所謂革
命大同盟之數其二使人互相問訊見
兩政府之中央黨并任使決無成心
但不知（除了於）其事件以接濟根據其無
之數大為不可以上兩原則收從確定

第 頁　　年 月 日 午 時 分發

刘交罗尤青或他同志[illegible]与之接洽

[illegible]不必在京守候同谈矣

弟處乞示知將謂璧之

上海蔣委員長鈞鑒：頃奉華方
識復來轉蔡廷鍇親筆所開條件
如下：(一)出洋數月，對政府改取和平態度；
(二)請委沈光漢、譚啟秀以實職；(三)請
招集舊部若干團交沈、譚訓練；(四)數
月後[illegible]來京。另派謝樞洽條件[illegible]談
國民黨閩將多少。弟意與[illegible]商

修辭太瑣碎而欲與讀者心事呼應
辭造不興以白話則感興絕
宣其美望
又因此絕可免由看處著眼
尤其新近接洽收到刊物萬方識子
懷疑
同港發行因而文字的斷絕相通行
希望印此種修改

第二節　蔣汪與國際聯盟問題之關係

壹　前言

日本發動侵華戰爭，不但違反九國公約、非戰公約及國際聯盟盟約，而且破壞國際正義與和平。因此中國首於民國二十六年八月三十日及九月十二日向國聯兩次提出聲明書，陳述日軍開釁經過，請其採取必要措施，並要求國聯援用盟約第十六、十七條之規定，對日實施制裁。本文擬針對中國向國聯控訴日本之經過及蔣汪二人如何協調運作要求國聯援用盟約第十六、十七條之規定的梗概，參閱《汪僞資料檔案》，作一初探。

貳　國際聯盟簡介

國際聯盟（The League of Nations）爲第一次世界大戰後成立之常設國際組織，乃是根據巴黎和會對德和約的規定而締造的，自民國八年（一九一九）成立，至民國三十五年（一九四六）四月十九日終止。

第一次世界大戰以前，國際社會中向無有組織的維持國際和平之常設機構。大戰期間，英美各國均深感此一必要性，而尤以美國總統威爾遜提倡最力。在民國七年（一九一八）其所提出美國參戰勝之基本原則「十四點和平計劃」中，即提出組織國際聯盟之構想。大戰結束，二十七個戰國召開巴黎和會，民國八年（一九一九）一月二十五日第二次全體會議中決議設立「國際聯盟」，並使之成為和約的一部份，四月二十八日通過盟約草案，全文二十六條，隨凡爾賽和約於一九二〇年一月十日簽字生效。

依盟約的規定，國際聯盟會員國分創始及選入兩種，創始會員國復分為和約簽字國及被邀請參加之中立國，前者為對德凡爾賽和約及奧聖雪曼和約之簽字國，如英、法、中華民國等凡三十二國；後者為一次大戰期間之中立國，如丹麥、挪威等凡十三國。選入會員國則須由創始會員國同意接受，如奧地利、德國、蘇俄等凡二十一國，共計六十六國。[1]

國際聯盟為一常設組織，下設國聯大會、理事會、秘書處及其他附屬機構。國聯大會相當於國際聯盟之立法機關，由全體會員國組成，下設政治、法制、軍備、技術組織、預算及經濟社會六委員會，舉凡國際聯盟活動範圍內或關係世界和平之事項，大會都有權處理，原依盟約規定大會每隔三或四年舉行一次，但自民國九年（一九二〇）第一次大會起即決定以後每年舉行一次，必要時並得召開臨時會議。

理事會相當於行政院，由常任及非常任理事國組成，於民國九年（一九二〇）成立，常任理事國由「主要同盟國與協約國」擔任，原為英、美、法、義、日五國，然美國因不滿和會結果，未參加國際聯盟，故實際為四國，其後一九二六及一九三四年，德國和蘇俄先後加入，民國二十二（一九三三）及民國二十六年（一九三七），日本、德國及義大利先後退出，民國二十八年（一九三九）蘇聯又被逐出會，故當國際聯盟結束時，常任理事國僅剩英、法兩國；非常任理事國由大會以過半數票選出，任期三年，初設四席，民國十五年（一九二六）

增為六席，一九二九年九席，一九三三年十席，一九三六年更增為十一席，中華民國在一九三一年曾當選一任。理事會下設十一種委員會，負有實際權力以處理國際和平與安全之重大問題，但遇有特殊事項，則須與大會合作。

秘書處為國際聯盟之執行機構，內設法律、政治、經濟財政、行政、運輸、衛生、社會、裁軍、通訊、委任統治及學術合作十一部以為輔助機構。秘書處職員自秘書長以至一般工作人員，均支國際聯盟薪金，必須絕對效忠國際聯盟，不得受其本國政府之支配。初設時職員共一二一人，最高時達七五〇人。[2]

此外，國際聯盟並設有常設國際法院及國際勞工組織兩大附屬機構。國際法院為國際聯盟的司法機關，依據國際條約受理國家間的法律案件，以維護國際司法制度，自一九二二年一月正式成立於海牙，至一九四〇年第二次世界大戰爆發始停止活動，共計受理訴訟案三十七件，諮詢案二十八件。國際勞工組織則於一九二〇年成立於日內瓦，其雖為國際聯盟之一部份，但具有獨立性質，所以非國聯會員亦可成為組織之會員國，共計有五十八國組成，為一無政治性活動的政治團體，目的在以國際行動改良勞工待遇。

國際聯盟自成立後，處理許多國際爭端，然而以一九三〇年（民國十九年）之處理日本侵略中國問題，以及一九三四年之處理義大利侵略阿比西尼亞兩大事件來看，國聯有其先天組織上之缺陷，如盟約本身缺乏強制的規定及實力，理事國的濫用否決權，以及會籍之加入及退出均不夠嚴謹，再加上後天的美國因孤立主義未加入國聯，以及會員國中大國的優越感使他們對維護國聯盟約缺乏誠意，導致國聯在處理問題時空有理想而不能有效執行，終使侵略者為所欲為，毫無顧忌。日本於民國二十六年發動盧溝橋事變、德國於一九三八年合併奧地利，國聯均無法也無力反應，至慕尼黑協定犧牲捷克以滿足德國，國聯亦視若無睹，造成希特勒橫行歐陸，終於爆發第二次世界大戰，至此，國際聯盟名存實亡，一九四六年四月十八日，國聯舉行最後一次大會，一致通過宣告國際聯盟自一九四六年四月十九日起正式終止。❸

參　蔣汪透過協調運作要求國際聯盟伸張正義制裁日本之梗概

民國二十七年九月十九日午前中國出席國聯代表顧維鈞以鋒利之言詞正式提出中國之申請於行政院，要求國聯援用盟約第十七條，並全部實行以往各屆國聯行政會議所通過之議案，午後行政院議決接受中國政府所提關於實施盟約第十七條一項之申請，並電請日本派遣代表列席國聯會議，從事申辯。

國聯盟約第十七條之規定，為處理會員國與非會員國及非會員國與非會員國間的一切爭端而設。其精神尤注重於侵略者之制裁。該條第三項明白規定，茲將該條全文附錄於下：

㈠一聯合會會員國與一非聯合會會員之國，或兩國均非聯合會會員國，遇有爭議，應邀請非聯合會會員之一國或數國承受聯合會會員國之義務，照行政院認為正當之條件，以解決爭議，此項邀請，如經允諾，則第十二條至第十六條之規定，除行政院認為有必要之變更外，應適用之。❹

(二)前項邀請發出後，行政院應即調查爭議之情形，並建議其所認爲最適當最有效之辦法。❺

(三)如被邀請之一國拒絕承受聯合會會員國之義務，以解決爭議，而向聯合會一會員國從事於戰爭，則對於取此行動之國，可適用第十六條之規定。❻

(四)如相爭之兩造於被邀請後均拒絕承受聯合會會員國之義務，以解決爭議，則行政院應籌一切辦法，並提出各種建議，以防止戰事，解除紛爭。❼

中國是會員國，日本早經退出國聯，是爲非會員國。照盟約第十七條第三項之規定，如日本拒絕承受國聯會員國之義務，以解決中日爭端，仍向中國作戰，國聯對之可適用第十六條之規定。這第十六條是對於侵略國之制裁條款。據該條之規定制裁，有(1)經濟制裁，(2)武力制裁；(3)除名。日本既是非會員國，國聯對之所可施之制裁，只有經濟制裁及武力制裁，尤其經濟制裁更有可能性。

日本是工業國，靠國際貿易，以製造換取原料品，從對華侵略戰爭開始以來，原有之軍火已不敷用，不得不大量輸入外國之軍火，原料品及軍火輸入，使得年年入超的日本對外貿易，只有趨向惡化的一途。要促成日本經濟崩潰，只有施以集體的經濟制裁，各國都不供給日本以軍火及軍用原料，各國都不買日本製造的貨品，國聯盟約第十六條規定的經濟制裁，便有這樣的作用。該條第一項內容如下：

聯合會會員如不顧本約第十二條第十三條或第十五條所規定而從事於戰爭者，則據此事實應視爲對於所有聯合會其他會員有戰爭行爲，其他各會員應即與之斷絕各種商業上或金融上之關係，禁止其人民與破壞盟約國人民之一切交通，並阻止其他任何一國爲聯合會會員或非聯合會會員之人民與破壞盟約國之人民有金融商業或個人之交通。❽

上述國聯接受中國之申請，援用盟約第十七條，在國內方面蔣汪二人也經多方的協調運作，才有這樣的結果，於此僅就蔣汪往返函電史料中，關係援用第十六、第十七條的利弊與艱辛過程，作一初探。

民國二十七年汪精衛致函蔣中正先生，函電內容如下：

蔣總裁鈞鑒：伯密國聯大會將於九月十二日開會，今日國防會議討論應取方針，外交部共有甲、乙、丙三提案，甲案係請援引盟約第十七條，因由第十七條可引起第十六條經濟制裁之結果。乙案僅要求國聯對於歷次決議，立即盡量予以實行。丙案綜合甲乙兩案，留有伸縮餘地，討論結果以甲案太硬，諸小國現不易通過且使英法爲難，如被否決，中國勢須退出國聯，非計之得。乙案太軟，無異依樣葫蘆，故決議採用丙案。❾丙案全文如下：

擬致代表團訓令綱要（丙案）

㈠正式提出下列各項：

甲　對於自上屆大會至現在日本種種侵略暴行爲愷切之陳述。

乙　追述國聯歷次對中日問題之決議，並表示各會員大多未予實行之遺憾。

丙　正式請求國聯會員國對於國聯歷次決議立即盡量予以實行。

丁　重請援引盟約第十七條，並要求對此問題有一正式決定。

(二)　在會外非正式提出下列辦法：

甲　如國聯仍不願對於第十七條有所決定，或如國聯在該條規定下採取任何有利行動，已證明無望，則我代表團應竭力表示中國之失望，並質詢各主要國代表，究有何種代替辦法，可以制止日本侵略，而維護集體安全，在我方認爲所有可能的代替辦法中，至少下列各項，應立即採用並予以實施：

(1) 集體借款：由國聯以適當辦法成立予中國一鉅額借款，爲協助中國財政經濟及建設之用。此項借款之交付與清償，由國聯經手辦理。

(2) 購買大量中國貨物：用國聯名義以最低價格，購買大批中國貨物，再按照各國之需要與購買力，分配與各會員國。

(3) 救濟中國難民專款：國聯如已協助中國難民外，再請籌措鉅額專款，專爲救濟受日本侵略影響之中國人民，並設特別委員會，會商中國政府，支配此項專款。

(4) 派遣特別委員會調查並報告殘暴或非法的戰鬥行爲。[10]

蔣中正在收到汪精衛的函電後，表示「決議各點均甚切當，請即照此辦理」並要求汪「主動改取攻勢也」，蔣先生乃於民國二十七年八月三十日上午一時三十分自武昌致電汪精衛，內容如下：

重慶汪主席季兄尊鑒：感電敬悉，伯密，決議各點均甚切當，請即照此辦理，惟對於援引十七條盟約事，可先向英政府切實要求，並示以較堅決之態度，蓋自張鼓峯事件與西沙島案發生以來，列強對日本之觀念與態度，必有進步，我國外交須注重此點，應轉主動的改取攻勢也。弟蔣中正叩艷侍秘鄂。⑪

同年第二天（八月三十一日）七時卅五分，蔣先生再度自武昌致電汪精衛，傳授機宜，該函電內容如下：

重慶汪主席季兄尊鑒：艷電諒達，伯密，援引盟約第十七條本爲我方一貫立場，如善爲運用，至少亦可收外交上個別促動之效用，中意代替辦法，仍不妨照前電預擬，但同時亦應有貫徹此條要求之決心與準備在會議前，我代表可先向英法切實表示我方必提此條之堅決態度，以覘其反應，一面並可運用蘇聯爲我聲援，即使失敗至不得已時，退出國聯，亦似不足顧惜，總期以此打開沉悶觀望局面，促使英法積極，並促成英法與蘇對援我制敵之一致爲荷。贊同請約各同志切商決定也，祈電覆爲荷。弟中正叩世侍秘鄂。⑫

從上述函電中可知蔣先生意志堅決，決心以退出國聯亦不足惜之心態，有意運用蘇聯聲援，以期迫使英美援我制日。在一封未署明時間的函電史料裏，汪向蔣中正報告，國聯接受我援引第十七條之實效。該函電如下：

> 武昌蔣總裁鈞鑒：密。庸之兄抄示，架已機鄂電敬悉，據王部長報告，國聯雖接受我申請援引第十七條，但並無意於實行第十六條之經濟制裁，將由各國自由決定，且即使實行第十六條，而其範圍之寬狹亦大有差別，除對美運用，當遵來電辦理外，擬於日內開會細行研究如何應付。謹聞。弟兆銘馬。[13]

由此可見經濟制裁像盟約第十六條第一項的文詞一樣，雖然有力，不過實施上卻有許多困難，各國對聲援，大多口惠而實不至，因此如何不卑不亢獲得國際友邦的支持，乃是一大學問。以下引述兩封汪致蔣之函電為例證。

其一，汪於民國二十七年九月一日致電蔣中正先生，內容如下：

> 武昌蔣總裁鈞鑒：世侍秘鄂電敬悉，密。向英法切實表示我方必提第十七條之決心，此間同志均一致主張，惟是否因此退出國聯亦所不惜，庸之、覺生、及復初來電，初亦有此意，嗣以閱中央社參考消息，知敵方深忌英法助我，因慮不可以此失英法之望且使我益孤，故尚猶豫，茲奉尊電，當再約同志切商，先此奉覆。弟兆銘東。[14]

此一函電顯示汪及諸同志，皆傾向建立「小不忍則亂大謀」之共識，期待英法之助中國以制裁日本。因此於同年九月二日汪再致電函蔣中正，內容如下：

武昌蔣總裁鈞鑒：密昨與庸之、亮疇、岳軍諸兄詳商後，決由外部切電顧、郭兩大使應即會晤英法當局，切實聲明我方援引第十七條之決心，並切囑其將會晤結果詳報，至目的不達退出國聯一層，則暫未決定，因慮此不足攝英法而徒長德、義、日反國聯之聲勢，故擬再商始決。謹此電覆並祈賜示。弟兆銘冬。⑮

由此函電可知汪與孔祥熙、王寵惠、張群諸同志會商後，決定由駐外大使顧維鈞、駐外大使郭泰祺，先向英法當局聲明中國援引第十七條之決心，以不讓英法對中國產生反感爲原則，期盼英法同情中國。

蔣中正隨即於九月三日上午五時四十分自武昌致電汪先生，該函電內容如下：

重慶汪主席季兄尊鑒：東電敬悉，伯密，尊慮自亦甚是，唯英法態度實有失重要會員國之立場，不可不乘此時機多方促使積極發電，仍請詳商並應發動輿論，批評政府對國聯態度太過軟弱，指出國聯不履行會章及決議案，則參加國聯實無意義，督促政府在本屆大會採取積極步驟，造成空氣以便運用也。弟中正叩冬侍秘鄂。⑯

從此函電可知蔣先生希望汪能發動輿論，以作爲政府向國聯採取積極步驟之後盾。因此九月三日下午十一時半蔣中正自武昌再致電汪精衛，表示：

……鄙意已詳，昨電如何運用，仍請詳商決定，總以使我代表採取較堅決切實之態度爲主旨也。弟中正叩江侍秘鄂。⑰

汪乃遵照蔣先生指示，擬訓令給中國代表團，蔣對汪所擬訓令表示「贊同」。⑱到民國二十七年九月八日二十時五十分蔣中正自武昌致電給王寵惠並抄送汪精衛、孔祥熙，該電內容：

急重慶外交部

王部長寞電悉，密頃發庚二電諒達，顧大使所詢各節㈠投票總表決，如無通過把握，則不宜由我方正式提出。㈡關於諮詢委員會一節，若由英法提議而英法肯擔任，促使美國積極則我代表亦可贊成，但總須以達到進一步實際援助與局部制裁爲最低限度之目標也。又此時對美國更應積極推動，如美政府對國聯明示願與合作之態度，則更能鼓國聯之勇氣，請設法進行此電，並請抄送汪主席、孔院長。中正庚酉侍秘鄂。⑲附註：虞去電係轉顧、郭電關於提盟約十七條事，庚二電，現尚未收到。電報科謹註。⑳

同年九月十四日二時蔣中正先生再致電孔院長並鈔呈汪精衛督閱，該函電談到：

……關於要求票決之利弊及以後應付步驟，請與汪先約亮疇等會商並將商討結果，電告為盼。中正元侍秘鄂。㉑

次日（九月十五日）上午十一時五十分，蔣中正致電重慶汪主席，內容大致如下：

……代表團提出要求十七條事，似嫌過早，如無時間限制關係，則我代表團必待希特拉（希特勒）演說分曉後，再定進止，此乃外交相機之常識，今晚提出恐為歐局緊張不能重視，若果有此顧慮，則不如由我自動的設法轉圜，明言待歐局和緩，再行要求制裁，不願於此時致增國聯之困難也，但應主張確定國聯援華之切實辦法為何，請酌核。中正叩刪已機鄂。㉒

汪精衛遵照蔣先生之指示，隨即發訓令，請顧代表維鈞遵照辦理，因此九月十五日汪乃致電蔣先生回覆，內容為：

武昌蔣總裁：頃電計達，頃晤亮疇兄云，我代表要求援引第十七條，已列入議事日程，顧代表言，今日演說惟討論，表決尚有時日，已照尊電發訓令囑其遵照辦理並隨傳電聞。弟兆銘寒戌。[23]

迨國聯接受中國申請援引盟約第十七條後，蔣中正先生則認爲今後制裁日本的關鍵樞紐全在美國，因此要汪加強對美外交與國際宣傳，茲引蔣中正於民國二十七年九月二十一日十一時二十五分自武昌致電孔院長、汪主席、王外交部長之內容爲例證，該電大致如下：

> 限即刻到
>
> 孔院長密並譯送汪主席、王外交部長，國聯既接受我申請，則以後制裁樞紐全在美國，務請對美外交盡我全力設法推動，光甫既到美，屬其與李國欽等對於財政、經濟與輿論界更應多方推動並多發給宣傳費爲要。中正叩巧已機鄂。[24]

次日（九月二十二日六時二十分）蔣中正自武昌再致電鈔呈汪先生督閱，該電內容大致如下：

> ……此時務使美國從中贊成制裁案，使英法提高勇氣並令我代表團對各小國努力運動，使其能督促英法不能卸責推諉也。中正手啓養機鄂。[25]

由上述函電可知抗戰時期蔣汪二人爲維護國家民族利益，向國聯控訴日本暴行，而積極推動戰時外交之艱辛。

肆　結　論

綜上所述，從國際聯盟的成立，一直到其處理國際糾紛的表現，尤其是在解決日本侵華問題，國聯更是表現有氣無力的樣子，從蔣汪二人運籌帷握，來回折衝與國聯與友邦之間的協調交涉、宣傳、其忍辱負重，更是不足爲外人道也。觀之國聯之眞實弱點有二，一是在於人類對於國聯缺乏「忠心」。忠心者爲促進人類，因共同立場，採取共同行爲之動力也。設普通和平與世界秩序得能制勝，則人類須移其愛國之心而愛世界。其次，國聯另一基本弱點，即是在國際會議中缺之任何眞實的權力與缺少指揮統一之元素。[26]反觀中國國內汪精衛坐鎮重慶，負責黨政事宜輔佐蔣中正先生推動軍事，積極抗日，功不可沒，一點也看不出蔣汪有離心之迹，詎料民國二十七年十二月十八，汪卻叛離重慶國民政府，眞讓國人不解，爲之惋惜。

註釋

❶ 中國現代史辭典編輯委員會編：《中國現代史辭典—史事部份(二)》，頁八一，(台北：近代中國出版社出版，民國七十六年六月出版)。

❷ 同❶，頁八一。

❸ 同❶，頁八一。

❹ 鄭允恭：〈國聯接受中國的申請〉，《東方雜誌》，第三十五卷、第十九號，頁一。(民國二十七年十月一日)。

❺ 同❹，頁二。

❻ 同❹，頁二。

❼ 同❹，頁二。

❽ 同❹，頁二。

❾ 〈汪精衛致蔣總裁函電〉(未註明年月日)，《汪偽資料檔案》，法務部調查局資料室藏，毛筆原件影本。

❿ 〈汪精衛致蔣總裁函電〉，《汪偽資料檔案》，法務部調查局資料室藏，鋼筆原件影本。

⓫ 〈蔣總裁致汪精衛函電〉(民國二十七年八月三十日)，《汪偽資料檔案》，法務部調查局資料室藏，鋼筆原件影本。

⓬ 〈蔣總裁致汪精衛函電〉(民國二十七年八月三十一日)，《汪偽資料檔案》，法務部調查局資料室藏，鋼筆原件影本。

⓭ 〈汪精衛致蔣總裁函電〉，《汪偽資料檔案》，法務部調查局資料室藏，毛筆原件影本。

⑭〈汪精衛致蔣總裁函電〉（民國二十七年九月一日），《汪僞資料檔案》，法務部調查局資料室藏，毛筆原件影本。

⑮〈汪精衛致蔣總裁函電〉（民國二十七年九月二日），《汪僞資料檔案》，法務部調查局資料室藏，毛筆原件影本。

⑯〈蔣總裁致汪精衛函電〉（民國二十七年九月三日），《汪僞資料檔案》，法務部調查局資料室藏，鋼筆原件影本。

⑰〈蔣總裁致汪精衛函電〉（民國二十七年九月三日），《汪僞資料檔案》，法務部調查局資料室藏，鋼筆原件影本。

⑱〈蔣總裁致汪精衛函電〉（民國二十七年九月八日），《汪僞資料檔案》，法務部調查局資料室藏，鋼筆原件影本。

⑲、⑳〈蔣總裁致汪精衛函電〉（民國二十七年九月八日），《汪僞資料檔案》，法務部調查局資料室藏，鋼筆原件影本。

㉑〈蔣總裁致汪精衛函電〉（民國二十七年九月十四日），《汪僞資料檔案》，法務部調查局資料室藏，鋼筆原件影本。

㉒〈蔣總裁致汪精衛函電〉（民國二十七年九月十五日），《汪僞資料檔案》，法務部調查局資料室藏，鋼筆原件影本。

㉓〈汪精衛致蔣總裁函電〉（民國二十七年九月十五日），《汪僞資料檔案》，法務部調查局資料室藏，毛筆原件影本。

㉔〈蔣總裁致汪精衛函電〉（民國二十七年九月二十一日），《汪僞資料檔案》，法務部調查局資料室藏，鋼筆原件影本。

㉕〈蔣總裁致汪精衛函電〉（民國二十七年九月二十二日），《汪僞資料檔案》，法務部調查局資料

室藏，鋼筆原件影本。

㉖ 耿淡如：〈國聯之眞實弱點〉，《東方雜誌》，第三十三卷第六號，頁一〇四—一〇六。（民國二十五年三月十六日出版）

将仲裁调查，仍交国联大会。将于九月十一日开会。留国防会议讨论应取方针。外交部共有甲乙丙三种草案。甲案系请援引盟约第十七条，因由第十七条所引起第十六条经济制裁之结果。乙案仅要求国联对于历次决议立即尽量予以实行。丙案综合两案，留有伸缩的地，讨论结果，以甲案太硬，诸中国政不易通过，日俄英法为难，致被要挟，中国孰反逼迫。国联深讨之得。乙案太软，与无案依样。胡善庐拟议采用丙案，全文如下

擬對代表團訓令綱要

(丙案)

(一)(1)正式提出下列各項：

甲、對於自上屆大會呈現之日本種種侵略暴行為懇切之陳述。

乙、追述國聯歷次對中日問題之決議，並表示各會員大多未予實行之遺憾。

丙、正式請求國聯會員國對於國聯歷次決議，立即盡量予以實行。

丁、重請援引盟約第十七條，並要求對此問題有一正式決定。

(2)在會外非正式提出下開辦法：

(甲)如國聯仍不願對於第十六條有所決定，或如國聯在該條規定下採取任何有利行動，已證明無望，則我代表團應竭力表示中國之失望，並請詢各主要國代表，究有何種代替辦法，可以制止日本侵略，而維護集體安全。在我方認為所有可能的代替辦法中，至少下列各項，應立即採用並予以實施：

(一) 集體借款 由國聯團體以適當方法協助中國，以國聯團體名義借與中國一鉅額借款，由各會員國依照其每年擔任會費之比例，分擔款額。此項借款之支付與清償，由國聯經手辦理。

(二) 購買大量中國貨物 由國聯名義，以最低價格購買大批中國貨物，再按照各國之需要與購買力，分配與各會員國。

(三) 救濟中國難民專款 國聯如已協助中國難民外，再請籌措鉅額專款，專為救濟受日本侵略影響之中國人民，並設特別委員會，會商中國政府，支配此項專款。

(四) 設立特別委員會 調查並報告殘暴及非法的戰鬥行為 國聯

重慶汪主席蔣先生鈞鑒感電敬悉偏密
使議各點均甚切當請即照此辦理惟對
於援引十七條盟約事可先向英政府切實
要求並示以堅決之態度蓋自張鼓峯事
件與西沙島事發生以來列強對日本之觀
念與態度必有進步我國外交須注重此點
應付○主動的改取攻勢也不容中止？叩
鐘侍秘鄧
兆銘八月廿二日一時三十分發
八時譯

重慶何主席李之英參事總電請達伯密接引盟約第十七條本為我方一貫立場如善為運用至少亦可收外交上個別促動之效用中意代替辦法仍不妨照前電預擬但同時亦應有貫徹此條要求之決心與準備在會議前我代表可先向英法切實表示我方必提此條之堅決態度以觀其反應一面並可運用蘇聯為我聲援即使失敗至不得已時退出國聯亦似不足顧惜總期以此打開沉悶觀望局面促使英法積極並促成英法與蘇對援我制敵之一致為荷賡同請約各同志切商決定並祈電覆為

蔣弟中正卯世侍秘鄧

[illegible]四月廿日下午七時廿五分發

十時十五分譯

此次所修改部份定○交部之次抄示

與上機關電報來〔楊王部長報告中〕關聯接處我請接

引第十七條，但並無處於實行第十六條之〔由各國自由決定〕〔即使實行〕

經濟制裁，〔婦政十條經制而自由擇擇〕且第十

六條

而

實際新式範圍〔之〕實施亦大有差別

除附英運用意義來電補理外

於打日內開會細行研究〔[illegible]〕報付評

〔的〔[illegible]〕〕

開印北諸馬

武昌[illegible]鐵門學世係校部管教主

○茲[illegible]向英法切實表示我方必提第十七條之決心此間同志均一致之張雖若無因此退出國聯亦所不惜

覓生及復初來電[illegible]初六有[illegible]意[illegible]勵以閱中央諸參考須見矣

惜衝之深忌

敵方[illegible]英法助我因慮[illegible]不可以此失英法之歡

使我益張故尚猶豫

茲奉尊電當再約見各切商先此奉覆不[illegible]諸慮

九月一日

□之府院對我之意旨與

庸之亮疇岳軍諸兄詳商

後決由外部切電顧郭兩大使

即今晚向英法當局切實聲明我

方援引第十七條之決心並

切囑其將會晤結果詳報

至運用國聯一層目的不達

則暫未決定因處此不能不顧

英法而後決定我自身之國聯

方針擬再商後決請

電覆並聯絡諸兄核議

□□

九月二十六

重慶王部長亮兄蒸密東電敬悉伯密尊處自亦甚是惟英法態度實有失重要會員國之立場不可不乘此時機多方促使積極希電仰請詳商並應發動輿論批評政府對國聯態度太過軟弱指出國聯不履行會章以使議案則參加國聯實無意義督促政府在本屆大會採取積極步驟造成空氣以促進國也弟中正叩冬侍秘鄂

廿七年九月三日下午五時卅分發

八時廿五分譯

重慶汪主席庸之兄暨全會諸同志密鑒
鄭意已詳昨電如何運用仍請詳商
使之總以使我代表採取較堅決切實
之態度為主旨也弟中正叩江侍秘

鄂

武昌九月三日下午十一時半發

四上午八時譯

重慶何主席陽電敬悉密函所擬

訓令大旨第六號同樣密復弟中正

卯庚一侍秘鄂

武昌九月八日午十時五十四分發

十時三十六分譯

戊種

外交部電報科　**來電**

來電第 3369 號
共　頁　此第　頁

來自何人 蔣委員長　　發電 27年 9月 8日 20時 50分

來自何處 武昌　　收電 27年 9月 8日 20時 30分

急重慶外交部

王部長寵惠。密。頃獲庚二電諒達顧大使所詢各節一投票總表決如無通过把握則不宜由我方正式提出二關於咨詢委員会一節若由英法提議而英法肯担任促使美國積極則我代表亦可贊成但總須以達到進一步实際援助与局部制裁為最低限度之目標也又此時对美國更应積極推動如美政府对國聯明示願与合作之態度則更能鼓國聯之勇氣請設法進行此電並請抄送汪主席孔院長

中正庚酉侍秘鄂

附註：庚去電係轉顧郭電關於提盟約十七條事
庚二電尚未收到
電報科謹註

琪

□部長 □政務次長 □常務次長 □參事 □秘書 □總務司 □國際司 □亞洲司 □歐美司
□情報司 □條約委員會 □文書科 □典職科 □會計室 □出納科 □交際科 □庶務科 □電報科

財政部抄電紙

總二字第＿＿＿＿號
第＿＿＿＿頁

來自何處　武昌

來自何人　蔣委員長

發電　27年7月14日2時0分

收電　〃年〃月〃日14時0分

鈔呈
汪主席鈞閱

孔院長勛鑒：支機俞電悉。參關於要求畧決之利弊及以後應付步驟，請與汪先生約定時予俞商，並將商討結果電告為盼。中正。元侍秘鄂。

重慶蔣主席鈞鑒：密。代表團提出
要求十七條事似嫌過早，為多時向
限制關係，則我代表團必待希特拉
演說分曉後再定進止，此乃外交根機
之常識。今晚提出，必為歐局緊張
不能重視，若果有此顧慮，則不如由
我自動的設法轉圜，以言待歐局和
緩再行要求制裁，不致於此時徒增
國聯之困難也。但應主張確定國聯
援華之切實辦法，如何，請酌核。中正
叩刪巳機鄂

武昌九月十五日午十一時五十分發

下午三時五分譯

武昌辭修兄：

頃電計達。頃悉亮疇兄為我代表盟約援引第十七條已列入議事日程，顧代表宣言演說頗詳論，表決尚有時日，已照弟電再指訓，望囑其遵照，如此結果加強無隱仍電聞。

戌

財政部抄電紙

第……號
第……頁

來自何處　武昌
來自何人　蔣委員長

發電　27年9月21日11時25分
收電　〃年〃月〃日13時50分

限即刻到

孔院長密并譯送汪主席王外交部長 國聯既接受我申請則以後制裁樞紐全在美國務請對美外交盡我全力設法推動 光甫既到美屬其与李國欽等對於財政經濟与輿論界更應多方推動并多發給宣傳費為要 中正叩 馬巳 機鄂

精衛先生參閱

鈞

財政部抄電紙

秘二字第　　號
第　　頁

來自何處　成都

來自何人　蔣委員長

發電　27年9月22日6時20分

收電　〃年〃月23日12時40分

抄呈
精衛先生鑒閱

急。孔院長並密轉王部長、顧大使、郭大使：
時務使美國從中趕成制裁案，使英法提高勇氣，並令我代表團
對各小國努力運動，使其能督
促英法不能助長投降也。中正
手啓養機蓉

第三節　蔣汪與共產黨人問題之關係

壹　前　言

蔣、汪的分合發軔於「中山艦事件」，到改組派發起反蔣活動，則演成了勢不兩立的局面，民國二十一年（一九三二），改組派煙消雲散，蔣、汪握手言歡，分掌軍政權力，開始了所謂蔣汪合作的國民政府時期。抗日戰爭爆發，又由合而分。大陸學界認為蔣主「聯共抗日」，汪主「反共降日」，政見的分歧，是造成分裂的主因，本文擬就蔣、汪二人在抗戰期間對共產黨人的態度，作一剖析。

貳　中共利用抗日民族統一戰線策略

國民政府在不究既往，團結禦侮的方針下，收編了共軍，並將八路軍編入第二戰區（山西），將新四軍編入第三戰區（江蘇、皖南）的戰鬥序列。民國二十六年八月二十五日，八路軍總指揮朱德、副總指揮彭德懷等發表就職通電，宣稱「部隊現已改編完畢，東進殺敵，德等願竭至誠，擁護　蔣委員長，追隨全國友軍之後，效命疆場，誓驅日寇，收復失地，為中國之獨立自由幸福而奮鬥到底。」❶這個電文自為國人所歡迎，因為它表示了共黨的洗心革面，表示了中國軍令的統一。但實際並非如此，事實證明，這個電文所表示的態度，乃是一個騙局。

這個騙局在中共另一個文件中已暴露出來。民國二十五年（一九三六）九月十七日，在其醞釀投誠前夕，其中央政治局通過「關於抗日救亡運動的新形勢與民主共和國的決議」中，就一再說明「紅軍」力量必須保持，強調「在建立民族統一戰線的鬥爭過程中，絕對不應該削弱紅軍的力量……不取消紅軍組織上與領導上的獨立性，須充分注意紅軍的擴大與鞏固。……」❷

其後共軍接受改編，共黨卻向士兵進行思想教育說：「停止推翻國民黨的武裝暴動，……種種讓步，我們並沒有吃虧，……紅軍雖然在名義上改變了，但實際上還是照紅軍一樣的辦法，仍然是受共黨的領導，指揮員還是我們的人，國民黨不能派一個人到我們軍隊來負責工作。通俗的說，外面是白的，內面還是紅的，我們改了名義，要他們發薪餉，我們處處佔便宜，絲毫不曾變成國民黨的軍隊」。❸

雖然當時也有若干共軍幹部，以爲共黨已改邪歸正，可以由此棄暗投明，高興接受國軍的番號和名義，甚至「以受國民黨委任爲榮」。因此，在改編後幾個月內，毛澤東就在共軍中展開「反對投降主義的鬥爭」。❹這就完全暴露了共軍的投誠和改編，是一個騙局。問題還不止此，當時共黨不僅欺騙政府，欺騙中國國民黨，而且還欺騙全國人民，這就是「共赴國難宣言」的發表。

民國二十六年九月二十二日，中共中央發表「共赴國難宣言」，向政府提出四項諾言：

一、孫中山先生的三民主義，爲今日中國所必需，本黨（共黨）願爲其徹底實現而奮鬥。

二、取消一切推翻國民黨政府的暴動政策及赤化運動，停止以暴動沒收地主土地的政策。

三、取消現在的蘇維埃政府，實行民權政治，以期全國政權的統一。

四、取消紅軍名義及番號，改編爲國民革命軍，受國民政府軍事委員會之統轄，並待命出動，擔任抗日前線之職責。⑤

民國二十六年（一九三七）秋，朱德率第八路軍由陝北出發抗日，毛澤東即向其部隊宣佈實行「七分發展自己，二分應付國民政府，一分抗日」的策略，並規定分三個階段實施，即：「與國民黨妥協，以求生存發展；與國民黨取得力量平衡，而與之相持；深入華中各地，建立華中根據地，向國民黨反攻。」毛澤東的這些話，就是中共「以退爲進」策略的最好說明。同年十月，中共召開政治局會議，通過關於抗戰前途及中共的路線之決議，確定其工作方針爲：第一，擴大並加強統一戰線，將組織與活動由秘密轉爲公開，由局部變爲全面，爲黨取得合法的平等競爭的地位；第二，在中國政治上的決定力量是武力，要在抗戰過程中儘量擴大黨的武裝力量，以爲將來爭取政權的基礎。

總觀中共的統戰策略，經過抗戰時期的運用，由毛澤東逐步確定了四個主要原則，即：「獨立自主」原則，也就是在「抗日民族鬥爭」的問題上，同政府具有「統一性」；而在「國內階級鬥爭」問題上，又有其「獨立性」，在行動上絲毫不受政府的約束。「又聯合又鬥爭」原則，也就是在同資產階級建立統一戰線時必須採取兩面政策，對有利於自己的一面採取聯合政策；對不利於自己的一面採取鬥爭政策。「爭取領導權」原則，也就是工人階級和大資產階級建立統一戰線之後，必須同大資產階級爭奪對民族資產階級的領導權；理由是那一個階級掌握了統一戰線的領導權，就決定了革命走那一條道路，從而也決定了革命的成敗，以至革命的前途。「正確區分敵友」原則，也就是如何區分主要同盟者和非主要同盟者；以及如何區分主要敵人和非主要敵人，以便確定主要的聯合對象和主要的打擊對象。毛澤東又曾把中共的統戰策略歸結為四句話十六個字：「利用矛盾，爭取多數，反對少數，各個擊破」，可謂對此策略的最佳詮釋。❻

參　抗戰期間蔣汪對中共的態度

一、抗戰期間蔣中正對中共的態度

民國二十六年九月二十三日，蔣中正先生對中共的投誠發表談話說：

余以為吾人革命，所爭者不在個人之意氣與私見，而為三民主義之實行。在危亡危急之秋，更不應計較過去一切，而當使全國國民徹底更始，力謀團結，以保存國家之生命與生存。今日凡為中國國民，但能信奉三民主義而努力救國者，政府當不問其過去如何，而咸使其有效忠國家之機會。對於國內任何派別，只要誠意救國，願在國民革命抗敵禦侮之旗幟下，共同奮鬥者，政府無不開誠接納，咸使集中於本黨領導之下，而一致努力。中國共產黨人既捐棄成見，確認國家獨立與民族利益之重要。吾人唯望其眞誠一致，實踐其宣言所舉諸點，更望其在禦侮救亡統一指揮之下，人人貢獻能力於國家，與全國同胞一致奮鬥，以完成國民革命之使命。[7]

蔣委員長後來指出，當年原相信共黨是有悔禍歸誠、共同禦侮的誠意。認爲共黨既是中國人，終必愛中國。只要他們覺悟，放棄暴動，向政府輸誠，政府當可從寬處理。所以從民國十九年剿共開始，到民國二十五年爲止，政府對共黨的方針，是剿撫兼施的。[8]不料共黨本性難改，他們決沒有國家民族的觀念與感情。自此，在「抗日」口號的掩護之下，運用「統戰」策略，又死灰復燃，更嚴重的爲禍於中國。

而大陸學界則指蔣中正先生在抗戰期間對中共的態度是「聯共抗日」，如大陸學者王樹蔭在〈試論抗戰開始後蔣、汪矛盾激化分道揚鑣的原因〉乙文中談到：

……一九三七年日軍發動「七七」事變，繼而又在松滬挑起戰禍。蔣中正在退無可退的情況下，實踐了聯共抗日的諾言。七月十七日，蔣中正發表廬山談話，表明了中國政府的強硬態度和四點基本立場，即「不得侵害中國主權與領土之完整；冀察行政組織，不容任何不合法之改變；中央政府所派地方之官吏，如冀察政務委員會委員長宋哲元等，不能任人要求撤換；第二十九軍所駐地區，不能受任何的約束」。[9]八月十四日，國民政府發表自衛抗戰聲明書。八月二十一日〈中蘇互不侵犯條約〉在南京簽訂。九月二十二日，國民黨中央通訊社發表了〈中共中央為公布國共合作宣言〉，次日，蔣中正發表談話，承認了中國共產黨的合法地位，由此，抗日民族統一戰線正式形成。在軍事上，國民黨設置了戰時機構，劃分了戰區，蔣中正親任陸海空軍大元帥，指揮軍隊在華北、華東戰場展開大規模的積極作戰。蔣中正的聯共抗日政策，受到全國人民，各黨各派的歡迎和擁護，「這樣就比較順利地形成了全國軍民抗日戰爭的高潮，一時出現了生氣蓬勃的新氣象」。[10]

事實上，是中共經過二萬五千里長竄之後，為求喘息，兵力所剩無幾，想利用抗日東山再起，而要求納編以獲得補給，蔣委員長係基於日人謀我日亟，乃接受中共輸誠，收編共軍，「共同抗日」。

二、抗戰期間汪精衛對中共的態度

抗戰期間汪精衛對中共的態度，基本上是反共的，從民國二十七年十一月二十九日汪於重慶致蔣總裁函電即可知一斑，該函電如下：

南嶽蔣總裁鈞鑒：邃密，日前新華日報已登載其六中全會決議全文主張共產黨員加入本黨，否則組兩黨各級合作委員會，中央同仁以五中全會期近不欲表示，昨以五中延期一月，開會討論，僉以若延不表示，必惹起黨內外之懷疑，擬以中央黨部發言人名義，發表簡單談話，謂本黨有黨員跨黨之禁，至於合作則抗戰建國綱領已明白規定，全國一致不分畛域在三民主義及領袖指導之下，努力合作等語，措辭不妨溫和，立場則宜明確，以祛誤會，可否乞覆。弟兆銘。[11]

當時汪負責黨務，堅決反對「共產黨黨員加入中國國民黨及組兩黨各級合作委員會」，這封函電是汪在叛離重慶之前二十天左右致函蔣先生的，而蔣總裁是在民國二十七年十二月五日上午四時發，十二月七日下午六時半譯，自桂林回函電給汪先生，該函電如下：

重慶中央黨部汪主席季兄尊鑒：皓電敬悉，邃密對中共發表談話，應付辦法一節，待到渝面商後再定如何。弟中正叩支侍秘。[12]

可見蔣中正並未馬上表示同意，僅表示「到渝面商後再定」，也多少顯示兩人對中共之不同態度之處。

大陸學界在描述汪精衛其人時，認為汪力圖以三大論調，希望造成聲勢，以期迫使蔣先生接受其「反共降日」之主張。

第一，汪認為蔣中正先生抗日是「斷斷乎」上了共產黨的「大當」，做了共產黨的工具。汪謂「國共合作抗日，中國不亡於日，也要亡於共，使共產黨有了死灰復燃的機會，國民黨上了共產黨「挑動中日戰爭之當」[13]他又說：「中日戰爭繼續下去，結果便宜了蘇聯，在國內只有替共產黨做機會」[14]。因此他「始終反對共產黨，對這次與共產黨合作，特別反對」[15]他更聲稱：「余之反共，中外所知，余決不恤膺反共之名，而謀中日和平之實現。」[16]

第二，汪認為「戰必大敗，和未必大亂」。「中國人的要素，物的要素、組織的要素，沒有一樣比得上日本」因此中國的國家力量不能擋住日本的進攻。「我們是弱國，我們是弱國之民，我們所謂抵抗，無他內容，其內容只是犧牲，我們要使每一個人，每一塊地都成為灰燼。[17]他又說：「天下即無弱者，天下即無強者，那麼我們犧牲完了，我們抵抗之目的也達到了」，「不做傀儡，只有犧牲」。[18]

第三，「世無不和之戰」。汪精衛於民國二十六年（一九三七）八月三日發表廣播講話，教訓大家要「說老實話」，「要負責任」。汪認為，天下沒有不結束的戰爭，戰爭結束便是和平；中國與日本作戰也有結束之時。因此，他竭力主張對日言和，採取和平方式解決中日爭端。因為在他看來，「和」只是吃虧而已，尚且「有所以抵償」，而「戰」就會「敗個不已」。

肆　結　論

綜上所述，抗戰初期蔣中正先生的「聯共」與汪精衛的「反共」，都出於一定的政治目的。如蔣的「聯共」，是為了「溶共」，迫共產黨投降，為其所用，並進而取得蘇聯的軍事援助。甚至希望蘇聯直接出兵，因此，蔣的「聯共」是一個基於利害觀念的臨時性政治策略。從本質上講，只是改變了對付中共的形式：從剿共改為撫共的形式；從公開的對抗改變為隱蔽的對抗。隨著時空的推移，中共利用抗日，壯大聲勢，進而破壞抗日，蔣中正先生「聯共」政策逐步被反共政策所代替。而汪精衛的「反共」，既是他昔日反共的繼續，更是他一貫的立場。抗戰初期蔣中正、汪精衛對待共產黨問題上的立場，其區別就在這裏。當然，汪精衛既不同意蔣中正先生的這種形式上的「聯共」，更不滿因「聯共」而造成的全民族抗戰局面。

當汪精衛企圖改變這種局面，準備賣國投敵之時，蔣汪之間再度由合而分。

註釋

❶ 金達凱：〈抗戰時期的中共〉，《近代中國》雙月刊，第五十三期，頁四一（民國七十五年六月三十日）。

❷ 曹伯一，〈抗戰初期中共策略路線之剖析〉，《近代中國》創刊號，頁六四，（民國六十六年三月二十九日）。

❸ 中共「人民抗日軍政治部」編：《幾個問題的解答》，錄自法務部調查局油印本原件。

❹ 同❶，引自《毛澤東選集》第二卷總頁三六二—三六三。

❺ 同❶，頁四一。

❻ 王紹麒：〈抗日民族統一戰線策略〉，《中國現代史辭典》史事部份㈠，頁四二三，（民國七十六年六月出版）

❼ 民國二十六年九月二十四日上海《大金報》。

❽ 同❶，引自蔣中正：《蘇俄在中國》，頁八二—八三。

❾ 王樹蔭：〈試論抗戰開始後蔣、汪矛盾激化分道揚鑣的原因〉，《民國檔案》第二期，頁一〇五—一一二（一九九二年）。

❿ 同❾，頁一〇五—一〇六。

⓫ 〈汪精衛致蔣總裁函電〉（民國二十七年十一月二十九日），《汪僞資料檔案》，法務部調查局資料室藏，毛筆原件影本。

⓬ 〈蔣總裁致汪精衛函電〉（民國二十七年十二月五日），《汪僞資料檔案》，法務部調查局資料室藏，鋼筆原件影本。

⑬ 同⑨，頁一〇六。

⑭、⑮、⑯、⑰、⑱ 同⑨，頁一〇六。

南京

蔣委員長鈞鑒

日前新華日報已登載共六中全會決議文 全

主張共產黨員加入本黨及另組織兩黨之公開合法組織合作

當六全會中央同人以五中全會期近不擬[illegible]欲表

示以昨[illegible]五中延期一月[illegible]開會討論[illegible]

延不表示如黨內外之懷疑擬以中央黨部發言人名義

發表談話[illegible]謂本黨有黨員跨黨之禁 簡單

既不許[illegible]至於合作則抗

戰建國綱領[illegible]全國一致[illegible]

吩咐在三民主義及領袖[illegible]措辭不妨溫和[illegible]

以資明確[illegible]以祛誤會[illegible]可否乞

覆示[illegible]

廿七、十一、九、何

重慶中央黨部汪主席季

兄尊鑒皓電敬悉家對

中英發表談話應付辦法一

節待到渝面商後再定如何

弟中正叩支侍秘

桂林十二月五日上午四時發

七日下午六時半譯

第四節　蔣汪與戰時人事任用之關係

壹　前　言

民國時期的人事機構在其名稱和職能、作用等方面有一個變化的過程。早在民國元年（一九一二），孫中山先生的南京臨時政府成立之初，在中央機關中就設有管理人事工作的行政機構—銓敍局。民國十六年（一九二七）國民政府在南京建立中央政府後，初未專設人事機構，有關人事任命的職能均由秘書部門兼顧。例如文官的任命為國民政府秘書處執掌。民國十七年（一九二八）後，國民政府始設人事室，主任由文官處秘書兼。民國十七年十月，國民政府公布了「考試院組織法」。民國十九年正式成立了考試院，任命戴季陶為院長，下設考選委員會（後改為考選部）和銓敍部兩個部級機構。一直延續到民國三十八年（一九四九）。反之，地方的人事行政機構則是在抗戰爆發後直至民國三十一年（一九四二）後才逐步設立。本文擬從國民政府對人事管理的分類和等級介紹起，進而就抗戰時期蔣汪函電史料中述及人事任用的梗概，加以研析之，以多少瞭解蔣汪兩人之用人態度。

貳　國民政府時期的人事分類與等級制度簡介

國民政府統治大陸時期對政府官員實行分類管理，並將所有官員按其資歷等分成四種官等。早在民國元年（一九一二）孫中山先生成立南京臨時政府時，所訂的官制已分文官和軍官兩大類；官等分爲三類：簡任、薦任、委任。簡任包括各部總長、次長、南京衛戍總督、各省都督、南京府知事等，薦任爲各部參事、局長、師長、團長等。委任爲各部科長、科員等。民國十六年（一九二七）南京國民政府成立後，公布了「任用法」和「文官官等條例」，仍採用文武分別的規定，並在文官中根據從事工作的不同性質分爲行政官、外交官、司法官、技術官、警察官幾大類。行政官泛指一般文官，包括普通行政、教育行政、財務行政、土地行政等。外交官包括駐外使館和領事館的官員；司法官除審判官和檢察官之外還有書記官、翻譯官、監獄官等；技術官主要指農、工、礦、醫、會計師等；警察官主要爲警政機關中各級官吏[1]。

國民政府統治大陸時期，官等分爲四種，即特任、簡任、薦任、委任，大體情況是特任官爲國民政府五院（行政、司法、立法、考試、監察）的正副院長；國民政府的文官長、參軍長；行政院的秘書長、政務處長、各部部長、各省省主席，院轄市市長，駐外大使等。簡任官爲中央各部次長、司、局長、參事，地方各省（市）廳、局長、直屬處長，各省行政督察專員，駐外公使、總領事、技術官的技監等。[2]薦任官爲中央各部和各省（市）的科長，部份科員（國民政府統治大陸時期中央各部司局下設科，沒有處的一級）縣長也爲薦任官，技術官爲技正。委任官爲中央省市地方的科員，技術官爲技士。上述四種官等又分成若干級，按照官等和級別確定其官俸。例如特任官只有一級，其官俸爲八百元。簡任官共分八級，簡任一級爲六八〇元，自一級至四級每級差四〇元，五級至八級每級差三〇元。薦任官爲十二級，每級爲二〇元。委任官共十六級，自委任一級至四級，每級差二〇元；自五級至九級，每級差一〇元；自十級至十六級，每級差五元，最低數額爲五五元。❸

國民政府時期在人事制度上把考試作爲選拔官員主要手段，民國十八年（一九二九）公布「考試法」，民國二十四年（一九三五）七月又公布修正後的「考試法」，前後主持了多次考試，考試共分二種：㈠公職候選人的考試，㈡任命人員考試。其次，有關任用制度方面，國民政府統治大陸時期的任用是以資歷作爲重要的標準，任職必須具有規定的資格。例如任省政府廳和中央各部司局長以上官職，必須具有簡任官的資格，按照民國二十二年通過的「任用法」規定簡任文職必須具有下列各項資格中任用：⑴現任或曾任簡任文職；⑵現任或曾任最高薦任職二年以上，經甄別審查或考績合格者；⑶曾任政務官一年以上（如曾任部長、省主席等）；⑷曾於民國有特殊勳勞或致力於國民革命十年以上。⑸在學術上有特殊的著作和發明。❹

薦任文職人員（例如中央和省所屬的科長）必須由下列各項資格的人中任用：⑴經高等考試及格或相當高考的特種考試及格者；⑵現任或曾任薦任職經甄別審查或考績合格者；⑶現任或曾任最高委任職三年以上；⑷對國民有勛勞致力於國民革命七年以上；⑸教育部認可的國內外大學畢業並有專門著作，經審查合格者。❺

委任文職人員必須具有下列資格：⑴經普通考試及格；⑵現任或曾任委任職；⑶充任雇員服務三年以上有成績者；⑷致力於國民革命五年以上；⑸專科學校以上學校畢業者。在任用的程序上分試署、實授。一般先試署一年，一年成績優良者，始得實授。簡任官由國民政府交銓敘部審查，合格後任命。薦任、委任的官員則由該主管長官送審合格後分別以薦任職、委任職任用。

抗戰爆發後，國民政府各級官員的人事變動較大，因此在對官員的任用上也有一些變通的作法，放寬了資格的要求。例如所任命人員其官等略低於所任官職必須具備的資格，則用權理，試用任命，經過一段時期實際考察，根據其實績，再正式任命。

參　抗戰時期蔣汪對人事任用的梗概

從蔣汪於抗戰期間往返的函電史料中，可以看出二人如何任賢用能的一些梗概，茲以時間先後，列述如下：

一、民國二十六年四月五日下午三時十分汪精衛致電蔣中正先生談到：

……國防專門委員會委員朱益之，副主任委員黃慕松先後逝世，程頌雲來電薦黃金濤爲委員，鄒海濱薦劉震寰，弟意副主任委員似以徐永昌爲宜，黃金濤或劉震寰可任委員否，統乞鈞覆爲荷。弟兆銘歆❻。

其中汪精衛向蔣中正先生推薦徐永昌接替國防專門委員會副主任委員，當時徐永昌任國民政府軍事委員會辦公廳主任，七七事變以後任保定行營主任。惟尚未發現蔣中正先生函覆意與否之函電史料。

二、民國二十六年四月十七日下午四時汪精衞致電蔣中正先生談到：

……㈠交通委員會主任朱騮先、副主任曾養甫均不在京，以致該會無人召集，騮先迭請辭職，擬予照准，而以委員王伯群爲主任，俞飛鵬爲副主任，仍以騮先、養甫爲委員。㈡交通專門委員曾仲鳴已任副秘書長，外交專門委員谷正綱已任政治委員，二人擬將專門委員讓與楊銳靈、范苑聲，查楊服務鐵部有年，奉派赴歐考察回國，頗有心得，范在中央黨部服務有年，學有專長，似可勝任，當否乞覆。弟兆銘篠二。[7]

其中朱騮先乃朱家驊，時任浙江省政府主席，曾養甫於民國二十六年兼廣東省財政廳長及軍事委員會西南運輸處主任。因此均不在京，而王伯群曾任交通部長，民國二十二年任行政院北平政務整理委員會委員。民國十五年起任上海大夏大學校長十七年。俞飛鵬，民國二十五年任國防會議委員、軍事交通學會副會長。抗日戰爭爆發後，任後方勤務部部長。另外曾仲鳴於民國二十六年任中國國民黨中央政治委員會副秘書長、國防最高會議秘書主任。谷正綱自民國十五年返國後，歷任國民黨中央執行委員、常務委員、立法委員、國防最高委員會委員、社會部部長、內政部部長等職。上述人事異動，尚未發現蔣中正先生之回覆史料。

三、民國二十六年六月十日下午一時汪精衞致函電蔣中正先生談到：

……力子兄等回京藉知一切，查去年七月間常會曾函達政會，北大教授白鵬飛、陳啓修等行爲反動，應迅速撤換，經奉尊諭，著教部查明，即因環境關係亦須於學期結束之際，解除聘約，現爲時已屆，教部當著手辦理，若談話會邀白、陳等參加，則教部無詞撤換，而不撤換則又有違前諭，頗感困難，連日與黨部教部兩方負責同志熟商，有以下兩辦法：㈠由教部呈覆白、陳等已有覺悟可免予撤換。㈡由政府將白、陳等量予調京任用他職，免仍在北平，如此則教部解聘與談話會邀其參加兩無窒礙，黨部同志，多以第二辦法爲然，尊見如何，乞示覆。弟兆銘蒸。❽

此一函電史料，係屬學界人士的聘用問題，由於白、陳二人行爲反動，應係指參與北平學生人民陣線之運動而言，當時由共黨幕後主導的反政府運動，蔣先生諭示予以查明並解聘，正值廬山談話會召開之時，汪擔心若白、陳二人亦是受邀者的話，處理起來將窒礙難行，因此擬了兩個方案，向蔣請示，盼以第二方案處理。未見蔣意如何？由此可見抗戰期間蔣汪二人對於學界行爲反動人士之聘用，仍握有生殺大權。

四、民國二十六年六月二十九日汪精衛致蔣中正先生函電，談到：

……建設專款審核委員會，須於七月一日成立，照章應由委員中推定常務委員三人，正副主任秘書各一人，頃岳軍、可亭兩兄來述，擬推兄及庸之兄暨弟三人爲常務委員，弟意如常務委員因事不能出席時，可在委員中，臨時委託一人代爲出席，如此則庸之兄，雖不在京，仍可由可亭兄代理至主任秘書，弟意宜指定岳軍兄，副主任秘書宜指定粹廉兄，因一在中政會，一在行政院，諸事皆可接洽也。尊見爲何，乞即賜覆爲荷。

弟兆銘艷。[9]

其中岳軍，乃指張群先生，其於民國二十六年二月任中央政治委員會秘書長兼外交專門委員會主任委員，抗日戰爭爆發後，任軍事委員會秘書長。庸之，乃指孔祥熙先生，民國二十二年四月起任中央銀行總裁，十一月任行政院副院長兼財政部長，自此負起國民政府財政金融全責達十多年之久。抗日戰爭期間，一度任行政院院長，旋改任副院長兼財政部長。

五、民國二十七年八月十二日零時五十三分蔣中正致汪精衛函電，談到：

……密佛海兄已定日內來渝，關於川省市兩黨部改組，請就近電囑令從速擬議人選，尊見所及並祈電示，弟中正叩眞侍秘鄂印。[10]

汪隨即於民國二十七年九月二十九日覆電蔣中正先生如下：

武昌蔣總裁鈞鑒：邃密關於川省黨部委員人選，曾電騮先兄，轉陳愚見，今晨常會須即決定，頃與岳軍詳商，梅恕曾已任立法院委員，若兼省黨部委員恐增加公博兄之困難，冷曝東雖無長才，然與周遂初、李琢仁，曹龍實等資格相同，留之向似無異議，擬以冷曝東代梅恕曾，如尊見不以爲然，請即電示，以便遵照爲荷。弟兆銘艷。[11]

汪精衛向蔣建議由冷曝東出任四川省黨部委員，蔣先生於同年十月二日上午七時二分致汪函電甚表贊同，內容如下：

重慶汪主席尊鑒：艶電敬悉，遼密川省黨委人選以冷曝東代梅恕曾一節中，甚表贊同，並即轉知騮先見兄！弟中正叩東侍秘鄂。⑫

六、汪精衛於（年不詳）十月四日致蔣委員長函電內容如下：

成都蔣委員長賜鑒：遼密頃與菘之兄談及王又庸調川之後，如以袁良調贛民政廳長，以秦德純調北平市長，以蕭振瀛爲察哈爾主席，以完數月來未定之局亦佳，尊意然否，盼賜覆。弟兆銘支干。⑬

蔣中正先生於十月四日回電表示極贊同汪之人事安排。⑭

七、汪精衛於(年不詳，應是民國二十七年)十月二十一日致蔣中正先生函電，內容如下：

武昌蔣總裁鈞鑒：密考試院參事丁文淵君新奉派爲駐柏林大使館，額外參事，擬來漢口晉謁，查丁君在德國致力文化甚有名望，前歲季陶兄赴歐曾與偕行，騮先兄亦知其人，可否許其來謁，乞示覆，以便轉爲荷。弟兆銘馬。⑮

由上述函電史料，可知抗戰期間，有關黨、政、文教界之人事佈局與任用，蔣汪彼此皆能充分商量，並尋求適才適所之最妥善方式處理人事問題。

肆　結　論

考試院長戴傳賢曾在民國二十年告誡人們說：「歷代的治亂興衰，沒有不是以人事制度的好壞爲轉移，人事制度紊亂，國家就紊亂，國家就衰亡；人事制度嚴明，國家就強盛。」⑯所以在他主持二十多年考試院期間，極力主張用考試和嚴格用人制度來達到「人盡其才，任使得法」的目的。綜觀抗戰期間，各級官員的人事變動較大，因此在對官員的任用上也有一些變通的作法，放寬了資格的要求，仍然多少受到政治制度的決定和人爲因素的制約，蔣汪二人往往有最後決定權，即是例證，放眼世界各國，國家元首、副元首對「任賢用能」皆有人事權，也就不足爲奇。

註釋

❶萬仁元：〈國民黨政府人事制度概述〉，《民國檔案》第四期，頁一二四（一九八八年出版）。

❷、❸、❹、❺同❶，頁一二三—一二六。

❻〈汪精衛致蔣委員長函電〉（民國二十六年四月五日），《汪僞資料檔案》，（法務部調查局資料室藏），毛筆原件影本。

❼〈汪精衛致蔣委員長函電〉（民國二十六年四月十七日），《汪僞資料檔案》，（法務部調查局資料室藏），毛筆原件影本。

❽〈汪精衛致蔣委員長函電〉（民國二十六年六月十日），《汪僞資料檔案》，（法務部調查局資料室藏），毛筆原件影本。

❾〈汪精衛致蔣委員長函電〉（年不詳，六月二十九日），《汪僞資料檔案》，（法務部調查局資料室藏），毛筆原件影本。

❿〈蔣總裁致汪精衛函電〉（民國二十七年八月十二日），《汪僞資料檔案》，（法務部調查局資料室藏），鋼筆原件影本。

⓫〈汪精衛致蔣總裁函電〉（民國二十七年九月二十九日），《汪僞資料檔案》，（法務部調查局資料室藏），毛筆原件影本。

⓬〈蔣總裁致汪精衛函電〉（年不詳，十月二日），《汪僞資料檔案》，（法務部調查局資料室藏），鋼筆原件影本。

⓭〈汪精衛致蔣委員長函電〉（年不詳，十月四日），《汪僞資料檔案》，（法務部調查局資料室藏），鋼筆原件影本。

⓮〈蔣委員長致汪精衛函電〉（年不詳，十月四日），《汪僞資料檔案》，（法務部調查局資料室藏），鋼筆原件影本。

⓯〈汪精衛致蔣總裁函電〉（年不詳，十月二十一日），《汪僞資料檔案》，（法務部調查局資料室藏），毛筆原件影本。

⓰同❶，頁一二六。

第　頁　廿六年四月五日下午三時十分發

漢口蔣委員長鈞鑒頃悉國防
[illegible]委員會委員朱益之副主任委員黃慕松
先後逝世據云雲素厓薦黃金濤為委員
鄧海濱薦劉震寰弟意副主任委員
似以徐永昌為宜黃金濤或劉震寰可
任委員原缺乞鈞裁何如余漢謀歌

第　頁　　年四月十九日下午　時　分發

漢以蔣委員長領導經濟、交通委員會主
任，錫光副主任常務委員[?]均不在京，以後該會
無人負責，錫光迭請辭職，擬予照准，而以[illegible]委員
王伯羣（為主任）、俞飛鵬（為副主任），仍以錫光為南[?]
為委員。（以[illegible]交通專門委員）曾仲鳴已任副秘書長，谷正綱已任（外交專門委員）
（路法[?]）委員二人，擬將專門委員讓與楊銳靈、范
苑聲[?]查、楊服務，識[?]郭有守本應赴歐考察
回國，將有守得[?]在中央黨部服務，有守學有

第二頁　年　月　日　午　時　分發

部長們可勝任[illegible]黃君之霞為北路衛二

第　頁　廿六年六月十日下午一時　分發

力子兄華

牯嶺委員長鈞鑒佑密[illegible]回京

查七月[illegible]

務知一切[illegible]聯[illegible]七月[illegible]去年[illegible]間[illegible]

[illegible]

[illegible]

帶會曾勾達政[illegible]指識北大教授

向鵬飛陳碩儒等[illegible]行內反動殊迅速撤換俾[illegible]

本年請責教部查明[illegible]即因環境

關係亦須於學期結束後始能約聘[illegible]

已屬教部著手辦理若談話會邀白

陳等參加則教部撤換[illegible]而不撤換

第　頁　　年　月　日　午　時　分發

劉文島速前諭陳速向黨部教部兩方負責

同志熟商，甘以下兩辦法：（一）由教部呈覆向

陳等有覺悟可免予撤換；（二）由政府將

向陳等嚴予調京任用他職，其仍在平

陳等仍由教部解聘，與

該會邀其參加，兩無窒礙。

教部從……黨部同人多以第二辦

法為然，兄以何者為宜，即復以此諮慕。

急派印刷所

排校蔣君兵器學何處

速設法獻書於去年會決於

七月五日開之出產會議決定

不中擬定年務義之人正訓

揆初先生釋慶之因一年十次會一年

引時陪侍諸子猶傳法也兄

不何先郎將欲後日夜冀祇頌

鑑叨

七月廿四日

三之報告未及一人咸以去年所有

西之未述[illegible]誰撥之以

歷年之經費三人為節務義之人

今之於未務義之因為不能出席

此次義務中將對其說入代為

出席此次州府之排不甚有

例子由之事之代理之處報告有

哀宣指定其半之制度報告吧

編號 49

中國國民黨
中央執行委員會秘書處譯電紙

何處來	武昌	發報 27年 8月 12日 0時 53分	原號 HPX315.1681
		收到 年 8月 12日 9時 00分	字數 59.63

渝中央黨部汪主席季兄賜鑒青電敬悉。佛海兄已定日內來渝關於川省市兩黨部改組請就近囑令從速擬議人選尊見所及并祈電示弟中正叩真侍秘鄂印

蘇懷琮譯

[illegible]字達悉　關於省黨部委員人選

[illegible]兄先[illegible]陳[illegible]兄今晨常會須即決定

[illegible]與岳軍兄商詳極[illegible]當選任主任委員兼[illegible]

[illegible]黨部委員恐增加紛擾光之團結冷曝東

[illegible]不出省團運動者聯絡當然資尊

資格相同[illegible]之無異議擬以陳

[illegible]代擬[illegible]如尊見果以為然請即電示

以便遵照迅即發表諸請鑒

卅九、九、廿九、[illegible]

重慶王主席並黃季陸電諒悉寒密
川省黨委人選以冷曙東代梅恕曾
一節中甚表贊同並即轉知騮先
先矣弟中正卯東侍秘鄂二

武昌十月二日上午七時二分發

十一時廿分譯

成都廖參謀長轉鄧主任錫侯與敬之
兄諸兄及王主席調川之後如以袁良調
民政廳若以秦德純調北平市長以蕭
振瀛為察哈爾省主席以宋哲元數月
來未定之局必能穩定安謐
望兄諸兄支平

十八日京[illegible]

重慶汪主席季光兄勛鑒卅酉電敬悉

遵密尊見甚是弟極贊同弟中正

卯江侍秘部

武昌發四日午〇时廿分發

・八时譯

中國國民黨中央執行委員會政治委員會

請公前往新鄉晤老誠院

東方丁文淵君新聲洽乃頤柳林大使

領照斯前拜晤 [illegible] 攜來悼

口無論查丁君 [illegible] 力文代甚為 在德國政 當

名望前載於陶之趙致函及係行囑之

兄亦知其人 [illegible] 可 [illegible] 居 [illegible] 許 艾未謁乙

弟實以使期速為蔣所吃誤 馮

十月

第六章　抗戰時期的蔣汪關係㈢

第一節　蔣汪與江西廬山談話會關係

壹　前言

民國二十六年（一九三七）六月，國民政府軍事委員會委員長兼行政院院長蔣中正先生鑒於對日外交問題日益嚴重，及內政上政治、經濟、教育等問題亟待徹底討論，從事整飭，爰會同中國國民黨中央政治委員會主席汪精衛，聯名邀請全國各著名學者、社會名流及各黨派領袖二百餘人，在江西廬山舉行談話會，徵詢對國是意見，以集思廣益，作爲決策參考。本文擬就廬山談話會中蔣、汪對時局與抗戰之看法與態度作一探討，進而剖析兩人之關係。

貳　廬山談話會會議簡介

民國二十六年（一九三七）六月，國民政府軍事委員會委員長兼行政院院長蔣中正於親赴廬山籌劃軍官訓練團事宜外，復爲徵詢全國各黨各界領袖及社會賢達人士對國事之意見。

受邀人數共爲二百零七人，分期舉行。首期於七月十六日開始，原定會期爲七日，嗣以盧溝橋事變發生後，縮短爲五日，即十六日至二十日。十六日上午九時至十一時，在牯嶺圖書館先開共同談話會，由蔣中正、汪兆銘共同主持，出席者共一百五十八人。其名單如下：

汪兆銘　蔣中正　于佑任　戴季陶　馮玉祥　張　羣　曾仲鳴　于㷭林　王星拱　王雲五
王亞明　王世穎　方東美　方鶴先　尹任先　皮宗石　任鴻雋　任凱南　左舜生　江一平
江恆源　朱慶瀾　朱經農　杜重遠　汪周典　何炳松　何基鴻　吳貽芳　吳經熊　李建勛
李劍農　李　璜　李　協　李文範　邵鶴亭　竺可楨　邱　椿　林志鈞　林康侯　林維英
俞鳳韶　茅祖權　胡　適　胡健中　胡定安　胡次威　凌　冰　浦薛鳳　穆湘玥　徐誦明
徐永祚　徐恩曾　馬洗繁　馬君武　馬寅初　劉秉麟　章之汶　莊澤宜　陶希聖　齊國樑
梅貽琦　崔敬伯　崔唯吾　盛　俊　梁士純　陳之邁　曹惠羣　黃國璋　高君珊　高秉坊
張壽鏞　張伯苓　陳公博　周佛海　彭學沛　張其采　邵力子　顧樹森　顧毓琇　譚熙鴻
蕭　錚　蕭純錦　謝壽康　裘開明　蔣方震　蔣夢麟　衛挺生　駱美奐　歐元懷　馬嗣鸞
龔學遂　劉大鈞　劉振東　鄭通和　范壽康　劉湛恩　廖世承　趙迺傳　趙棣華　趙正平
趙蘭坪　楊公達　樓桐蓀　程中行　陳布雷　梅思平　梁穎文　宋兆萃　李超英　張彝鼎
徐慶譽　高傳珠　李毓九　羅君強　陳　方　梁敬錞　郎醒石　吳鍊才　吳頌皋　李維果
劉健羣　甘乃光　謝冠生　潘公展　劉瑞恆　吳尚鷹　陶履謙　錢昌照　周　覽　賈士毅
傅斯年　陸費逵　秦　汾　曾仰豐　曾　琦　陳春圃　陳次溥　陳大齊　陳釗修　陳錦濤
陳長衡　陳　源　斐復恒　張西曼　張嘉森　張肖梅　張純梅　張純明　張心一　張素民

張熙若　張　頤　張志讓　陳立夫　段錫朋　鄒　琳　經亨頤　葉楚傖

汪兆銘首致歡迎詞，張嘉森（君勱）、張志讓、王雲五、張壽鏞、曾琦等均發表意見。十七日，仍開共同談話會，談論北方時局問題。蔣中正即席報告，聲明國家對盧溝橋事變之嚴正立場，準備應戰而絕不停戰，並提出解決盧溝橋事變的基本立場四點：㈠任何解決不能侵害中國主權與領土之完整；㈡冀察行政組織不容任何不合法之改變；㈢中央政府所派地方官吏和冀察政務委員會委員長宋哲元等，不能任人要求撤換；㈣第二十九軍現在所駐地區，不能受任何約束。

七月十九日起，分組談話開始。分政治、經濟、教育三組，依次舉行。二十日，首期談話會結束。蔣中正委員長於同日飛返南京，主持抗日大計。汪兆銘仍留廬山，繼續主持第二、三期談話會。七月二十六日，第二期談話會開始。到四十餘人，先作分組座談。參加來賓計有：

燕樹棠　任啓珊　洪　深　劉　彥　范　錡　戴修纘　王芸生　馬蔭良　胡庶華　張佛泉
王錄勳　谷春帆　吳　康　吳頌皋　林濟青　周北峯　周炳琳　許仕廉　梁宇皋　黃元彬
張凌高　張知本　張其昀　陳布雷　程中行　彭學沛　經亨頤　楊立奎　鄧植儀　薩孟武
鄭亦同　章　益　吳南軒　衛挺生　潘序倫　高秉坊等

第二期談話會至二十九日結束。由於日軍已向第二十九軍提出最後通牒，平津戰爭全面展開，政府為應付國難，決定第三期談話會不再舉行。❶

參　蔣汪協調運作廬山談話會之梗概

廬山談話會的籌備工作由中央政治委員會秘書長張群負責，會談日期預定自七月十五日起至八月十五日止，分三期舉行，每期七天，地點在牯嶺圖書館大禮堂。談話會的進行方式，計劃先由政府方面對政治、經濟、教育等問題作一概要報告，然後由應邀出席人士各抒己見，遇有疑問，則由政府官員依問題內容，分別予以答覆。政府對於談話結果，固然有所期待，但其性質與一般會議式的集會不同，完全在交換彼此的意見，及聯絡情感，並不作任何決議。❷

第一期談話會原定七月十五日至二十三日舉行，但在開談前，盧溝橋事變發生，受時局影響，會期乃縮短為五天。參加者有北京大學校長蔣夢麟、南開大學校長張伯苓、清華大學校長梅貽琦、北京大學教授胡適、傅斯年、中國國家社會黨領袖張嘉森（君勱）、中國青年黨領袖曾琦、李璜、左舜生等一五八人，十五日辦理報到，十六、十七兩日舉行共同談話，由蔣中正、汪兆銘共同主持。十九日開始分組談話，上午首先進行政治組談話，發言內容多集中在憲法問題上；下午進行經濟組談話對五年經濟建設計劃及戰時財政等問題，多所發揮；二十日上午進行教育組談話，出席人士對教育現況各抒己見，特別是對國防教育，提出了許多建議。是時因蔣中正忙於處理華北局勢，各分組談話均由汪兆銘主持。二十日中午，第一期廬山談話會結束。第二期談話會於七月二十六日開始，因時局影響，部份應邀參加人士未能如期到達，遂先舉行非正式的分組談話。二十八、二十九兩日進行共同談話，由汪兆銘主持，旋因平津戰爭全面展開，時局愈趨緊張，即行結束，原定之第三期談話會則決定暫緩，此後亦未繼續舉行。廬山談話會召開的消息傳出後，各方反應熱烈，特別是在邀請的名單中包括了各黨派領袖及不同政治立場的人士，更被視爲係政黨合作及全面團結的起點。事實上有些「行爲反動」的學者，蔣、汪兩人仍希望在「兩無窒礙」的狀況下，考慮邀請參與談話會，徵詢國是意見，充分展現團結抗日的眞誠。茲舉汪精衛於民國二十六年六月十日下午一時致電蔣中正先生內容如下：

牯嶺蔣委員長賜鑒：伯密力子兄等回京藉知一切，查去年七月間，常會曾函達致會北大教授白鵬飛、陳啓修等行爲反動應迅速撤換，經奉尊諭，著教部查明，即因環境關係，亦須於學期結束之際，解除聘約，現爲時已屆，教部當著手辦理，若談話會邀白、陳等參加，則教部無詞撤換，而不撤換則又有違前諭，頗感困難，連日與黨部、教部兩方負責同志熟商有以下兩辦法：㈠由教部呈覆白、陳等已有覺悟可免予撤換㈡由政府將白、陳等量予調京任用他職，如此則教部解聘與談話會邀其參加兩無窒礙，黨部同志多以第二辦法爲然，尊見如何，乞示覆。弟兆銘蒸。❸

儘管從後來被邀請參加談話會的人員中，找不到上述兩人的名單，但也顯示蔣汪二人，尊重學者，集思廣益，用心良苦。其次從蔣汪函電中，亦可看出汪精衛向蔣中正先生報告第二期談話會，自七月二十六日至七月二十九日的動態，其經過梗概如下：民國二十六年七月二十五日汪致電蔣中正先生，內容爲：

南京蔣委員長賜鑒：密第二期談話會現已有二十餘人到山擬明日起，隨到隨訂期聚談，俟各人到齊始開共同談話，吾兄如能於八月二日以前到山，諸人必精神百倍，如政務殷繁，不能前來，乞以電報勗勉諸人爲荷。弟兆銘敬。❹

由此函電可知蔣中正因華北局勢緊張，無法主持第二期談話會，然汪精衛仍期盼蔣能上山爲與會人士打氣，非不得已再以電報嘉勉大家。

同年七月二十七日下午六時汪精衛再致電蔣中正先生，內容如下：

南京蔣委員長賜鑒：伯密昨今兩日分別談話，對政府方針大致明瞭，現人已到齊，定明日起共同談話，原擬四日，有主張縮爲兩日者，明日當可決定，布雷兄明日下山，詳由代陳。弟兆銘感。❺

電函中述及「人已到齊」，事實上只到四十餘人而已。

又同年七月二十八日汪精衛再致電蔣中正先生，報告如下：

南京蔣委員長賜鑒：密今晨開第一次共同談話，諸來賓因平津戰事，情緒緊張，皆望縮短時間，頃岳軍兄到，擬明日再開第二次共同談話，如此則分組談話兩次、共同談話兩次與第一期時間相等，謹聞。弟兆銘儉。❻

由上述可知，因戰事吃緊，與會人士，皆盼縮短會期，而與第一期談話會時間相同。

同年七月二十九日汪精衛再致電蔣中正先生，內容如下：

> 南京蔣委員長賜鑒：密第二期共同談話，今午完畢，弟擬明後日回京一行，第三期已宣告延期，未說明地點，謹聞，弟兆銘艷。⑦

由於日軍此時已向第二十九軍提出最後通牒，平津戰爭全面展開，政府為應付國難，決定第三期談話會不再舉行。

肆　蔣汪在廬山談話會中發言之比較研析

廬山談話會雖然受時局影響，只舉行了兩期，即匆匆結束，但誠如一位與會人士所說，談話會是在「中國歷史上最有意義的時期」所召開的一個會議。在兩期談話會中出席人士所顯現出團結一致、共赴國難的決定，奠定了日後全國團結的基礎，對於抗日戰爭的發展，影響十分深遠。謹就中國國民黨中央黨史委員會庫藏「廬山談話會會議速記錄」，選錄蔣汪二人在第一期談話會中第一及第二兩次共同談話的速記錄，作一研析比較。

一、汪精衛在第一期廬山談話會第一次共同談話記錄研析

汪精衛於第一期廬山談話會第一次共同談話會中發言，所提的各項問題，主要包括三點。

㈠關於憲政緩急問題

民國二十六年七月十六日上午九時至十一時於江西牯嶺圖書館舉行第一期廬山談話會第一次共同談話，汪精衛擔任主席，致詞時談到：

……就歲月來說，則已將十年，加以國難如此嚴重，救亡圖存，人同此心，心同此理，不能因應辦的事件尚未完成，而還延歲月，所以五全大會決議於去年召集國民大會，憲法草案亦同時制定，其後因事延期。三中全會復決議於今年內召集國民大會，並規定此次國民大會之職權爲制定憲法及決定憲法施行日期，這些都是已經決定了的。至於國民大會召集前後還有種種問題，舉一個例來說，此次國民大會職權，既在制定憲法，是否只對於政府所提出之憲法草案，全部加以可決或否決呢？抑是對於憲法草案中各條文加以修正或補充呢？這是一個很重要的問題。再舉個例來說，制定憲法之後，其施行日期，應該如何決定，是否已經制定，便立即施行呢？抑制定之後施行之前，尚須有一個過渡時期呢？抑先施行其中某一部份而其他部份尚留以有待呢？……[8]

事實上，關於憲政的緩急問題，在此之前汪精衛即已多次與蔣委員長有所論及。茲舉三封蔣汪函電證之。

第一封爲民國二十六年一月二十九日下午四時卅分汪致電蔣中正先生，內容如下：

漢口蔣委員長賜鑒：項密晤聚三日，悲喜交集，尊體尚未痊癒，尚祈加重珍攝，昨日常委談話會對國民大會多主緩開，俟下次開會始能決定，今日與詠霓等開始討論經濟建設方案容續陳。弟兆銘艷。⑨

第二封電函爲民國二十六年四月十七日下午四時汪致電蔣中正先生，內容爲：

漢口蔣委員長賜鑒：項密本星期四常會對於修改國民大會組織法、選舉法廢除圈定各條而代以由國民政府指定代表二百四十人均無異議，惟以憲法草案第一百四十六條「第一屆國民大會之職權由制定憲法之國民大會行使之」過於硬性，無過渡時期之餘地，主張刪去。今晨常委討論，以爲刪去此條則第一百四十六條「憲法規定事項有另定實施程序之必要者，以法律定之」，包括一切運用較宜，擬下星期二再討論一次，如無異議則於下星期四常會提出，未知尊見如何？尚祈賜示。弟兆銘篠。⑩

第三封電函爲民國二十六年四月十九日下午二時汪致電蔣中正先生，內容爲：

杭州蔣委員長賜鑒：項密前電計達，本屆國民大會，若即完全實施憲法，誠爲太早，然若不明定職權則人以爲將空洞了事，相率消極，亦爲可慮，似宜由中央明示職權之範圍，㈠宣布憲法草案並斟酌試行，㈡選舉總統、副總統，㈢選舉半數立法，監察委員，㈣決定於三年或六年後開下屆大會，並於下屆大會頒布憲法，完全實施，如此既不失循序漸進之義，又昭示國人信義共守，曾與常委諸同志討論及，尊見如何，乞賜示爲荷。弟兆銘皓。⑪

從汪之談話及函電史料觀之，汪認爲行憲是總理遺教中要國人一致努力，期其實現之願望，因國難當頭，不得不愼重行事，採循序漸進方式，才不致亂了腳步，主張暫緩完全實施憲法。

(二) 關於憲政內容問題

汪在談話會致詞中談到：

……憲法草案第一條，有「中華民國爲三民主義共和國」之規定，則第十六條「人民有集會結社之自由」之規定，便沒有用處了，因爲集會結社必然包含政治性質的，集會結社，如果標明三民主義共和國，則凡政治性質之集會結社，對於三民主義有異義的，必無從存在了，那麼所謂集會結社之自由，不是成爲空話了嗎？兄弟等對於這個疑問，想分兩層解答，其一，制定憲法及決定憲法施行日期之權，既屬於此次的國民大會，則對於憲法草案提出研究，直接間接以反映於國民大會，是人人都有此自由的，……。其二，若照兄弟等個人的見解，將來憲法施行之後，對於政治性質之集會結社，其自由限度廣狹如何，此時無從懸揣，若就現在國民革命進行中而言，三民主義既爲建設中華民國之目的，則由此大道，歷此階梯以達國民革命完成之目的，在理論上是當然的，在事實上也是必要的，因爲這是革命責任問題，而非權利問題，不然則建設國家的希望，無由實現。⑫

從上述汪之談話，其認爲三民主義與憲法內容應是相輔相成，不相違背的。實行三民主義即是實施憲政之意。現在國民革命進行中所要建設的是名實俱備的三民主義共和國。

(三)關於共產黨之問題

汪在致詞時，談到對共產黨的看法，大致如下：

……幾年以來，在全國一致所倡導的精誠團結共赴國難的口號之下，而有共產黨人破壞團結，在江西等省，組織所謂蘇維埃政府及紅軍，蹂躪地方，荼毒人民，以牽掣阻撓國家民族的抵抗力量，政府因此不得已而有剿匪之舉。這些已往的事，是人人知道的。今年（民國二十六年）二月間，三中全會對於根絕赤禍，曾有決議，直至現在，已將半年，外間對於眞相，頗多揣測；有些主張嚴格的，則懷疑政府之縱容，有些主張寬大的，則懷疑政府之狹隘。其實政府直至現在，還是依照根絕赤禍的決議做去，沒有變更。半年以來，剿匪消息，所以沉寂，是因爲共產黨尚沒有繼續其竄擾地方，屠殺人民及向政府軍隊襲擊等事，所以政府本於不願內戰之心，沒有以兵力進剿。至於共黨究竟能否接受三中全會的決議？則要看其行爲及其誠意與否，現在政府方面所堅持的，是共黨要接受信奉三民主義。因爲現在之唯一急務，在建設三民主義的新中國。在此建設時期中，爲完成建設，俾中國在國際上，早日得到平等自由的地位，斷不能容有破壞三民主義之主義厠雜其間，使建設工作毀於半途，更生枝節。這是政府對於共黨的眞實態度。⑬

由上述可知，汪是堅持反共的立場，若共產黨有違反三民主義的行爲，則是政府所不容許的。

二、蔣中正在第一期廬山談話會第二次共同談話紀錄研析

民國二十六年七月十七日，第二次共同談話中，蔣中正先生發表了一篇政策性的講話，對於政府處理盧溝橋事變的立場作了明確的說明，這是談話會中最重要的一篇文獻。蔣先生在講話中嚴正表示「盧溝橋事變的推演，是關係中國國家整個的問題，此事能否結束，就是最後關頭的境界。萬一眞到了無可避免的最後關頭，我們當然只有犧牲，只有抗戰，但我們的態度，只是應戰而不求戰，應戰是應付最後關頭必不得已的辦法」，一旦戰端開啓，就再沒有妥協的機會，而只有拼民族的生命，求我們最後的勝利」。蔣先生指出：「盧溝橋事件能否不擴大爲中日戰爭，全繫日本政府的態度，和平希望絕續之關鍵，全繫日本軍隊之行動。在和平根本絕望之前一秒鐘，我們還是希望和平的，希望由和平的外交方法求得盧事的解決，但是我們的立場有極明顯的四點：

㈠ 任何解決，不得侵害中國主權與領土之完整；

㈡ 冀察行政組織，不容許任何不合法之改變；

㈢ 中央政府所派地方官吏，如冀察政務委員會委員長宋哲元等，不能任人要求撤換。

第二十九軍現在所駐地區，不能受任何約束。」⑭

㈣綜上所述，蔣中正先生表示這四點立場，是中華民國政府外交上的「最低限度」，如果日本政府不想促成兩國關係達於最後關頭，不願造成中日兩國世代永遠的仇恨，對於這四點最低限度的立場，「應該不致於漠視」。蔣中正先生的這席講話，獲得出席人士的一致支持，胡適首先表示：「我們對於蔣先生剛才的表示，完全同意；我們對於蔣先生剛才的態度，非常興奮。」⑮一位隨行南下採訪的記者，更以「心中都跳躍起來」、「大家都感覺牯嶺的風雲，變了顏色」，來描述出席人士聽過蔣先生講話之後所顯現出的激動感受。⑯

其中第二次共同談話記錄，所記蔣中正先生政策性講話，有一段係說明事變後政府的軍事部署，以及他個人對戰爭發展的觀察，當時並未發表，現將其列出，觀其內容，尤可見當時政府應變的決心與態度。大致如下：

……此次事變既是對方處心積慮，籌之有素的行動，故政府於接到事變將要發生的報導時，即予以縝密之考慮，確認爲嚴重之事態，不得不出於愼重的防範。在七號晚上出事後，我們八號即由豫北五縣駐軍中抽調三師北開，進駐保定及石家莊一帶，現已到達。三四日以後仍準備陸續調動部隊，相機前進，以備萬一。……依兄弟個人的觀察，對方軍人最近的誇大行動，事實上無多大價值可言。如果我們一旦不得已而應戰，那麼戰端一開，我相信凡屬中華國民、黃帝子孫，決無再願做漢奸，爲敵人作倀的；一定都能夠在政府指揮之下，勇往奮鬥，堅持到底。能夠這樣，相信最後勝利，必定屬於我人的。⑰

伍　結　論

總之，雖然蔣、汪二人在共同談話會中，所說的內容有些不同，但蔣汪合作下的國民政府對於盧溝橋事件，已確定始終一貫的方針和立場，且必以全力固守這個立場，希望和平而不求苟安，準備應戰而決不求戰，在此安危絕續之交，唯賴舉國一致，服從紀律，嚴守秩序，觀汪在會中談話，無論是關於憲政緩急、憲政內容都是以團結抗戰爲前提，尤其對共產黨問題，更是堅持反共立場，申明惟有共產黨服膺在三民主義旗幟之下，才有被國民政府接納的可能，而蔣中正先生則在會中談到「凡屬中華國民、黃帝子孫，決無再願做漢奸，爲敵人作倀的；一定都能夠在政府指揮之下，勇往奮鬥，堅持到底。」此時此地，汪精衛所表現出來的是一個完全而徹底的忠黨愛國者，可惜時隔不久，汪竟於民國二十七年十二月十八日叛國投敵，這是蔣中正先生所始料不及的。

註釋

❶ 李雲漢：〈廬山談話會〉，《中國現代史辭典㈡》，頁三五七—三五八（台北：中央黨史委員會近代中國出版社出版，民國七十年六月）。

❷ 劉維開選編：〈廬山談話會會議記錄選輯〉，《近代中國》雙月刊第九十期，頁一一（民國八十一年八月一日出版）。

❸ 〈汪精衛致蔣委員長函電〉（民國二十六年六月十日），《汪僞資料檔案》，法務部調查局資料室藏，毛筆原件影本。

❹ 〈汪精衛致蔣委員長函電〉（民國二十六年七月二十五日），《汪僞資料檔案》，法務部調查局資料室藏，毛筆原件影本。

❺ 〈汪精衛致蔣委員長函電〉（民國二十六年七月二十七日），《汪僞資料檔案》，法務部調查局資料室藏，毛筆原件影本。

❻ 〈汪精衛致蔣委員長函電〉（民國二十六七月二十八日），《汪僞資料檔案》，法務部調查局資料室藏，毛筆原件影本。

❼ 〈汪精衛致蔣委員長函電〉（民國二十六年七月二十九日），《汪僞資料檔案》，法務部調查局資料室藏，毛筆原件影本。

❽ 同❷，頁三二。

❾ 〈汪精衛致蔣委員長函電〉（民國二十六年一月二十九日）《汪僞資料檔案》，法務部調查局資料室藏，毛筆原本影本。

❿ 〈汪精衛致蔣委員長函電〉（民國二十六年四月十七日）《汪僞資料檔案》，法務部調查局資料室

藏，毛筆原件影本。

⓫〈汪精衛致蔣委員長函電〉（民國二十六年四月十九日）《汪偽資料檔案》，法務部調查局資料室藏，毛筆原件影本。

⓬同❷，頁二二—二三。

⓭同❷，頁二三。

⓮同❷，頁三二。

⓯同❷，頁一一。

⓰同❷，頁一一。

⓱同❷，頁三二—三三。

第　頁

廿六年〇月十九日下午二時　分發

杭州蔣委員長鈞鑒頃悉前電計達蒙屬開國

民大會召集即實施憲法誠為太平盛舉不

明定職權則無須空洞之爭相乘須極亦

內可憑個黨由中央明示職權之範圍

(一)宣布憲法草案並制訂試行(二)選舉

後須訓練選民(三)議定選舉事數之法須鄭重

員(四)決定國民大會於三年或六年後開並於下屆大會實施

憲法實施明以政黨為循序漸進之義

頒布憲法

第　頁　年　月

常與弟妻諸門人共談論及此

又昭示國人信義共守莫見的

初之紀年的為所以謹啓

第一頁

年四月十九日下午四時　分發

淮山縣長陽常瑛密。本月四第會[illegible]對

招待所國民大會組織法選舉法[illegible]國定

[illegible]代表國民政府擬定之國二千四十人均無異議

惟以憲法草案第一百四十八條規定第一

屆國民大會之職權由制定憲法之國民大會

行使之[illegible]於硬性[illegible]

第[illegible]條無過渡時期之餘地宜[illegible]刪

去今日[illegible]常委[illegible]討論以期刪去此條則第一百

四十八條（刪）「憲法教育事項有關實施程序之重要者以法律定之」包括一切範圍較宜

擬下星二再討論一次如無異議則擬下星四常會提出未知尊見如何尚祈賜示為禱

第　頁　廿六年一月廿九日下午四時卅分發

漢口蔣委員長鈞鑒：頃密晤[illegible]三日與吉文
集寧作，尚未全愈，尚祈加意珍攝。昨日常委談話
會對國民大會多主緩開，下次[illegible]會[illegible]接續[illegible]
決定令日與[illegible]等討論經濟建設方案
宗濂陳布雷謹艷

南京蒋委员长赐鉴 密 第二期谈
话会[struck] 现已有二十
余人到山拟明日起 随到随计期 [struck]默谈[struck]
[struck] 俟众人到齐始开
共同谈话[struck]
[struck]吾兄如能以
八月二日以前到山 诸人必精神
更信仰[struck]政府威望亦能
前来 以宠教 最勉诸人为
荷 弟兆铭叩效

七月十八日晚发

第　頁　　年　八　月　日　下午　六　時　分發

南京蔣委員長　陽密　鈞鑒　昨今兩日
別　大致明
與◯談話對政府方針　此時本應
瞭艰人已到齊定明日起
明京惟有
共同談話　擬每日四
有主張縮為兩日者　明日當可決定
◯雷　布雷又明日下山詳申代陳　布雷
謹感

南京蔣委員長陽電 密 今晨開第一次共同談話，諸未實因平津戰事情緒緊張，擬縮短時間，[illegible]到[illegible]，[illegible]明日再開第二次共同談話，以後[illegible]分組談話兩次，共同談話兩次，與第一期時間相等閉幕。

兆銘 [illegible]

半限制之限制

南京特派員賜鑒：密

廢京二項期共同談話完畢

第捌號復四日同京一行第三期

之延期宣告未說明地點

請向外部說明

七月十九日

第二節 蔣汪與戴笠鋤奸工作之關係

壹 前言

戴笠先生，終其一生，侍從蔣中正先生十五年，其知遇之隆，責任之專，契合之深，事功之最，在當代革命人物中實少有出其右者。尤其抗日期間，協助政府「殺敵鋤奸」，公私皦然，中外罕見。本文擬對其生平作一簡介，並對其鋤奸工作作一初探。

貳 戴笠生平簡介

戴笠（一八九七－一九四六），字雨農，原名徵蘭，譜名春風，民國前十五年五月二十八日，即清光緒二十三年四月二十七日，生於浙江省江山縣保安鄉。四歲喪父，母藍太夫人撫育孤雛，教子有方，慈而嚴，笠童年活力特強，言行稍放縱，每自謂：「受十年嚴格母教，數百次苦痛笞楚，方苦練成今日之我。」由於得母教之深厚，乃生事母盡孝之至情；在平時離開家鄉，或半月，或兼旬，必有竹報告慰老母，每有便人回江山，必親選老母所喜愛物品帶回，以表孝思，是以能成就其矢忠領袖、熱愛國家，爲一代英傑，非偶然也。

笠濃眉大眼，氣度軒昂，自幼倜儻不羈，具有組織和領導天才。六歲就讀私塾，十四歲入江山縣立大溪高等小學，在校任會長、班長，以才學著稱。嗣考入浙江省立第一中學，僅住三閱月，因其勇於自承過失，即被開除。旋以第二名考取聯合師範，但未入學，乃投效浙軍第一師模範營充學兵。不料部隊一次作戰失敗，流落寧波，藍太夫人，聞訊，親往接其回家。民國九年，重行外出流浪，自我奮鬥歷練。常和幫會分子混處，卻始終涅而緇。十三年蘇浙戰戰爭，笠在故鄉發起組織自衛團，自任團總，憑藉仙霞險要，阻止閩軍入浙，使江山縣免於塗炭。十四年，秘密走廣州，投考黃埔軍校，第二次投考，正式改名戴笠，字雨農。考取得編入第六期入伍生第一團直轄第十七連，後撥編騎兵營，斯時笠已年屆而立。當時軍校被共產黨徒滲透，氣燄囂張，笠深自隱晦，似無所作為；迨入騎兵營後，始顯露其才華，當選營黨部執行委員，並被派為代表，赴奉化晉謁校長 蔣先生。以其陳述扼要而有力，即為 蔣先生所默許。十七年元月，蔣先生復任國民革命軍總司令，笠即成為總司令聯絡參謀重要情報人員矣。

民國十七年北伐期間，笠隻身往來於敵前敵後，瘁力情報，得直接呈報 蔣先生。十八年唐生智稱兵作亂，乃出入叛軍防區，由於情報及策反得力，於駐馬店一役，一鼓而瓦解叛軍。二十一年一月， 蔣先生復起入京，為民族復興運動加強情報工作，二月二十六日正式命令戴笠組織特務處。於是此一「殺敵鋤奸，鎮壓反動，安定社會，鞏固抗戰」，為日本軍閥剋星之特務處，於四月一日正式成立，實際是設立軍事委員會調查統計局。然追溯戴笠所領導之特種工作，應肇始於民國二十年底成立之密查組。當初組內僅十人，組外亦僅有少數通訊員，由於其領導組織力強，工作表現突出，故能於保舉六人中，獨蒙拔擢。而戴笠領導此一組織，除奸弭變，在其短短十五年中所成就之事功，迥非尋常，其對抗戰安內攘外之影響至深且鉅也。

蔣中正先生嘗有言曰：「革命的成功，全靠特種工作人員能做革命靈魂、國家保姆。」茲概舉戴笠精忠數事，以見一斑。民國二十五年西安事變，叛將楊虎城等脅迫戴笠赴西安，戴笠忠於　領袖，毫無懼色，毅然赴難。事變後，東北軍雖調離西北，楊虎城曾一度出國，但楊舊部孫蔚如繼任陝西省政府主席後，仍和共產黨有密切聯繫，楊在國外交遊亦多屬共黨份子，戴笠對此瞭如指掌。當楊返國行動秘密，擬回西安再有所作為，勢將危及西北大後方。笠偵知楊某行程，決定空中攔截，先派幹員控制客航飛機，當飛近湘境，藉口加油，突然降落長沙，其本人亦親往長沙等候。楊之座機降落，即出其不意，將楊截留，改用軍機，由戴笠親押至南昌，予以軟禁。時淅滬戰爭進行激烈，情勢極為險惡，實不容再有內部變亂發生；制於未發，自勝一籌。楊某後死於中共進攻重慶時亂槍之下。❶

山東省政府主席兼集團軍總司令韓復榘，不遵命令，放棄守土，勒派煙土，強索民捐，侵吞公款，收繳民槍，罪大惡極。民國二十七年一月，　蔣委員長命令革除韓本兼各職，並令戴笠拿交軍法執行總監，依法懲處。但當時韓手握重兵，處在敵我交錯地帶，如處置不能妥貼，可能增加變亂。戴笠奉令後，詳密研究，設計一活捉韓復榘計畫。先廣為游揚韓某為國之干城，深獲蔣委員長倚畀，以釋其疑慮。當韓某應召參加中原會議，特電韓以沿途不靖，委員長關心韓之安全，囑多帶衛隊，善加防護，使韓益自得。於是率衛隊一團及貼身侍衛數十人，浩蕩赴會。迨專車抵開封，突發預定之敵機空襲緊急警報，遂致韓與侍衛人員隔離，隻身就逮，經軍法審判，明正典刑。使冥頑將領再不敢心存玩忽，藐視國法，不久即有台兒莊大捷。於此可見由韓案維持國家紀綱，提振士氣之效果。韓死罪止一人，毫無株求，中央派孫桐萱代領其衆，善予宣導，均相安無事。❷

策反能不戰而屈人之兵，乃孫子兵法最成功戰略，然亦不易運用恰到好處，戴笠所進行之策反工作，均能獲致很大功效。如民國二十五年六月，陳濟棠與李宗仁發動「兩廣事變」，戴笠早有情報，先已暗中部署，從海、陸、空三方面進行：海軍方面，聯絡肇和艦—一、四兩魚雷艇首先起義反正；陸軍方面，余漢謀、李漢魂通電表明態度，師長巫劍雄、黃質文通電擁護中央；空軍方面，早先派員聯繫，使其內部動搖，形成瓦解。又李宗仁分別派員赴湖南、上海、寧波、平津等地鼓動學潮，企圖影響兩廣事變，壯大聲勢，均爲戴笠所派在各地工作同志查明，各別予以破獲，使未能得逞。二十三年日本軍閥侵占熱河，先製造「察東特別區」，進而組織「內蒙自治政府」，企圖擴大蒙古軍政府成爲第二滿洲國。戴笠遂利用其策反成效，配合國軍戰力，一舉收復塞北重鎮百靈廟，粉碎敵人陰謀；二十七年八月，李逆福和偕同敵軍軍官十餘人，由北平赴彰德僞軍事部檢閱所謂「皇協軍」（即僞第一軍李福和部），抵達校場時，即爲已被策反之受檢部隊當場悉數擊斃。此役對敵人心理威脅極大，敵人察覺中國人之民族性不可輕侮，此後雖仍卵翼僞軍，但甚少重視，只利用其警備，守護道路橋樑而已。❸

抗戰期間戰火蔓延二十餘省，後方丁壯、糧秣、械彈等項及時運往前線，前方傷患難民，又不斷湧至後方，加以交通工具缺乏，強梗不法者肆行無忌。因是，民國三十四年四月，合併原水陸交通統一檢查處、交通警備司令部及部份緝私稅警，設立交通巡察處，仍以維護全面交通秩序，以利運輸爲主要任務。隸屬軍事委員會，實際仍爲軍統局之一部份。二十八年冬，越南河內已被封鎖，我進口物資皆集中於仰光一地。戴笠赴越視察後，即命在臘戍單位選擇有掩蔽地方，設立大規模倉庫，將進口待運貨物，迅速轉運臘戍，故其後敵機轟炸仰光，我方損失賴以減至極度輕微。且運用緬商「孔雀公司」向緬甸交通部請領商用車輛牌照一千份，人咸不知其用意何在！及翌年英國在敵人壓力下屈服，與敵簽訂封鎖滇緬公路協定，我在緬運輸之軍公車輛，因得改換前領商用牌照，編隊啓運，直達雲南畹町，遂得將積存物資運用。❹

民國二十九年，四川糧價突然猛漲，影響軍糧民食，時局人心亦受牽動。戴笠查出有一惡勢力集團囤積操縱，乘機發國難財，首惡爲大成銀行董事長楊全宇。楊某曾任成都市長，與軍政界人士多有瓜葛，在地方勢力頗大，因之有恃無恐。案發後，掌握充分證據，立將大量米麥查封，而將人犯移送軍法執行總監部漏夜訊辦，楊判死刑，旋即槍決，糧價驟跌，供需亦迅即恢復正常。此後數年，後方大城市糧價一直平穩，對抗戰有益，升斗小民亦蒙其澤。

民國三十一年二月，商人章德武以大成公司名義，在仰光購置價值三千萬元貨物內運。運輸統制局監察處查悉章某以一百五十萬元賄通中信局運輸處長林世良，假中信局之名代運進口。私貨運抵昆明被扣押後，當時代理行政院長兼財政部長、中信局董事長孔祥熙，出面電飭先予放行，戴笠不爲所動，迅速檢具罪證，呈請 蔣先生，發交軍法執行總監部訊辦。以證據確鑿，一鞫即服，林某被判處死刑，貪污之徒爲之膽慄。❺

民國三十二年春，陝西緝私處華陰查緝所查扣一批私鹽，價值五百多萬元，案送鹽務局處理。局長于鼎基則認爲不是私鹽，批示放行。而查緝所長閻其惠係依據鹽務條例從隴海路火車上扣留，當時並無鹽票，確定爲私鹽。旋由渭南查緝分析兼知華陰所扣私鹽，係渭南多家鹽商賄送于鼎基二十萬元，乃批准走私運往河南。且查于某和西安有力軍人勾結私運食鹽，致釀成西安市之鹽荒。此案經晉陝監察使王陸一查明，提出對于鼎基糾舉書，于被撤職，華陰所扣私鹽充公，西安市鹽荒亦隨之解除。

戴笠一生抱負之一，爲建立現代化中國警察，期刑事警察能運用科學技術偵破一切犯罪案件。因於民國三十三年一月，成立「重慶特警訓練班」，亦即中美合作之第九訓練班，以訓練刑事專業人才爲主旨。日本投降後，復成立中央警官學校特警班，主要收容北方廣大青年，培養重建華北地方幹部，惜因戴笠殉職，計劃未能實現。

當第二次大戰期間，中美兩國爲利於在中國戰區和遠東海域之作戰，有效打擊日軍，遂有「中美特種技術合作所」之設立。此一秘密情報機構，由我軍統局與美海軍部份工作人員所組成，戴笠兼任主任，美海軍梅樂斯將軍專任副主任；工作範圍遍及我國各淪陷地區和南洋各地。由於戴笠秉持中華民國一貫之自強自立精神，以最大之誠意，實踐之作風，親切之關顧，對待美方同仁，以及梅樂斯將軍訓誨其部屬克制優越感，並鼓勵其去戰地獲得經驗，在中國從頭學起，因此雙方人員始終合作無間，充分顯示最高辦事效率和最優工作成果。此中美合作所雖隨戰事於民國三十五年結束，但其後每年一次之聯誼會仍分別於各地區舉行，對我反共志業，始終予以同情與支持。

戴笠所領導之軍統局，業務多至數十種，大多基於客觀環境之需要，由當局決定賦予之，而非由於戴笠之攬權也。其工作人員達十萬以上，由戴立一手組成之忠義救國軍與各地游擊部隊，以及戰後吸收輸誠中央之僞軍，總數不下一百餘萬人之衆。然軍統局之性質既非如德國之「褐衫黨」，亦不同於蘇俄之「格別烏」，更不是日人所形容之「藍衣社」，而是一以行仁爲職志之革命團體，在淪陷區誅倭鋤奸，在大後方除暴安良。戰後整肅漢奸、重振綱紀乃國家之一大事，亦由戴笠獨任之。且不負所期，善能運用其才智，深謀明斷，達成此一重任，所捕元惡大憝以千計，而民無驚擾，事無株蔓，一切皆以溫和手段行之，公私皦然，中外罕見。其肅奸防諜工作，於抗戰之勝利，與勝利後之接收，關係綦切矣。

戴笠殉職於民國三十五年三月十七日。是日，由青島乘航空委員會所派專機至南京，預定十八日趕回重慶，向主席　蔣先生面陳要公。不幸其座機誤觸南京板橋鎭岱山失事。飛機殘骸所在地名「困雨溝」，與其姓氏字音隱合，豈定數耶！戴笠殉職之日，距其五旬誕辰尚少兩月又八日，藍太夫人猶在堂，年已七十有二。三十八年春，太夫人去世彌留之際，猶頻頻呼愛子之名不絕，何其痛哉！德配毛氏夫人，先於二十八年病逝上海。獨子善武，又名藏宜，戴笠生前決不准其帶兵，慮其「誤人誤己」。胞弟雲林，以其能力有限，而欲望甚高，勒令回籍奉母，不許在外作事。此可見其用人唯才，公私分明之處。終其一生，矢守其忠義精神，清白家風。身後，其部屬整理遺物，發現其舊衣箱中，僅有若干舊中山服，無以新製者，能無感念！

戴笠殉國，國民政府頒發褒揚令，追贈中將，准照集團軍總司令陣亡例公葬，後又奉准入祀忠烈祠。民國三十五年六月十二日，國民政府在南京舉行公祭，　蔣先生以國家元首親臨主祭，並賜「碧血千秋」四字匾額。另輓章：「雄才冠群英，山河澄清仗汝績；奇禍從天降，風雲變幻痛予心。」祭文肅穆沈痛，而益悲壯，有云：「惓念時艱，深哀吾黨，惟君之死，不可補償，……。」亦極其身後哀榮矣。三十六年三月，政府公葬戴笠於紫金山麓「國民革命軍陣亡將士公墓」，黨國耆宿吳敬恒書「故戴笠中將之墓」墓碑。

綜合戴笠生平，侍從　蔣先生十五年，其知遇之隆，責任之專，契合之深，事功之最，在當代革命人物實少有出其右者。而其對同志尚誠信，對敵人施謀略，眼光放在遠處大處，志業求其利人利國，此所以為一代奇人、奇才、奇遇、奇功，而非能世出者也。

參　抗日時期戴笠助蔣鋤奸工作梗概——以鋤汪為例

抗日時期在戴笠領導下的軍事委員會調查統計局，對於懲辦逃將與殺敵鋤奸之貢獻，功不可沒。謹舉一些事例與《汪偽資料檔案》加以印證，使吾人更加瞭解此役歷史之眞相。

一、關於河內刺汪問題

民國二十七年（一九三八）十二月十五日，中國國民黨副總裁、國民參政會議長汪精衛，秘密逃離重慶，經昆明，於十九日飛抵越南河內，並於二十九日發表《艷電》，公然響應日本首相二十二日發表的招降聲明，陰謀建立反對重慶國民政府的「新政權」，與日本實施「和平」。汪的行為，激起全國人士的聲討，民國二十七年（一九三八）十二月三十一日，國民黨中央緊急召開臨時會議，作出了開除汪之黨籍及撤銷其一切職務的決定。民國二十八年（一九三九）初，戴笠親自偕陳恭澍、王魯翹等重要特工人員前往河內，嚴密監視汪的行為，並

多方偵察汪派的活動。❻

民國二十八年三月十九日，戴笠電令陳恭澍等人著即對汪予以嚴厲制裁。他們的行動計劃是：由陳恭澍督導指揮，以汪的住室爲目標；進入汪宅後，由唐英杰帶王魯翹、余樂醒直奔汪室；由張逢義等三人擔任警戒、掩護；任務完成後，仍在原出發地集合，萬一被當地警察逮捕，切不可暴露身份。三月二十日晚十一時四十分，陳恭澍等七人於夜深人靜中悄悄出發。他們將車開到汪宅附近，騙走了在附近巡邏的越南警察，繞到河內高朗街二十七號後院，唐英杰、王魯翹、余樂醒等持槍翻牆跳入院內，打開樓門，相繼登樓。王魯翹到了三樓，站在早已偵察好了的臥室門口，用手推門，推不動，也扭不開把手，他斷定裏邊一定有人。便退後兩步，使勁用腳踹門，門仍踹不開。急中生智，他隨即與余樂醒用斧頭將門劈了一個一尺見方的大窟窿，朝裏望去，見床底下趴著一個人，而且是個男的。王魯翹以爲此人定是汪精衛無疑，毫不懷疑，舉槍便射。因爲距離太近，子彈都射入床下人的腰背，只是由於房門上鎖，他們無法進入室內把床下人拉出來看個究竟。

但是被王魯翹打傷的並不是汪精衛，而是汪的親信秘書曾仲鳴及其夫人。此次誤傷副手完全是偶然的。汪精衛的臥室，確如陳恭澍等人事先所偵知的，是當晚曾仲鳴所住的這個房間。但事情巧就巧在曾妻方君璧剛剛由香港抵河內，汪以自己臥室較大，則臨時將臥室讓與曾仲鳴夫婦，自己則搬到曾仲鳴的臥室。而這一讓，卻躲過了軍統的暗殺，曾仲鳴則成爲替死鬼。❼事發後，曾仲鳴被立即送往醫院搶救，由於傷重不治，遂於二十一日下午去世。曾妻方君璧也被擊傷，但傷勢較輕，經過一段時間的治療，恢復了健康。

河內刺殺案發生後，汪精衞在日本的保護下逃往上海並開始籌組僞政權後，國民政府當局也加緊了對汪的制裁的行動。軍統局上海區也屢屢派遣特務人員，以圖借機暗殺和採取直接行動，但都因汪防範甚嚴，軍統的行動計劃，不是被揭破，便是無法下手。[8]

汪對於曾仲鳴的死亡之反應及嚴防戴笠再度暗算甚爲謹愼，可從《汪僞資料檔案》中獲得印證如下：

(一)汪於民國二十八年十二月二十一日從上海致函電給其妹，其內容是：

招來函悉(一)妹欲赴渝勸蔣，眞乃與虎謀皮，萬不可得且萬不可更爲一人言之。(二)已遣始探顧（顧孟餘）如何再覆，顧於仲鳴死，無一言之弔唁，其心已死，不必再注意其人矣。(三)廣州日方，前來電云，道源身上密碼被檢，盼勿再用此碼，乃事隔月餘昨始來電云，密碼外最低條件，誓約軍隊番號辦法，廣東政委會協定，亦全部被檢，憤急已極，是否港府已將此事公布，請告省港同志，如受日方埋怨，勿與強辯。此事由道源疏忽，我等自應受其埋怨也。明。[9]

由函電內容可知：(一)蔣中正與汪精衞關係已徹底決裂，國民政府於民國二十八年（一九三九）六月八日對汪通緝，民國二十九年（一九四〇）十一月三十日，以十萬元懸賞緝汪歸案。汪要其妹勿赴重慶找蔣先生，更要爲自身安全，切勿對他人談此事。(二)對於曾仲鳴之死，汪感到難過之至，對於曾經是汪僞同一陣線的顧孟餘[10]，竟然對仲鳴的死，而無動於衷，汪更感到痛心，表示顧當漢奸之心已死，要其妹不要再注意其人了，顧孟餘果眞急流勇退不願當漢奸。[11]㈢汪僞人士，有些密碼已被檢查到，汪要其妹務必小心行事，勿再用此密碼，以防萬一。[12]

㈡ 民國二十八年十二月二十四日十三時二十分汪於上海再度致電其妹，內容是：

蔣嚴令戴笠動作，數日來亂殺人，盼妹等嚴防勿出門，勿見客，因出門彼必以汽車相撞，見客尤不可測，至要。 明。[13]

由上述函電內容可知，國府之通緝，戴笠之威名，已讓汪及其家人寢食難安，因此汪要其妹乾脆足不出戶，以免不測，也因汪的提高警覺，使得軍統幹員爾後刺汪工作難上加難。

二、關於戴笠呈蔣委員長報告汪日勾結成立僞中央政府情況之問題

民國二十八年五月三十一日戴笠上呈蔣中正先生報告汪日勾結成立僞中央政府情況之內容如下：

頃據上海李水源報稱：㈠據周佛海告稱，汪精衛對敵方答應之條件，比較重要者爲：1.承認滿洲國；2.加入防共協定；3.日本定五年內撤完在華駐軍（汪堅持二年內撤完，日方許於防共協定簽定後考慮）；4.日本在平津內蒙長期駐兵；5.雙方不互相賠款，但青島日商損失應賠償，日本另撥款項救濟中國難民；6.中日滿經濟合作。㈡汪精衛

寢日告本人謂：目前彼（汪）對產生「中央政權」之步驟問題，頗費躊躇。有人主張先召集一國民黨代表大會，授權於汪著手組織政府，但恐代表大會無法集法定人數，仍不能取得合法地位，另有人主張先成立「中央政治會議」，由此項會議產生「國民政府」，又恐此種政府無法律根據，以後周佛海主張兩者合力進行，一面召集代表大會，不計法定人數，只要有會便行，一面組織「中政會」，由中政會產生政府，然後提交代表大會追認，不知以何者爲得計，請本人代爲考慮云，當答以詳加考慮後答覆。

㈢連日與日諜接觸所得，須賀影佐、和知、楠本，對汪之努力仍無良好印象，須賀告李謂：「我看汪之做法極少成功希望，蓋彼至今尚堅持國民黨及黨國旗，這叫日本如何向前敵將士解釋」。楠本則稱汪之實力皆紙老虎，無一可靠，因此欲日本取消兩僞政權，太不識相。影佐表示如汪不親到東京一行，恐彼（影佐）亦無能爲力，各等語。

謹呈

校座　　生　笠[14]

從上述報告內容可知：㈠戴笠蒐集敵僞之情報，甚爲深入細密，對於汪日勾結成立僞中央政府之事證，皆有詳細說明。㈡就在同年（二十八）的五月三十一日，汪精衛攜同周佛海、高宗武、梅思平、董道寧、周隆庠，由日方影佐禎昭、犬養健、矢野征記、清水董三等人陪伴，搭乘日本軍用飛機，從上海飛往日本東京。日方派伊藤芳男、西義顯兩前來迎接，汪等一行分別下榻於東京北郊瀧野川古河從純別墅以及麻布的池田成彬別墅。[15]根據汪精衛等在上海議定之訪問日本所計劃的事項要點，大致分兩方面進行：1.由汪精衛與近衛文麿（樞密院議長）、平沼首相以下之政府閣員推心置腹交換意見；2.上述會談結果，倘得日方同意汪建立中央政府，周佛海隨即進行兩件事：⑴為顯示日本無侵略、統治中國或干涉中國內政意圖並使中國國民諒解，向日本政府提出「關於保障中國主權獨立之最低條件」；⑵為表示新政府非受日本壓迫而成立，法統不可中斷，所以新政府名稱定為「國民政府」，以還都作為建立形式，以三民主義作為指導原則，以青天白日旗為國旗。這些概屬於絕對條件，務須求得日本政府之同意。[16]同年六月五日，日本陸軍省和參謀本部舉行聯席會議，針對汪方提出之條件，作出五點決定，其有第三點「同意汪採用國民政府名稱及青天白日旗，惟必須在旗幟上方附加書寫『反共救國』字樣之三角形黃布片。」[17]六月六日，日本內閣五相會議決定「樹立新中央政府的方針」，規定：1.新中央政府，以汪精衛、吳佩孚，現有政權及改組後的重慶政府等方面構成；2.新中央政府以「調整日華新關係的方針」為準繩，正式調整日華國交，其成員應事先接受上述方針；3.新中央政府必須具備人的因素和基礎力量，成立日期由日本決定；4.中央政府與地方政府的關係，以分治合作為準則；5.關於國民黨及三民主義，在不妨礙親日、滿和防共原則下，可允許存在。[18]從日本這些重大決定，可知日本所要建立之新中央政府，為日軍佔領下各個勢力的集合體，日方根本不把汪精衛放在眼裏，只是要利用汪作為傀儡政權以利侵華而已，這些在戴笠的情報報告，已一再的顯示，使得蔣委員長很快的洞悉敵情，對抗戰之掌握先機，功不可沒。㈢而反觀汪精衛對日軍的無理要求，卻委屈求全，茲舉使用黨旗、國旗一例，即可知曉，根據《汪偽資料檔案》所述，民國二十八年十

二月九日十四時汪從上海致函電給汪僞「中央陸軍軍官訓練團教職員生」，該函電談稱：⑲

本日中央陸軍軍官訓練團，行開學禮，各教職員及各學員，帽章用和平反共建國，金色篆字，門前懸和平反共建國黃地黑字之標語，旗堂上懸總理遺像及黨旗唱黨歌，由我主席（汪）說明國旗帽章，等候中政會議議決遵行，目前暫用和平反共建國標語，各人均精神振奮並無頹喪，因我等並未用五色旗而等候中政會議議決遵行，亦並無不合理之處也。我意廣州亦可照此辦法，陸領軍隊將青天白日滿地紅旗暫時捲起而將和平反共建國黃地黑字之標語旗打開亦是一辦法。明　攜爲（卅二）

汪精衛這種諂媚日軍的作爲，將僞國旗上方之黃色三角標幟書和平反共建國字樣，一直持續到民國三十二年丑月五日起才一律除去。⑳總之，汪有意要親自培訓的軍官士兵，効忠日軍，可是日軍並未眞心待汪，這是汪始料未及的地方。

三、關於戴笠呈報汪赴青島出席南北偽政權聯席會議之皓電及呈報汪偽政權因受王梁等打擊成立延期及敵著手尋覓與國民政府談判線索之養電史料

民國二十八年十一月十九日戴笠向蔣委員長呈報汪赴青島出席南北僞政權聯席會議之皓電，內容如下：

重慶，蔣委員長鈞鑒：博密。頃接滬電汪逆精衛於寒（十四）日偕隨員六人，乘敵兵

艦赴青島舉行南北僞政權聯席會議，王天木、李士群（黨部工作人員）兩逆隨行，現李士群與丁默村積不相能，丁拉王天木以自重等語，特聞。生笠叩。皓巳衡印。㉑

另一函電爲民國二十八年十二月二十二日戴笠向蔣中正先生呈報汪僞政權因受王梁等打擊成立延期及敵著手尋覓與國民政府談判線索之養電，其內容如下：㉒

蔣委員長：博密。頃據滬區報告：汪之僞政權原定二十九年元旦成立，現已無期緩延。汪逆所提撤兵問題，敵方（拉攏）〇〇接受即要求撤銷各地宣撫班，敵亦仍堅持；至經濟合作，汪逆所要求交還各地已成立之金融實業各機構，敵方亦一味敷衍，且因王克敏、梁鴻志對汪逆之不合作，亦予汪逆以甚大打擊，故敵鑒於目前情形之嚴重，已著手尋覓與國民政府談判線索之進行，等情。謹聞。生笠叩。養申金印。

從上述兩函電可以知，當汪精衛拼湊新班底，準備演一齣「還都南京」的醜劇時，不得不考慮與「臨時政府」和「維新政府」兩僞政權的合流問題。因此於民國二十八年九月底舉行汪精衛、梁鴻志、王克敏的南京分贓會議，次年（二十九）一月，汪僞與北平「臨時政府」、南京「維新政府」三方又在青島舉行會議。汪僞政權參加的有汪精衛、周佛海、梅思平、褚民誼、葉蓬、林柏生、羅君強等，「維新政府」參加的有梁鴻志、溫宗堯、陳群、任援道、高冠吾等；「臨時政府」參加的有王克敏、朱深、汪時璟、殷同、王揖唐、齊燮元、王蔭泰等。三月，又由周佛海代表汪方在上海與所謂各黨各派和無黨無派的代表舉行會議。青年黨的趙毓松、周濟道，國社黨的諸青來、李祖虞，無黨派的趙尊岳、岑德廣都參加了。當時商定的事項有：1.由汪記國民黨中央執行委員會主席於南京召開產生「國民政府」母體機構的中央政治會議，中央政治會議主席由汪記國民黨中央執行委員會主席擔任。2.中央政治會議由汪記國民黨指定的代表會同「臨時政府」、「維新政府」所指定的代表若干人與中國青年黨和國家社會黨及無黨無派人士組織。3.「國民政府還都南京」之日，「臨時政府」與「維新政府」同日宣告解消。4.在「國民政府」之下，設置華北政務委員會於北平，其下設七個總署：內務、治安、教育、司法、建設、實業；政務委員會委員長、委員及各總署督辦由中央政治會議主席提請會議通過後，由「國民政府」任命。㉓經過妥協分贓會議，汪偽政權「國民政府」終於在民國二十九年三月三十日正式登場，名義上是「中央政府」，可是王克敏、梁鴻志、王揖唐、朱深或王蔭泰等人，無一不以「割據自雄」為得意，並不與汪偽配合，因此日軍鑒於此種情形甚為嚴重，乃有意著手尋覓與重慶國民政府展開談判之線索。

而在青島會議前夕發生兩段與戴笠軍統局有關之歷史插曲，根據陳春圃遺著：〈內戚說汪偽集團內幕〉乙文中談到：

1.重慶軍統特務企圖在會議期間將汪精衛等一網打盡，但為汪系特工天王木所偵悉，因而由負責保衛安全責任的李士群帶同嘍囉先期赴青島，把軍統的青島站長傅勝蘭及其同夥宋負薪、丁美珍等捕獲（後來都投降「七六號」）。2.與佈置青島暗殺之同時，軍統特務又收買了汪記集團的高級幹部高宗武與陶希聖，策動他們公開折夥，企圖沈重打擊即將舉行的青島會議，從而搞垮即將成熟之汪偽政權。㉔

上述的插曲，也說明了汪自河內遇刺不死後，行事出入格外小心，因此戴笠的鋤奸工作，也就更加困難，難免有得有失，也就不足爲奇了。

四、關於戴笠於民國三十年八月二十一日向蔣中正先生呈報汪偽改組之分析與建議之報告研析

戴笠於民國三十年八月二十一日向蔣中正先生呈「對汪僞改組之分析與建議之報告」，共分四部份：㉕

(一)關於僞府改組之原因

戴笠認爲汪僞政府改組的原因有二：㉖

1.汪自倭返寧後，一面因德義之正式承認僞府，及三萬萬圓借款之獲得，一面因迭受敵方責難其僞特工之橫行，故有僞府改組之議，以圖加強其本身之權力，以挽救其末路。

2.僞府產生之初，得力於李士群之僞特工者頗多，李得任僞特工總部之主任兼僞警政部長，近又主持江南地區之清鄉工作，大權獨攬，横行跋扈，不僅使汪及陳公博等，感受威脅，即向來竭力提拔與設法掩護李之周佛海等，亦有尾大不掉之感，此次僞府改組，乃乘機粉碎李士群之權力，實爲其主要之內因。

(二)關於僞府改組之內容㉗

1.此次僞府改組由十四部縮改爲十部其陣容如下：

僞內政部長 陳群（連任）

僞外交部長 徐良（連任）

僞財政部長 周佛海（連任）

僞軍政部長 鮑文樾（連任）

僞海軍部長 任援道（連任）

僞教育部長 李聖五（新任）

僞司法行政部長 趙毓松（新任）

僞實業部長 梅思平（新任）由工商農礦兩部合併

僞交通部長 丁默村（新任）由交通鐵道兩部合併

僞宣傳部長 林柏生（連任）

2.前任僞鐵道部長傅式說、僞警政部長李士群、僞經濟委員會主任委員陳君慧、僞鐵道部政務次長趙尊嶽等四逆，改任僞行政院政務委員，可出席行政院會議，但不兼部務，據該僞政務委員會，係「汪僞主席之諮詢機關」。

3.前任僞交通部長諸青來，調任僞水利委員會委員長。

4.僞社會部長取消後，設社會運動指導委員會，由周佛海兼委員長，梅思平、丁默村、李聖五等三人爲常務委員，李士群等九人爲委員，該會之任務，在「從思想上指導國民」。

5.僞警政部取消後，設警政總署於內政部，由蘇成德任總署長兼僞首都警察署長，蘇亦係中統局之工作人員。

6.加強僞經濟委員會，將原任僞工商部政次湯澄波、僞交通部政次朱樸、僞農礦部政次汪曼雲、僞農礦部常次何庭流等逆，改任該會委員。

7.原任僞社會部政次顧繼武、常次彭年、調任僞交通部政、常次，原任僞交通部常次李祖虞，調任僞實業部政次，顧寶衡爲常次。

㈢ 關於僞政府改組之特徵㉘

1.原任僞教育部長趙正平，係所謂「無黨無派」者，故此次被排斥，而改由汪嫡系李聖五充任。

2.僞司法行政部，係一閒職，故以原任僞農礦部長趙毓松調任，原任僞交通部長諸青來調任僞水利委員會委員長之閒職，即以敷衍所謂「青年黨」及「國社黨」者。

3.新任僞實業部長梅思平，乃周佛海嫡系，新任僞交通部長丁默材，亦與周佛海接近，僞交通部兩次長，完全調任，是使丁得以全盤控制僞交通部之地位也。

4.原任僞警政部長李士群，僅得一僞政務委員之空銜，當然極爲失意，按李曾於八月七日，致電陳璧君稱：「國府行將強化改組，懇予栽植」，等語；可見李在敵僞方面之信用，已完全動搖，此種乞憐，正表示其內心之惶恐，今結果如此，顯係汪、陳、周諸人對李之有計劃打擊也。

㈣ 關於僞政府改組中之李士群問題㉙

1.此次李士群之受打擊，敵方亦予同意，因據南京孫時震，於八月二日致上海李士群電，內有「最近友邦方面，確有將本部併入內部之議」一語，可見僞警政部之取消，係由於敵方對汪僞之支持。

2.據汪於八月二日，復李士群電，內稱：「時至今日，正吾人繼續努力底於成功之時，豈容卸肩，行政機構刷新之案，曾有多起，日來虛心研究，未獲結論，惟無論如何，機構縱有變更，而弟對吾兄信任之誠，倚靠之重，始終如一，盼即取消消極之念，共策前途，至所切盼」，等語；可見李事前已有消極之表示，汪復電，雖有慰勉之意，無非「貓哭老鼠」之表現，此次八月十六日改組案正式公佈之後，更可概見。

3.周佛海自倭返滬後，曾各以三千圓，贈萬里浪（萬係軍統局工作人員）、傅也文、胡均鶴（傅、胡均中統局人員）等人，其用意在收買李之部下，而促使其孤立，李聞悉後，甚表憤慨，故李與汪、周諸人之磨擦，已因此益表面化。

4.李於八月七日，復汪電稱：「謬承賜電慰勉，感激涕零，今後仍當擁護國策，義不容辭，清鄉工作，依照計劃順利推行」，等語；此電特別提及清鄉工作，是李以此威脅汪，蓋今日僞方之清鄉工作，大權握於李，而清鄉工作，又爲僞府前途所繫之重要工作也，因敵方急圖肅清江南地區所謂抗日的份子與抗磨抗勢力耳。

5.綜合以上各點歸納如次：

甲、敵方既因有國際間種種關係與顧慮，不能遽行佔領整個上海，此時敵方爲圖轉變國際之觀感與籠絡在滬華人之心理計，對李士群所領導之僞特工，包庇煙賭，綁架勒索等行爲，不得不表示反對，尤其敵方洞悉李士群，過去曾爲共黨，其部下又多共黨之轉變份子，敵方復恐一旦李與共黨恢復關係，不得不具戒心也。

乙、汪、周諸人，鑒於李權勢日大，橫行跋扈，尤其是陳公博，自接任偽滬市長以後，處處受李之威脅，故乘改組偽府之機會，予以打擊。

丙、李士群過去向中央黨部調查科（即中央調查統計局前身）自首，原係丁默村在上海社會局（吳醒亞時代）時所保證。民二十八年春間，汪自河內赴滬時，李得負任偽特工之主責，又係丁默村所保舉，迨李得勢後，處處與丁為難，甚至偽社會部在滬辦事處之衛兵，李亦不肯派遣，丁在京滬發電，亦須經李批准，處處予丁以難堪，生局有見及此，曾授意對李、丁兩人有工作路線之人員與業已打入李方工作之同志，作種種之挑撥，故丁自去冬赴東京歸來後，一面自行佈置特工，一面則與敵之特務機關直接發生關係，另一面則在汪面前，力訐李之不可靠，故此次李之失勢，丁亦有大力焉，觀於丁得調任偽交通部長，更甚明矣。

丁、因清鄉工作尚在李掌握之中，故汪目前，又不能不以政務委員之名義，予以籠絡。

戊、李經此打擊後，對汪等必感重大失望與憤激，今後無論汪、陳、周等人是否繼續削弱其權位，或另行予以安慰（李有繼高冠吾任偽蘇省府主席之說），而其相互間之芥蒂，終將難於消釋，最後李必反汪也。

根據以上論斷，戴笠作了如下之認定與進行，並請求蔣先生能准其所請，1.此次偽府改組之癥結，實以偽特工總部與李士群為中心。查李原非汪之嫡系，既非屬汪、陳諸人之粵籍，又非屬周、丁諸人之湘籍，其被排斥，實非無因，但李所掌握之力量，尚未完全消失，故今日欲消滅汪，瓦解偽府，實有利用李士群之必要。㉚ 2.業已急電滬區，對李士群有線索之工作人員，與業已打入李方面工作之同志，速行查明李最近在蘇州之動態，作種種之策動，同時對上海租界之行動工作，擬乞 准予恢復，並加緊進行，俾予敵僞以嚴重之打擊，並造成汪僞諸奸人事上之矛盾與磨擦，藉可達到分化群奸打擊汪僞之目的。[31]

從戴笠的報告分析與建議，可知民國三十年八月汪僞政權的改組，一方面是汪僞特工橫行，遭日軍不滿外，另一方面是汪、陳、周、丁、李等漢奸對權力的鬥爭與派系矛盾糾葛所致。因此軍統局乃針對李士群等人加緊鋤奸行動。雖然軍統盡全力，仍無法鏟除李士群，但李士群卻於民國三十二年（一九四三）九月被日本上海憲兵隊特高科科長岡村毒死。[32]

肆　結論

綜合戴笠生平，侍從 蔣先生十五年，其知遇之隆，責任之專，契合之深，事功之最，在當代革命人物中實少有出其右者。尤其抗戰期間，殺敵鋤奸，功不可沒，嚴密的鋤汪行動，讓汪僞漢奸，嚇破肝膽，使日僞不寒而慄，再再顯示戴笠軍統弟兄所發揮無名英雄的威力。抗戰勝利以後，中共乘機作亂，國民政府正擬再度倚重戴笠，協助配合蔣中正先生進行戡亂剿共之際，竟傳來戴笠先生於民國三十五年三月十七日墜機失事殉職之惡耗，史家認爲倘若戴笠先生不英年早逝，可能會改寫抗戰勝利以後國共的歷史，實不虛也。

註釋

❶ 何志浩：〈戴笠傳〉，《國史館館刊 復刊第四期》，頁二三三—二三四。（台北：國史館印行，民國七十七年六月出版）

❷ 同❶，頁二三四。

❸ 同❶，頁二三四。

❹ 同❶，頁二三五。

❺ 同❶，頁二三五。

❻ 蔡偉、高恒、王明賢編著：《軍統在大陸的興亡》，頁一四一。（鄭州市：中州古籍出版社出版，一九九〇年八月第一版）

❼ 同❻，頁一四四。

❽ 同❻，頁一四五。

❾ 〈汪精衛致其妹函電〉（民國二十八年十二月二十一日），《汪僞資料檔案》，法務部調查局資料室藏，鋼筆原件影本。

❿ 顧孟餘（一八八八—一九七二）原名兆熊。河北宛平人。早年赴德留學，畢業於柏林大學政治經濟學專業。一九二二年回國，先後任北京大學教授兼德文系主任、經濟學系主任，並連任教務長多年。一九二六年遭北京政府通緝，乃南下廣州。同年當選爲中國國民黨中央執行委員會委員，後又任常務委員暨宣傳部部長。一九二七年積極支持汪精衛發動七•一五「分共」。一九二八年參加發起組織國民黨改組派，在上海主辦「前進」雜誌，進行反蔣活動。一九三一年任國民黨第四屆中央執行委員會常務委員。次年一月蔣汪合作，任行政院鐵道部部長。一九三五年任國民黨第五屆中央執行

委員會委員、中央政治會議秘書長。抗日戰爭期間，汪精衛投敵後，與汪分道揚鑣，自香港返回重慶。一九四一年繼羅加倫中央大學校長。一九四八年五月任行政院副院長，因見國民黨大勢已去，推辭來就。旋在香港創辦「大道」雜誌。其後赴美定居，並受聘爲中華民國總統府資政。一九六九年往台灣定居，一九七二年死於台北。轉引自黃美眞、郝盛潮主編：《中華民國史事件人物錄》，頁七二四。（上海：人民出版社，一九八七年九月，初版。）

⓫ 羅君強原作：〈細說汪僞〉，《傳記文學》第六十二卷第一期，頁九二。（民國八十二年元月出版）

⓬ 同❾，〈汪精衛致其妹函電〉。

⓭ 〈汪精衛致其妹函電〉（民國二十八年十二月二十四日），《汪僞資料檔案》，法務部調查局資料室藏，鋼筆原件影本。

⓮ 〈戴笠呈蔣委員長報告汪日勾結成立僞中央政府情況〉（民國二十八年五月三十一日，《總統府機要檔案》，轉引自中國國民黨中央黨史會編印：《中華民國重要史料初編—對日抗戰時期》第六編傀儡組織㈢，頁一五〇—一五一（民國七十年九月出版）。

⓯ 邵銘煌：《汪僞政權之建立及覆亡》，頁九一。（中國文化大學史學研究所博士論文，民國七十九年六月）。

⓰ 同⓯，頁九二。

⓱ 同⓯，頁九二。

⓲ 同⓯，頁九三。

⓳ 〈汪精衛致僞中央陸軍軍官訓練團教職員生函電〉（民國二十八年十二月九日），《汪僞資料檔案》，法務部調查局資料室藏，鋼筆原件影本。

⓴ 〈顧祝同呈報僞組織取消特務班與日顧問及國旗上書和平反共建國之黃色三角標幟之東電〉（民國三十二年三月一日），《總統府機要檔案》，轉引自《中華民國重要史料初編—對日抗戰時期》第

六編傀儡組織㈢，頁二二五。

㉑〈戴笠呈報汪赴青島出席南北僞政權聯席會議之皓電〉（民國二十八年十一月十九日），《總統府機要檔案》，轉引自《中華民國重要史料初編—對日抗戰時期》第六編傀儡組織㈢，頁一六一。

㉒〈戴笠呈汪僞政權因受王梁等打擊成立延期及敵著手尋覓與國民政府談判線索之養電〉（民國二十八年十二月二十二日），《總統府機要檔案》，轉引自《中華民國重要史料初編—對日抗戰時期》第六編傀儡組織㈢，頁一六二。

㉓陳春圃遺著：〈內戚說汪僞集團內幕〉，《傳記文學》第六十二卷，第六期，頁一一七—一一八（民國八十二年六月出版）。

㉔同㉓，頁一一八。

㉕〈戴笠對汪僞改組之分析與建議呈蔣委員長報告〉（民國三十年八月二十一日），《總統府機要檔案》，轉引自《中華民國重要史料初編—對日抗戰時期》第六編傀儡組織㈢，頁二二九—二三四。

㉖同㉕，頁二二九。

㉗同㉕，頁二三〇。

㉘同㉕，頁二三一。

㉙同㉕，頁二三二。

㉚同㉕，頁二三三—二三四。

㉛同㉕，頁二三四。

㉜李士群（一九〇七—一九四三）浙江遂昌人。二十年代初到上海，先後入美術專科學校、上海大學。後加入中國共產黨，並留學蘇聯，回國後在上海從事共產黨地下工作，三十年代初被捕投向國民黨，成爲國民黨調查科工作人員。一九三八年從武漢潛往上海投靠日本侵略者，在上海爲日本大使館搜集情報。一九三九年初和丁默村相勾結，在日本特務頭子土肥原的支持下，網羅國民黨特工、失意

軍人，從事特工行動，破壞抗戰。同年夏與汪精衛漢奸集團合流，在汪僞中國國民黨六大被指定爲中央執行委員，任特務委員會秘書長兼特工總部副主任。一九四〇年汪僞國民政府成立，任中央政治委員會指定委員、行政院警政部政務次長、特工總部主任，不久升任警政部長。一九四一年五月任僞清鄉委員秘書長，七月兼任清鄉委員會駐蘇州辦事處主任，主持淪陷區「清鄉」工作。同年八月又兼任僞軍事委員會調查統計部部長，十二月再兼僞江蘇省政府主席。一九四三年九月被日本上海憲兵隊特高科科長岡村毒死。轉引自黃美眞、郝盛潮主編：《中華民國史事件人物錄》，頁五五八—五五九。（上海：人民出版社，一九八七年九月，初版。）

第　頁

本日中央陸軍軍官訓練團行開學禮，會場佈置精神總裁懸掛（各級政治部及各學校帽章用和平反共建國金色）

和平反共建國黃地黑字之標語旗，臺上懸總理遺

像及黨旗暨黨歌，由我主席說明國旗帽章等條中政會議

議決進行用前暫用和平反共建國標語，各人均精神擁護

並無表示國我黨並未用黃色旗，中政會議決遵行，亦並無不合理之處也

我黨黨員可此辯論，除俟時歸將來另日再公開討論

時機至而將我和平反共建國黃地黑字之標語旗打開，方

一辯　是否　明　樹森（四二）

廿八年十二月九日十一時　分發於滬

備註

第　　頁

招來函悉(一)妹然赴渝就蔣其乃之處謀後事否可行且否可　萬

更為一人言之(二)已遣焰探聽如何再覆欣於仲鳴死無一言之示

注意

唁其心已死不必再[illegible]其人矣(三)廣州[illegible]部前未覆此云道原

由方

此　乃事陽明約作焰

身上並請被檢收切勿再用[illegible]碼[illegible]來覆[illegible]云並碼外

最近傳件于紹軍隊來歸辦法應京政委會協定全部被　而

接[illegible]情況已極此事[illegible]如被[illegible]港附　萬　相　是否　小心[illegible]

敢[illegible][illegible]情況如此情形[illegible]事[illegible]請靜候

已將此事公布[illegible]請告前港同志如受日方壓

總須與強辦此事由道溪說愁我等[illegible]可以辯也明

自衛受其壓迫也明

廿八年十二月廿一日　時　分發於　滬

備註

桂廿二(四五)

蔣敵空戴空動作數日來亂殺人[illegible]等敵防

個出門勿兇空出門後不准汽車相接見空

大可渊至安吸

廿六年十二月廿日十三時廿分發於[illegible]

備註

民國三十二年五月五日李士群招待記者發表清鄉新聞。（引自法務部調查局資料室《汪偽檔案》照片，原件影本。）

清鄉會議中，汪偽政府各部、院、會首腦聆聽汪精衛致訓情形。（引自法務部調查局資料室《汪偽檔案》照片，原件影本。）

第三節　蔣汪與高宗武對日外交關係

壹　前　言

隨著日本侵華行動日漸擴大，中國國土失陷愈多，和與戰爲其可能採取之對策。民國二十六年（一九三七）七月，日本挑起盧溝橋事變，終於引發中國全面抗戰。國人都奮勇投入這場攸關民族盛衰與國家興亡之戰。唯獨一小撮人尚憂心於國力不足，內復有中共伺機坐大，外且乏國際正義有效之制裁力量，勢必窮於對抗強盛的日本，因而對抗戰到底之基本方針反抱遲疑態度；認爲中國實無支持此一方針之條件，硬戰到底的結果，徒會招致危亡慘境。高宗武，時任外交部亞洲司司長，對於抗戰時勢瞭解最爲清楚，商議如何採取外交步驟，扮演一個非常活躍的角色。本文擬就抗戰前後，從函電史料中，探討蔣汪與高宗武對日外交關係。

貳　高宗武簡介

高宗武，一九〇六年出生於浙江溫州。二十二歲時留學日本，進九州帝國大學法學部，研習政治學；民國二十年（一九三一）三月畢業，繼入東京帝大肄業。翌年（一九三二）三月返回南京，曾任教於中央政治學校，此後也在中央日報、外交評論等刊發表政論文字，展露對政治的洞察力，漸引人注目。嗣被推薦爲「國防設計委員會」外交問題方面的專員。民國二十三年春，曾赴日本、朝鮮、東北旅行觀察，並將詳細報告呈給蔣中正。同年九月下旬起至年底之中、日通郵談判，高宗武是中國委員之一，表現獲得肯定，後來受行政院長兼外交部長汪精衛任命爲亞洲司日本科科長，再升任司長。民國二十四年（一九三五）十一月，汪精衛遇刺後，張群繼任外交部長。高宗武之交涉長才益見發揮，同受中、日政府之器重。❶

從九一八事變起至七七事變前一段時期，國民政府的外交可說是以處理對日問題爲主。高宗武諳日語，熟悉日本政情，留學日本返國後，因緣際會，乃得以在政治舞台上略展身手。而且從辦理對日交涉事務中，累積相當閱歷，建立與日本人士之間的人脈關係。此點與他後來在抗戰前期進行對日謀和活動有密切關連。

抗戰軍興，平津相繼淪陷後，八月初高宗武就曾負責與日本駐華大使川越茂在上海秘密進行了一次和平交涉，冀免事端繼續擴大，然因戰局趨緊無功而返。❷淞滬大戰以後的八月十七日，高宗武復應周佛海約談，擬訂三項外交折衝方案：㈠派員赴上海，再與日使川越茂接洽；㈡或由在野名流赴東京，與日本政府交涉；㈢致電駐英大使郭泰祺，出面與駐英日使接洽。❸從這些方案，可見其爲外交的努力，是不容否認的。

民國二十六年底，國民政府被迫遷至西南大後方以後，彼等謀和的腳步並不曾稍歇，反而因受到戰局惡化，以及日本在速戰速決策略嚴重受挫改採軍事攻擊與政治誘和並重策略等客觀情勢變化之影響，而加緊步伐，終促成民國二十九年三月汪精衛政權之出現。在這整個演變過程中，汪等主和份子能否成功的脫離重慶爲至要關鍵所在。高宗武身當造橋工作，冒險出入陷區，往來東瀛，居間穿梭，協議條件，擬訂步驟，堪稱首功；而就在汪等建立新政權前夕，高宗武卻又最早乘隙脫離。本文擬就抗戰前後高宗武的對日交涉及其與蔣汪二人關係，作一初探。

參　抗戰前蔣汪與高宗武之對日交涉關係

此處所指抗戰前，係指民國二十六年七七抗戰以前，在民國二十四年十一月十九日蔣中正先生任行政院長兼軍委會委員長，汪任中央政治會議主席，蔣副之。胡漢民任中國國民黨中常會主席，汪精衛遇刺後，張群於民國二十四年冬繼任外交部長，直到民國二十六年二月，期間高宗武任職外交部亞洲司司長。而在民國二十四年十二月至民國二十六年二月張群出任外交部長期間與日本駐華大使有吉明、川樾茂等人歷次會談情形以及有關的對日交涉情況。其所涉及的內容除「成都事件」外還包括中日間關於航空協定、共同「防共」、華北冀東組織處理等多項問題，這些文件表明了此期南京國民政府對日態度已趨於強硬，而在抗戰前扮演中日關係重要角色的人物，又非高宗武莫屬[4]抗戰之前高宗武除了將對日交涉經過向張群報告再轉呈行政院長蔣中正外，更於民國二十五年十二月二十一日致函汪精衛及陳璧君，隨時將對日交涉之經過向汪、陳二人報告，信函內容如下：

精公鈞鑒：溯違鈞侍瞬已經年，緬懷棨訓，嚮往彌殷，邇聞旌旆，即日東旋不勝雀躍，敬維道躬納祐旅祉，增庥式符，私頌爲祝中日關係，經我公歷年苦心擘畫已肇好轉之機，年未張部長蕭規曹隨，仍本中央既定之方針，積極謀邦交之改善，初以日使數易其人，進行不無遲滯，嗣因成都、北海事件相繼發生，川越奉命到京談判，頗有利用機會以貫徹計劃解決各項重要問題之意，經兩月餘之商談，雙方意見尚多未能接近，近以綏變發生，遂趨停頓所有交涉，情形除已隨時報告璧君夫人並將關係文件抄送請轉陳外，茲謹將一年來中日交涉之經過撮要，另文呈奉，敬祈察鑒耑肅敬請崇安。高宗武謹肅十二月二十一日。❺

茲將高宗武所撰呈之〈一年來中日交涉之經過〉乙文引述如下，以使讀者進一步瞭解抗戰前的中日關係之眞面目。其內容爲：

年來中日糾紛愈趨複雜，兩國關亦益見緊張，張部長（指張群）就職後，認爲非將兩國關係納入正軌，作整個之調整，則邦交無由改善，去歲首次接見有吉，即告以此種決心與願望，希望日本停止一切策動關於兩國間各項糾紛問題，應循外交途徑，由雙方政府負責交涉，藉謀根本解決，日方在原則上，雖不反對，但則以所謂廣田三原則爲基礎，我方以所謂三原則措詞過於廣泛，不便商談，而日方亦迄無具體內容提出，本年一月間廣田在貴族院演說聲稱，我國對彼所提之對華三原則，已經同意，本部即日正式聲明否認，雙方因此頗有爭論，我方始終堅決認爲不符事實，三月間有田任駐華大使，張部長曾與會談四次，彼此各以率直誠懇之態度，然正式交換意見，談話要點，我方重在非法行動之停止，彼則注意華北問題之解決，所談雖無結論，但於雙方之意思不無多少之疏通，旋有田升調日本外務大臣，以川越繼之，對於所謂廣田三原則仍無具體辦法提出，惟迫切要求的，減低關係、華北經濟合作，中日通航等問題，行以解決。我方以爲此與整個調整中日關係之意不符，未允照辦。迨八月間成都事件發生，死日人二名，繼之日商中野在北海被害，日方擴大宣傳，情勢緊張，幸我方處以鎭靜，除臨時揣日方情況，頗有利用此種機會償其大慾之意，九月間川越專命來京與張部長開始談判，我方主張先行解決蓉案，不與調整整個問題混爲一談，而彼則以爲蓉案不難解決，僅解決蓉案仍不能緩和日方其氣，然非調整整個問題先行討論不可，其則藉題發揮可想見也。乃於要求取締抗日外，更提出：㈠華北，㈡共同防共，㈢關稅，㈣顧問，㈤聯航，㈥取締鮮人等問題要求解決，我方迫於情勢，爲泯除糾紛起見，除對於關稅、顧問、聯航及取締鮮人等項，就可能範圍內，相當容納其意見，並附以交換條件外，關於共同防共則拒絕商談，華北問題表示限於經濟合作，凡不管政治侵略意味而合乎平等互惠之原則，可以贊同，並以冀察二省爲限，同時提出我方認爲急須解決之具體問題，如取消塘沽、上海兩協定，取消冀東組織，停止不法飛行，停止走私與不干涉緝私，消滅察東綏北僞軍及匪類等，希望一併商討，川越態度強硬，要求撤回談判，幾瀕破裂，嗣宋島來華後方案略有變動，其後復經數次續商，一面由武與川越、須磨側面磋商，日方有相當之讓步，關於華北問題，以我方對維持冀察現狀現有困難，此次交涉允置不談，但晉、綏、魯三省希望中央政府，遇必要時，就事端等令各該省當局，對日本予以經濟合作之便利，對我方所提冀東、綏東、察北問題，表示可爲日方對華之紳士協定，但不能作爲交換條件，惟對防共一事持之甚力，其談話亦多以此爲中心，我方仍本既定方針，予以拒絕，計川越與張部長前後會談七次，大體意見尚未一致，日前川越的歷次談話，經過製成備忘錄面交張部長，其中與所談者頗多出入，我方已發表聲明關於最近日方鑑於各項問題，商談尚無結果，對先行解決成都、北海兩案已表同意，成都事件連日經武與須磨磋商，業已決定解決辦法，其條件尚不超越國際慣例範圍，當即可了結，北海事件擬繼續商，一併予以解決，其他問題尚有待於日方，重行考慮其態度而加以努力也。十二月二十一日川越晉謁張部長除對蔣院長表示慰問之意外未談其他問題，總之；日方態度較前似略進步，對中央之認識亦日益深刻，川越個人更似具比較遠大之眼光，若能處理得當，前途當非極端悲觀也。❻

從上述信函可知中日兩國南京交涉調整邦交一案，實源於民國二十四年春王寵惠博士與日本廣田外相之會晤。張岳軍就任外交部長之後，亦深感中日國交有調整之必要，特於民國二十五年三月中與日本駐華大使有田氏剴切說明此意，有田返國升任外相之後，亦曾討論及此，但終以日本未準備爲徹底之調整，而未見效果。民國二十五年八月二十七日成都事件突然發生，日人死二傷二，中國政府即表示準備依照國際慣例予以解決之意。日本大使川越則於開始談判之時，提出若干問題，要求先行解決一部，於是南京中日交涉乃於焉開始，本可從容談判。不意同年十一月十六日綏東戰事忽然爆發，中國乃於十一月十八日正式通知川越，告以日本如繼續暗助匪僞擾亂綏遠，則中日交涉勢將無法繼續進行，因之，交涉中斷。❼

自民國二十五年九月十五日張部長首次會晤川越大使，以迄於十一月十日之會談，歷時約兩個月，晤商達七次之多，終因雙方之意見相離甚遠而難以接近，故結果對中日邦交並無若何改進。中國方面之具體意見及態度大致如下：[8]

甲　關於取締排日運動：中國方面於交涉結束之後，擬自動履行下列兩項：

(一)　中央黨部命令下級黨部切實指導實行政府邦交敦睦令。

(二)　由蔣院長發表促進兩國邦交之演說或談話。

乙　其他具體問題：

(一)　共同防共問題：一般防共問題，無論如何希望日方勿談。北部邊境防共問題，須日方提出具體內容後方可商討，但冀東及察綏區偽軍問題，務須同時解決。

(二)　華北問題：對冀察兩省當時之狀況，中國方面甚為不滿，日方至少應設法逐漸改善。對晉、綏、魯三省，中央政府遇有必要時，可酌量就事論事，指令各該省當局對日本予以經濟上合作之便利。

(三)　上海福岡間聯航問題：中國方面可以答應簽訂合同，但實行日期須視華北日本自由飛行之能否停止而定。此項調解須經雙方確認。

(四)　減低關稅問題：中國政府願自動調整關稅，但日方於民國二十五年所交之方案，只能作為參考之用。同時，日本須嚴厲取締華北之走私，並不應妨礙中國海關緝私之自由。

(五) 顧問問題：中國政府準備自動酌聘日本專家數人充任技術顧問。

(六) 取締朝鮮人問題：日方如指明不法事實及確實地址，中國方面可協助緝捕，但此事純出於自動的友誼，不能認爲永久的諒解或協定。

總之，從民國二十四年冬到民國二十六年二月張群任外交部長之時，也正是高宗武任亞洲司司長之時，更是蔣先生任行政院長之時，有關對日外交，幕後主導推動之人非高宗武莫屬，而高又與汪先生素有情誼，凡事無論大小，每事必報，此時蔣汪合作下的國民政府，正實行「攘外必先安內」之策略。高宗武與蔣汪此時，應屬密月期之關係。

肆　抗戰後蔣汪與高宗武之對日交涉關係

一、打通與日本交涉的管道

民國二十六年（一九三七）十一月三日起，德使陶德曼（Oscar P. Trautmann）奉令出面調和中、日戰爭，爲主和份子帶來甚大鼓舞，即如行政院副院長兼財政部長孔祥熙都認爲這是「天賜良機，絕不可失」，特建請蔣中正先生鄭重把握。[9]

高宗武對德使的斡旋同樣也抱有很大期望。十二月十三日，南京淪陷後，此一調和工作因日方開出的條件加重問題而陷入僵局。高宗武遂於二十七年（一九三八）一月初，暗中派所屬第一科科長董道寧從漢口赴上海，往見日本大使川越茂，請求從旁協助緩和日方要求的條件。不料會見以後，不久獲悉陶德曼之調和交涉宣告破裂；[10]原因在於中國政府對日方過苛的條件遲遲未予回覆，日本政府決定於一月十五日正式停止調和。次（十六）日隨即發表「不以國民政府爲對手」之聲明，不久兩國政府又各自調回大使，外交關係斷絕。

周佛海認爲這是意謂著「和平機運，完全中斷」⑪乃與高宗武商量，「必須找出一條向日本打通的路線才行，「應當想出一個脫出漢口的方法才好」⑫周氏時任軍事委員會侍從室副主任，以此立場設計在漢口設立一收集日本情報之機關，責由高宗武負責規劃。高擬妥計劃書後，由周提呈蔣先生核裁，並乘機建議：爲收集日本情報起見，應派高宗武到香港去，以方便進行。蔣先生先是答允，後又覺得太冒險，電示外交部長王寵惠阻其成行。經周佛海再三向王表白願意承擔一切責任，高宗武才下決心飛赴香港。⑬

二月初，高宗武偕亞洲司日蘇科科長周隆庠到香港後，設立一「日本問題研究所」，對外稱「宗記洋行」。⑭一方面負責搜集有關日本情報資料，寄回漢口，供政府參考；一方面也要設法打通與日方交涉的渠道。首先高同意董道寧擬密赴日本探取日方決策當局對中國確實之方針所在的構想，乃以該所名義支助其訪日旅費。董於是月下旬成行。⑮其次，高宗武也遵照周佛海在漢口行前之提示，於董道寧訪日期間暗地由香港到了上海。三月上旬，與舊識日人松本重治⑯取得連繫，經二次晤談。高告訴松本來上海的目的：一是想要搜集作戰以外情報，但在香港辦不到；二是順便瞭解董道寧訪日現況。此外還談及日本發表「不以國民政府爲對手」聲明一事，詢問松本日本堅持該聲明之態度如何？⑰此乃高宗武對日謀和活動踏出的第一步。

董道寧在伊藤芳男⑱陪同下，二月二十五日從上海啓程，次日抵達長崎。西義顯⑲已經爲這趟行程預先布置一切。二十八日，轉赴橫濱，其後又到東京。在橫濱和東京共住九天，先後會見了參謀本部次長多田駿、作戰課長本間雅晴、謀略課長影佐禎昭等人。其中以和影佐會談六次，次數最多；且以三月五日的會談最引人矚目。當日上午在參謀本部會見了多田與本間二人。本間曾坦白告稱：蔣中正先生應爲這場戰爭負最大責任；下午在董之下榻處復與影佐會談，影佐也明白表示，「日方希望中國有大政治家親自出馬，與日方開始交涉最基本條件」。日方兩人談話，言外之意，似透露出元月間日本發表「不以國民政府爲對手」的聲明，實含有製造中國政府分裂以削弱蔣委員長抗戰聲勢之政治作用。所以董道寧乃向本間表達日本應自動取消此一「無理聲明，以謀問題之正當解決。」至於影佐還提及的日本對議和條件，如中國放棄抗日政策，與日本合作；承認滿洲國，日本得在華北駐屯必要軍隊以共同防共等，應只是一套敷衍說詞，想非日方眞意所在。董氏並受影佐之託，攜回兩封親筆致何應欽與張群的信，期盼何、張二人能夠奮起，促成兩國合作以確立東亞和平。[20]

董道寧三月十日從日本出發，取道大連，三月十五日返抵上海時，高宗武猶在等候，未幾同赴香港。四月二日，高宗武偕董道寧返回漢口，先向周佛海報告與日方接洽情形。周佛海隨後報告汪精衛。四月五日高謁見蔣中正先生，[21]蔣中正先生「告以日本急於求和，且有攻俄跡象，其欲以攻俄跡象，其欲以攻俄爲名，而脅我速與言和之企圖，殆昭然若揭矣。」[22]十四日，高宗武肩負「秘密使命」飛往香港，繼續謀和活動。日人居間穿梭者爲西義顯，惟未獲致令彼等滿意的結果。[23]

高宗武更進一步之具體謀和活動是親自出馬赴日探求日方眞意。而促成他行動最主要者自爲周佛海。高在五月底返回漢口時，曾與周佛海談「中日關係前途二小時」。六月六日，再奉命飛香港行前，周佛海要求他直接到日本去連絡，試探日本政府關於實現和平之條件。高宗武初露猶豫之色，經周極力鼓舞，並保證負責報告蔣中正先生，遂決心赴日。㉔其次是松本重治和西義顯。㉕後來便在彼等策劃下，六月二十三日由香港啓程，經上海，七月二日晚抵達橫濱，本宿橫濱，爲安全計當夜又由西義顯護送至東京。七月九日，自東京動身，赴橫濱登船返香港。㉖留在東京剛好一個星期。

依據他手撰的「東渡日記」，停留東京期間，與其晤談之日方人士如下：

七月三日　晚，與松岡洋右談至十二時。

七月四日　上午，與陸軍省軍務課長影佐偵昭談一小時。下午，與参謀本部次長多田駿談兩小時。

七月五日　因對影佐、多田兩人之意見不能苟同，整日無意見客。

七月六日　晚，與首相近衛文麿之親信同盟通訊社總社長岩永裕會餐。

七月七日　下午，先後與陸軍省中國課課長今井武夫和該省大臣板垣征四郎談一小時。晚，在岩永住所便飯後，談至十一時半。

七月八日　上午，往見首相近衛文麿，談一小時。晚，與近衛智囊團西園寺公一、犬養健㉗等人便飯，且談至十一時。

高宗武此番孤身深入敵國，與各方接觸會談，所獲得的觀感，據他後來向上級的報告，主要有三方面：一爲對日人的印象。除板垣尚有傲慢之氣外，其餘諸人皆彬彬有禮，談話時都表示希望早日收拾戰局，且都承認日本過去確犯錯誤。軍人中以多田最坦白，文人中以松岡最健談而眞誠。二爲對日本政府之中心人物的觀察。軍部之中心人物是參謀次長多田、陸軍部長板桓、軍務課長影佐，但因爲多出係一好人、板桓又有勇無謀，故重要計劃都出自影佐之手。內閣之中心則在首相近衛和板垣兩人，而對華政策之中心人物爲影佐、松岡、岩永及外相宇垣等人。三爲對談話內容之綜合分析，認爲日方用意不外兩點：㈠議和條件可減輕，㈡蔣委員長非下野不可。㉘

關於當時日方擬議的條件，是由影佐在會談時表示的：㈠一般提攜與共同防共，㈡在華北及上海設置高度之合作地帶，㈢經濟合作。仍然只是原則性方案而已，不值得重視。倒是日方這次對於蔣中正先生下野一節，表現出非常堅強之態度和明確的立場。板垣告訴高宗武：「日本自想結束戰爭，但非蔣介石先生負責下野，國府改組，日本只有忍痛犧牲一切，以求事件之根本解決。」影佐在會談時也以軟中帶硬的語調說：「可否請蔣委員長下野，由汪主席出任負責，則不但於日本方面容易轉旋，即中國方面亦易作到，於中國面子亦可保持。」影佐還特別強調蔣之下野已經是御前會議和五相會議一致的決定。極顯而易見，日方意圖促使蔣中正先生領導之抗戰力量潰散的謀略，始終一貫。㉙所謂條件可減輕云云，毋寧說是個誘餌，或許恰當一些。

面對日方此一露骨的表白，高宗武也老實回告以不妥，要旨爲：一、中國之抗日情緒乃積日本數十年來侵略之結果，如以爲蔣中正先生下臺，就可解消抗日情緒，這是極大的誤解；二、中國今日實非蔣中正先生負責不可，只有他能與日本作戰，也唯有他能與日本講和。即使汪主席出馬，亦無法收拾局面。高在會談之中，一再提醒日方，如此的要求會給人是在離間中國內部，破壞團結，滅亡中國之手段；蓋蔣一旦下野，中國失去統制，國內四分五裂，日本便可爲所欲爲。所以高宗武向蔣中正先生報告稱「此實敵方最毒之計，職已屢次向其表示失望」。[30]

於此要指出的是，日方當事人對此節之憶述，出入頗大。茲以影佐爲證。他回憶說曾與高宗武在箱根見面兩次，關於以汪爲談判對手的問題，是高宗武先提出的：

> 高說：歸根到底，日本現在不承認蔣政權，爲了造成日中之間的和平，也許必須找蔣介石以外的人。汪早已痛感有迅速解決日中問題的必要，稱道和平論，而國民政府內部終究不能容納他的主張。爲此，不如從政府外部掀起國民運動，開展和平運動，由以造成蔣聽和平論的時機。這樣較爲適當。[31]

這是值得探討的。難道高宗武向蔣先生的報告隱瞞了若干實情，抑爲日人故意扭曲眞相？從日方工善謀略的角度來看，也許不難判斷孰眞孰僞。由於高宗武這次秘密東渡，逾越了只能在香港研蒐日本情況資料的指令，無怪乎蔣先生在六月二十四日聞高秘密離港赴日消息，當日日記記道：「高宗武擅自妄動，可謂膽大妄爲矣！」[32]而高回到香港後，自知將無以面對，直至七月二十二日下午，始派周隆庠將赴日活動有關日記及會談記錄等件，交由周佛海轉呈蔣中正先生。高並有一封致蔣先生的信謂：

委員長鈞鑒：職於六月二十三日由香港秘密東渡，刻已平安返港。茲謹將職東渡日記及在東會談記錄與職個人觀感三項，分別呈閱。倘有可以供鈞座參考之處，則或可贖職擅越之罪於萬一也。㉝

周佛海看到報告後，先呈給汪精衛。據陶希聖說，「汪看了這個報告，特別是其中說到日本參謀本部希望汪出馬言和的一段，大爲吃驚。他立即將原件轉達蔣委員長。」㉞蔣先生看過報告後兩三天，曾責問陳布雷說，高宗武眞是太大膽了，是誰允許他去日本，表示今後將與高宗武斷絕關係，停發其活動經費。周佛海則爲表示對高負責，乃從中央宣傳部經費中，每月提撥三千元給高宗武，讓他留在香港，暫時觀望形勢。高宗武從此就不曾再回到國內。㉟或謂：如無蔣先生之默許，高宗武豈敢赴日秘訪。洵爲無稽之談。

其後，高宗武曾因肺疾復發住院一段時間。八月下旬，松本重治到香港採訪，以了解中國方面對高訪日有何具體回應。此時，高宗武便以健康理由，向松本介紹梅思平，說他是周佛海的好友，以後可直接與梅思平交涉。㊱梅思平時爲漢口半官方文化組織「藝文研究會」香港分會「國際問題研究所」之主持人，負責選擇外國報紙刊物資料，或剪報，或摘譯，寄回漢口，供總會參考。㊲他踩著高宗武已經打通的道路，從八月底至九月初，在香港與松本進行另一階段之謀和交涉。㊳高宗武則只居於諮商的角色。

二、「重光堂」密商議和條件與步驟

梅思平原擬於十月中旬回漢口向周佛海報告與松本重治會談之結果，因日軍猛攻武漢情勢危殆而延至十月二十二日始回到重慶。二日後，周佛海亦自漢口輾轉抵至，旋聽取梅思平的報告；二十五日，謁見汪精衛，「對於情勢有所報告及陳述」。㊴此後，汪精衛等人連日商議頻頻；至三十日汪終於下定決心，命高宗武與梅思平為代表，再赴上海和日方代表進一步接洽。關於他們商議的內容，目前中文資料未有直接記載，惟是日周佛海日記載稱：

> 晚，赴汪宅便飯，並商談時局。決疑定計，實非易事也……十二時始返寓，輾轉不能成寐。英雄造時勢歟？時勢造英雄歟？時勢如此，能否旋乾轉坤，使國家不致滅亡，端賴今後努力。惟國運如何？實未能預料也。㊵

可見，他們確實是經過一番周密研議，纔作出此一企圖「旋乾轉坤」的決定。蓋其時，廣州陷落於前，武漢繼撤守後，外在情勢促使彼等益覺抗戰前途之悲觀，遂採取較積極之行動。

日本方面，日本政府亦於十月下旬得到松本與梅思平在香港會談結果的報告，甚表重視。加上此時日軍軍事進展順利，佔領了廣州、武漢，近衛內閣把握時機，於十一月三日發表「東亞新秩序聲明」，即所謂近衛二次對華聲明，宣稱：日本所期求者就是建設東亞永久和平的新秩序，如果國民政府拋棄以往的一貫政策，更換人事組織，取得新生的成果，參加新秩序的建設，日方並不予以拒絕。它表面上係對一月間「不以國民政府爲對手」聲明之修正，實際上還隱含兩方面意義：㈠日本對華政策已作調整，政治誘降的策略公然浮出檯面；㈡暗示國民政府必須放棄抗日容共政策及徹底改組，簡言之，蔣中正先生必須下野，始能言和。歸根究底，它眞正目的在於向重慶的主和份子表明日本政府已採取「和平」解決戰爭的立場。因爲高宗武訪日之際，曾強烈表達要日方取消「不以國民政府爲對手」聲明，近衛之聲明可視作對主和份子期望的一項呼應，無異爲他們注入一針興奮劑，十天以後雙方代表即在上海舉行促成後來汪精衛等人出走重慶的「重光堂會談」。㊶

梅思平與高宗武分別在十一月上旬抵達上海。日方則先由今井武夫與伊藤芳男代表，第二階段改由影佐偵昭與今井主談。此外隨從者有周隆庠、西義顯、犬養健。「重光堂會談」分爲預備會談及正式談判兩階段進行．預備會談自十一月十二日夜一直進行至十四日夜。㊷關於會談內容及協議經過，根據日方所謂「渡邊工作現況」，㊸可以瞭解其梗概。

在預備會談上，雙方對一份所謂「中國方面的行動計劃」，均未表示異議。計劃分成發動、建立新政府、新政府的政策三個部份，歸納其要旨爲：㈠兩方代表就「和平解決條件」達致協議，並經日本政府確定後，汪精衛等人藉口前往昆明，經河內到香港。俟日本政府公佈「和平解決條件」，汪則發表與蔣委員長斷絕關係聲明，並對國內及南洋華僑宣傳和平運動。與此同時，雲南宣佈獨立，四川軍隊繼起呼應，日軍也配合採取軍事行動，隔斷中央軍向貴州等後方地區之討伐；㈡汪精衛在非日軍佔領區之雲南及四川建立獨立政府和新軍隊，迨廣東和廣西兩省日軍實行部份撤退後，再以此四省做爲「新政府」的轄區；㈢「新政府」

成立後，發表日華提攜及闡明共同「建設東亞新秩序」之政策，並得聘請日籍軍事及其他方面的教官。[44]

引起雙方代表較多協商的，是兩份文件：「日華秘密同盟條約要點」及「新國民政府的對日政策」（亦即上述行動計劃中所謂「和平解決條件」）。這兩份文件，係就雙方連絡人員以前在香港多次會談之意見整理而成，現在提到預備會談上，經部份修正後，進行正式協商。梅思平、高宗武表示對「秘密同盟條約要點」原則上同意，但因爲尚未經汪精衛過目，其實行方案先予保留；對於「和平解決條件」，雙方反覆談判，結果綜合雙方的意見，暫取六項解決條件如下：

一、締結日、華防共協定，內容以日、德防共協定爲準；

二、中國承認滿洲國；

三、中國承認日人在中國內地之居住、營業權，日方亦考慮廢除在華治外法權並交還租界；

四、日、華經濟合作依照平等互惠原則，合資合辦；

五、日軍在一定期間內駐兵內蒙；

六、和平解決條件達成後，除內蒙以外，其他佔領區之日軍開始撤退；當中國國內治安恢復時，全部撤軍完畢，但時間不超過兩年。[45]

此外，雙方又對於「和平解決條件」之發表、日華秘密同盟條約要點在文件上的簽署，以及「臨時」、「維新」兩政府之處理諸項問題，進行協議。除第一項問題未能獲得協議外，其餘兩項均達成諒解，大致內容爲：㈠雙方代表不以正式代表身份，而以個人名義在秘密同盟條約要點及六款解決條件之協議記錄上簽字後，各自向日本政府與重慶方面提出報告，俟兩方皆回電同意，立即生效，並按預定程序進行工作；㈡汪精衛新政府成立後，臨時、維新兩政府發表聲明自行引退，屆時則由中國內部自行和解，希望日方不要特意支援兩政府。[46]

預備會談共進行兩天。結束後，今井武夫等人即於十一月十五日攜帶雙方協議之草案，趕回東京呈報，經陸軍省和參謀本部會議決定以爲基礎，大力推動日、華「和平運動」。陸軍省重新指派軍務課長影佐禎昭、參謀本部仍派今井武夫爲協議記錄簽字代表，返抵上海，展開正式會談。

正式會談，自十一月十九日夜至二十日傍晚。作爲議案的，仍是日方根據日本政府通過「日華關係調整方針」，將預備會談上所達成之協議草案加以若干修訂而成者，故與原來協議草案在形式及內容上均有所更動，高宗武、梅思平亦逐一表達意見。最後達成協議。[47]雙方代表即於二十日下午七時在「日華協議記錄」及其附件「日華協議記錄諒解事項」上簽字；對另一附件「日華秘密協議記錄」僅取得一致意見，以上三項文件合稱爲「重光堂密約」。此外，日方代表並備妥一份日本政府之聲明草案[48]送交高宗武、梅思平參閱，正式會談宣告結束。至此，高宗武對日謀和活動，更獲得具體的進展。汪精衛出面主和之態度益趨明朗化。

因此，對於汪精衛等人將如何脫離重慶的行動步驟，在重光堂會議中也已經預先規劃如下：

十一月二十二日　高宗武、梅思平兩人從上海出發；
十一月二十四日　高宗武、梅思平兩人到達香港；
十一月二十五日　梅思平到達河內；
十一月二十六日　梅思平到達昆明；
十一月二十九日　梅思平到達重慶；
十二月三日前後　日本方面向上海周隆庠答覆同意與否，並向香港高宗武答覆同意與否；中國方面向上海伊藤芳男答覆可否，並向香港西義顯答復可否；
十二月五日以前，汪精衛自重慶出發到達昆明；日本政府接到汪抵達昆明電報，即發表聲明。日方發表聲明後，汪精衛也發表與蔣委員長斷絕關係之聲明。汪精衛到達香港，發表中日合作建設東亞新秩序及反共政策的聲明。㊾

為防萬一，高宗武、梅思平還與日方代表約定，如果十二月五日前後的發動遭遇到困難，則延期至十二月二十日以後。從事後發展來看，汪精衛等人之脫離重慶，完全是依照重光堂會談秘密協議之安排而採取的行動。他們的計劃不可謂不周密。重光堂會談對日、汪雙方的謀和活動而言，具有一定的意義：㈠日本亟思與國民政府議和以取得侵略成果而卻無法實現的願望，從密約中暫時獲得滿足。㈡強化了原已對抗戰軍事失利極感悲觀的主和份子脫離重慶的決心。㈢日本分裂國民政府抗戰陣營之謀略，初步獲致效果。

重光堂會談一結束，日、汪雙方代表各自攜回「日華協議記錄」等秘密文件，並約定東京、重慶兩方面如均無異議，則分別透過上海和香港之聯絡人作出答覆，如告生效。在上海的聯絡人，日方為伊藤芳男，汪方為周隆庠；[50]在香港的聯絡人，日方為西義顯，汪方為高宗武。梅思平於十一月二十六日抵達重慶，旋即隨同周佛海赴上清寺汪精衛公館，趨前報告與高宗武在上海談判的經過，並一起商議經雙方代表簽字之條件及近衛聲明草稿，至中午十二時始散。[51]下午，周佛海與梅思平再到汪宅商討時，「汪忽對過去決定一概推翻，云須商量」，二人乃「以冷淡出之，聽其自決，不出任何意見」。[52]

次(二十七)日下午，周佛海、梅思平三度赴汪宅，與汪精衛和陳璧君一同會商。事後，周佛海憶稱：

> 汪先生忽變態度，提出難問題甚多。余立即提議前議作罷，一切談判告一結束。汪又轉圜，謂簽字部份可以同意，其餘留待將來再商。於是決定照此覆電也。[53]

經過幾次商議，周佛海和梅思平發覺汪精衛之性情為「無一定主張，容易變更、無擔當、無果斷、作事反覆，且易衝動」。惟平情而論，在抗戰國策之下，私通敵方，簽定秘約，對身為政府高級官員之汪精衛來說，難免會有瞻前顧後，猶疑不定之表現。[54]

十一月二十九日上午，汪精衛、陳璧君、周佛海、梅思平、陳公博、陶希聖等人群聚汪宅，將各項文件詳加研究後，決定予以同意，隨即電告香港的高宗武。下午，他們又一起研訂出走重慶的辦法：汪精衛八日往成都，十一日赴昆明；周佛海則先赴昆明等候。[55]陶希聖與陳公博因住成都，由成都逕赴昆明會合。一切計劃底定，翌（三十）日，梅思平便趕回香港。

梅思平回到香港以後，高宗武隨即通知日方連絡人，答覆三點如下：㈠汪精衛承認「日華協議記錄」，惟對其中之一附件「日華秘密協議記錄」尙有意見，保留後日再協商之餘地；㈡汪精衛預定十二月八日從重慶出發，經成都，於十二日到達昆明，在此期間須特別保密；日方以十二月十二日左右發表近衛聲明最爲適宜。㈢汪精衛將在昆明或河內或香港（地點未定）宣布下野。[56]

日方接獲答覆後，於十二月初分別通知汪方連絡人，表示對「日華協議記錄」亦無異議。汪精衛等人遂在極秘密狀況進行脫離行動。爲了避免引起外人懷擬，他們名自假藉不同口實作爲掩護。周佛海以視察宣傳工作名義，於十二月五日先赴昆明，與龍雲聯絡，預爲佈置一切；陶希聖以講學爲名尾隨而至；汪精衛則假赴成都講演之名。他們所以選擇這時離開，蓋因蔣中正先生自十一月底抵桂林後，正組織桂林行營，策劃第二期抗戰軍事。汪等估計蔣先生十二月二十五日前不致返重慶，遂決定乘隙潛逃。[57]

未料，蔣中正先生提前於八日返抵重慶，使得汪精衛等人原訂出走的計畫，被迫展延。直到十二月十八日上午，汪精衛藉赴成都講演爲詞，搭機直飛昆明，同行者有其妻陳璧君，及秘書曾仲鳴等人。考汪精衛所以選定是日潛赴，綜合有關資料研析，其經過爲：他事先獲悉蔣先生預定於十八日飛往西安主持軍事會議，遂請交通部次長彭學沛預先購妥機票，擬俟蔣先生離渝，隨之脫出；後因西安天氣不佳，蔣先生延至二十日始首途。汪感到再待下去，將有敗露行跡的危險。十八日當天，正好蔣先生召集國民黨的中央委員講話，汪可以不出席，乃得乘機飛離重慶。[58]汪精衛為了掩飾行動，是日早上臨搭機前，猶特地訪晤孔祥熙，表示就要前往成都演講。[59]

汪精衛等抵達昆明，雲南省政府主席龍雲親至機場迎接；晚上，兩人會談了數小時。不過，他們認為昆明亦非可久留之地，因決定次日啟程赴越南河內；在龍雲協助下，向歐亞航空公司包租一架專機，於十九日下午直飛抵河內。從此，他們置身海外，「將來亡命至何時，殊難逆料。」[60]

三、二次東渡交涉

汪精衛抵達河內後，按照預定計劃，於二十七年（一九三八）十二月底公開發表主張和議之「豔電」，以呼應日本首相近衛文麿先幾日發表的第三次對華聲明。惟此舉既未能如他原先所估測的引起各方響應，反而招致海內外一片撻伐的聲浪。更不幸的是，接著而來新的一年——二十八年開始的第一個月，汪精衛度過了讓他一生永不能忘卻的「孤獨的正月」[61]究其原因有三：

一為元旦日中國國民黨中央決議永遠開除汪的黨籍。汪回想當時的心情，說：

> 元旦晚上，我得到情報，知道重慶方面在策劃剝奪我和同志的國民黨籍。對於這個情

報，我與曾仲鳴俱頗黯然，這一晚，大家都沈思了一晚。(62)

二為日本近衛內閣竟在「艷電」發表之後五天——元月四日倒臺。繼之而起者，為平沼騏一郎內閣。此一日本政局之更迭，是否會影響及對華政策之改變？令遠在河內的汪精衛，不能不審慎加以觀察。三為一月十七日發生香港「南華日報」發行人林柏生遭人襲毆受傷事件。(63)該報鼓吹和議論調甚力。「艷電」即汪交林柏生由此報發布消息。不滿和議主張之人遂憤而出襲。這一事件，亦不免使汪精衛感到恐慌。

然而，一過了「孤獨的正月」，汪精衛便開始積極活動起來。二月一日，高宗武奉汪精衛電召自香港到達河內，商討今後對策。兩人從一日至五日，每天會商七、八小時。前三天汪向高徵詢兩方面的意見：㈠一般情況估計；㈡檢討汪本人應不應出馬拯救國家和民族。第四天起，汪則提出個人想法，彼此共同研究。經過商議，獲致三項方案：

第一方案，日本和蔣委員長妥協。此案對收拾時局最宜，汪願盡最大努力促成之。

第二方案，以王克敏、梁鴻志、吳佩孚及其他實力派人士負責中國之統一，汪則以在野之身積極予以協助。

第三方案，假如日方認為汪精衛纔是收拾時局最適當人選，則就汪所開列的條件為方針，加以妥善處理。

至於由汪出馬收拾時局之條件，歸納起來，主要有五項：㈠汪以國民黨名義，組織反共救國同盟會，負起重建民族國家的政治工作及軍事力量（以十二個師爲目標）；㈡在日軍迫近西寧、南昌、南寧時，汪再次發表聲明，宣布由他收拾時局，擔當實現和平的負責人，並號召西南各將領通電響應；㈢與日本當局會見，發表共同宣言；㈣以雙十節（十月十日）爲期，在南京組織新國民政府，同時解散同盟會以及取消「臨時」、「維新」兩政府，其人員併入新中央政府機構；㈤協商日本貸款兩億元，在新政府成立以前，每月先提供約三百萬元的活動經費。[64]

高宗武即偕周隆庠攜帶這些方案和條件，從河內經香港轉上海赴日；[65]二月二十一日在長崎登陸，由今井武夫陪同，二十六日抵達箱根，二十八日在箱根富士屋旅館與影佐禎昭舉行協商今後行止要點。影佐明確表示，日本準備以第三方案作爲收拾時局之準繩，對於汪之計劃將以滿腔熱情讚許之，並盡力促其實現。[66]高宗武此行還與平沼首相、有田外相等要人晤談。其後，日本內閣在五相會議上作出促使汪精衛出馬的決定，乃於三月十八日責由駐香港總領事田尻愛義，[67]將日方決議面達高宗武。接著，在四月一日的興亞院[68]會議上，又決定自四月份以後的六個月內，從海關餘款中按月支付三百萬元，資助汪精衛反共救國同盟會。[69]此即高宗武二赴東瀛謀和交涉之梗概。

特別要指出的，在汪精衛提出之方案中，已經明白說明他組織新政府之時間、地點、活動經費、以及對「臨時」、「維新」政府的處理方式，較諸「重光堂」會談時所構想的，更爲具體。尤其是關於組織政府之地點。「重光堂」會談決定是計劃在非日軍佔領區雲南和四川建立獨立政府，此次汪之方案則改成在南京組織新國民政府。顯示出已有極大的轉變。

可惜，高宗武二度東瀛之行，並未能像重光堂會談一般，保密到底。四月五日，國內各大報均以醒目標題，揭發汪精衛起草之對日妥協條件，及高宗武赴日接洽的結果。重慶「大公報」嚴厲批評這一所謂「汪、平沼協定」，「眞是喪心病狂到極點」，並謂：

> 汪衛精竟替暴日畫策，唆使敵人進攻西安、南寧、南昌、長沙、襄樊、宜昌，然後各路入川，以期中央突破。汪更對敵人買空賣空，說他能發動二十師以上的兵力，自任策動倒蔣反共的戰事，要求暴日月給活動費二百萬，並已兩次拿到共四百萬。組織反共救國同盟會，汪自任總裁。最後汪至南京組織政府，而自任傀儡。請問這是「主和」嗎？乃是降敵賣國的大陰謀！⑳

有人認爲「大公報」此舉，乃政府授意爲之，而政府則因爲汪精衛爲追悼其秘書曾仲鳴三月間遭刺殺而發表「舉一個例」一文，暴露了國防最高會議對德使陶德曼調停之決議記錄，所採取的報復行動。爲此，汪精衛特於四月九日發表「重要聲明」，替所謂「汪、平沼協定」辯稱：這是重慶方面應有之宣傳，況且消息又源自重慶大公報，大公報久爲政府中國人之機關，失卻報紙應有之職責。故他「對於此種毫無根據之謠傳，不屑置辯，但爲正中外之觀聽關係，用特鄭重舉出主張，以告國人。」㉑

在此，擬就「大公報」所謂「汪、平沼協定」一節，加以說明。究竟有無「協定」之情事？自法理上言，凡稱協定，必須經由雙方代表人簽署認可，始告成立。如上節所述「重光堂」之「日華協議記錄」。惟就目前資料所及，並無可資以證明此一「協定」之成立。況且高宗武也是在回到香港後，才接獲日方同意之答覆。可見當時在日本，雙方尚未達成最後決定，是對所謂「汪、平沼協定」似仍有必要持以保留態度。

高宗武後來接受美國學者邦克（Gerald E. Bunker）訪問時，否認在河內時曾與汪談論軍隊問題。[72]然而，大公報所透露的消息以及日方發表的檔案資料中又明明白白記載日軍如何採取進攻之行動計劃。根據邦克之觀察，以高宗武人格，似亦不致作出這般建議。況且高二月底回到香港後，因肺病關係，乃託周隆庠將報告帶給汪精衛，報告結論指出：「和平運動」時機還未成熟，最好在河內等待，或者赴歐休養。[73]如果高宗武所稱屬實，則謂其在日本達成「協定」一事，根本不可能。龔德柏，當時為重慶國際問題研究所主任秘書，主管有關情報事務。據他表示，這件「汪、平沼協定」全文，係該所在香港的情報員王道源寄回的情報。龔德柏依王氏情報員身份地位判斷，此情報絕對不確實。惟該所主持人王先生仍將它致送陳布雷，轉呈蔣委員長。蔣委員長閱後交由大公報張季鸞酌處。大公報乃予以披露。但是，龔德柏強調絕無所謂「汪、平沼協定」，認為「那完全是捏造的文件」。[74]

但究竟是誰走漏了這項消息？日方懷疑是高宗武所提供。[75]惟目前並沒有直接而充分證據可以肯定為高宗武所透露。從另一項資料來看，知道高宗武東京之行者，確定有杜月笙和蔣中正二人。杜月笙於三月二十六日致蔣先生電有謂：「高（宗武）則謂近雖自動赴東（日本），而所作所為決不敢使國家民族蒙受不利，所有經過鏞囑渠呈報後，業已備有詳函交由鄭亦同君賚陳。」76

值得注意的是，高宗武在三月十八日收到日方對汪精衛提出的方案之正式決議後，次（十九）日凌晨，戴笠自重慶向在河內主持監視汪派行動之軍統局幹員陳恭澍，下達了「霹靂震驚的『制裁令』」。77二十一日，便發生刺汪事件，時間頗爲巧合。其間有無關連性，尚有待進一步探討。

四、最後的抉擇—懸崖勒馬

如前所述，高宗武是對日謀和活動的中堅人物，後竟於日、汪代表簽定「調整中日新關係協議文件」之後第四天，即二十九年（一九四〇）一月三日，偕陶希聖潛離淪陷區上海前往香港，時機上頗耐人尋味。

高、陶之相偕脫離，據稱係高宗武率先作出決定，然後約陶一起行動。高宗武決意出走上海，早在民國二十八年十月間即已透過軍事委員會江浙行動委員會主任委員杜月笙派駐上海的代表徐采丞暗中進行，委徐至香港請託杜月笙設法安排。杜月笙認爲機不可失，假如果眞能把高宗武接出來，並揭發彼輩勾結日本的內幕，對於抗戰前途及國家大局將會產生正面影響，遂決定親往重慶面報蔣中正委員長。後來他就依從蔣先生指示，著手策劃，責由徐采丞、萬墨林積極展開行動。因事關緊要，杜月笙曾幾度前往重慶，親向蔣先生報告進展的情況。

高宗武在取得重慶方面認可後，即赴上海法租界陶希聖寓所，互約一同赴港。汪、日雙方歷時二月經過七次以上談判，終於二十八年十二月三十日簽訂「調整中日新關係協議文件」。[78]參與是項談判工作的陶希聖因已決定脫逃，故意稱病不出席簽字，以免留下痕跡。二十九年元旦，陶希聖爲免引起他人疑心，仍「抱病」到汪精衛等人寓所賀年。一月三日上午，高宗武按照徐采丞、萬墨林等人的安排，離開法租界寓所，悄悄登上美國輪船「胡佛總統號」。陶希聖隨後亦趕來會合。五日，達香港。[79]

儘管高、陶兩人此後迄未將爲何出走的眞相向外界披露，尤其是高宗武更三緘其口，毫無有關公開內幕的隻字片語。但是從相關的資料觀察，仍不難尋找導致他們走向脫離之途的脈絡。

就高宗武來說，有三點因素促成他的決定。其一、當汪精衛的「艷電」發表後，原擬在雲南、四川、廣東、廣西等非日軍佔領區成立政權的計劃，因得不到實力軍人的支持而告落空。關於此後對日謀和活動宜採取的行動方針，高宗武與汪精衛、周佛海等人有所歧見。高宗武主張汪留在河內，從事和平宣傳與號召；周佛海堅主前往上海，在淪陷區建立政權。汪則贊同後者意見。由於意見不協調，造成此後高宗武與汪、周關係逐漸疏冷，對建立新政權的活動亦不甚積極。[80]

其二、二十八年四月五日，重慶「大公報」揭載汪精衛與平沼騏一郎簽訂秘密協定的報導，曾引起日方對高宗武產生懷疑。此後，日方便對高宗武採取了防範措施。雙方關係日漸惡化。據日文資料記述，是年五月底，高宗武隨汪精衛首次赴日方訪問。日方安排汪精衛、周佛海、梅思平、周隆庠同住一處，卻藉口高宗武有肺疾，加以隔開，讓他獨住一處，甚至一度企圖殺害。[81]

高宗武這次乘逗留日本期間，即曾在長崎向僑居日本的黃溯初透露對汪等組建政權活動不滿，想要離去，黃溯初亦從旁鼓勵，承諾予以幫助。故當高返回上海時，黃也到了上海，通過徐采丞居間連絡，得與杜月笙搭上線。

其三，高宗武既有意離去，因此回到上海後，仍獨自住在法租界，以便利行動。其後汪、日談判密約時，高並沒有被指定為談判代表，但是對日方提出條件的嚴苛，當亦有所悉，益發認清到日方推動和平運動之本質，實未脫侵略者的心態。以是，特別設法暗地攝得日、汪資以談判的「中日新關係調整綱要」草案，預備攜出公布。㉜

至於陶希聖。汪精衛等人由河內到上海時，他卻逗留香港一直持觀望態度。同年八月，陶希聖始由香港赴上海，據陶龍生稱，事前陶希聖見過蔣中正先生，蔣中正先生交給他一份密碼，備上海急事時使用，還指派軍統局毛人鳳協助他。蔣先生要陶希聖跟隨汪精衛身邊勸他莫做出賣國行為，勸不住就回香港。㉝如果陶龍生所言屬實，則陶希聖之離開，乃時間遲早問題。及「調整中日新關係協議文件」──即所謂的「汪、日密約」簽定，陶知情勢再也挽回不了。

二十九年一月五日，高宗武、陶希聖逃抵香港。高於一月七日會見杜月笙、黃溯初之後，即書信給蔣中正先生，謂：

頃晤玉笙（杜月笙之號）、溯初兩先生，得悉鈞座愛護之情無以復加，私衷銘感，莫可言宣。宗武於五日抵此，回顧一年以來，各方奔赴，祇增慚愧而已。今後唯有杜門思過，靜傾尊命。先此奉達，並托玉笙先生代陳一切。另帶上密件共十三八紙，照片十六張，敬請查收。[84]

「汪、日密約」的公布，是蔣委員長指令中央通訊社社長蕭同茲坐鎮香港執行。由於陶希聖眷屬尚留在上海，顧及他們的安全起見，故不便立時發布。一月二十一日，陶眷經杜月笙、萬墨林協助安抵香港。次日，香港「大公報」頭版，以極醒目的標題披露「日支新關係調整要綱」的譯文，又以第三版整版刊登了原文照片，同時還登載高宗武、陶希聖致「大公報」的信函和給汪精衛等人的電報。高、陶說，他們在道義上應有保守秘密之責任，但是，爲中國之獨立自由之生存計，上述之道義責任，不復存在，切望汪等人「懸崖勒馬，放棄此於己無益於國有害之運動」。[85]

高宗武、陶希聖的脫離，帶給汪精衛等人重大的打擊，自不待言。尤其是將「汪、日密約」公開揭露出來，幾乎使汪精衛等自詡的和平運動陷入絕境。難怪汪精衛要嚴厲指責高、陶之舉動係「變亂」的行爲。[86]「大公報」刊登「汪、日密約」當天，汪精衛等人搭船前往青島擬與王克敏、梁鴻志南北兩僞組織舉行會談途中：中午汪一接到陳璧君的告急電報，「焦灼萬狀」。周佛海當晚幾乎「徹夜未睡」，憤然表示對「高、陶兩人，今後誓當殺之。」二十三日下午，周看到高、陶致「大公報」的信後，「不禁髮指」，對日人犬養健和清水董三談及此事，「憤極之餘，不禁泣下」。[87]連朱子家後來在香港撰述汪政權史事時，依然不忘貶抑高、陶一番以洩恨，誣指二人爲叛徒，因爲爭不到好名位纔脫離，做爲報復。[88]

為了應付輿論，汪精衛與周佛海商定，分別發表澄清的談話。二十三日，周佛海首先聲明，不得不承認高、陶公布的事實，但又說這只是日本最初的提案。二十四日，汪精衛也辯稱：高、陶兩人儘管自始即參加和平運動，但自曾仲鳴遭暗殺以後，對彼二人即懷極度戒懼心理；去年十一月左右，由於發現他們可疑形跡，故此後遇有重要交步，即不復使彼等二人參加。現在他們所暴露的「日、支新關係調整要綱」只是日本方面該地當局，即日本派遣軍總司令部一部份人士之和案，既不代表日本政府，也不代表日本該地當局，更不是最後定案。汪還聲稱，高、陶兩人所發表的密約，完全出於嚮壁虛構，事實必有可證明。[89]

茲就「汪、日密約」再進一解。這一「密約」尚未被揭破之前，汪等向國內宣示的「和平理論」，簡單說，就是：和平與抗戰，殊途同歸；倘若和平條件而可以達到國家領土完整、主權獨立，為甚麼不可以和？於是他們不斷強調日本決無滅亡中國的野心，並且具有中國共存共榮的誠意，巧為自己附敵行為披上一層堂皇外衣。及至該「密約」以影印方式眞實披露於國人面前，汪等所謂「和平救國」的眞實面目，乃無所遁形。

惟站在歷史研究立場，對於當時人及今人對「日汪密約」的一個誤解，不能不加以解說。究竟高宗武、陶希聖所揭發的文件，是汪派辯稱只是交涉中的「最初提案」？抑高、陶本人及當時輿論，甚至今人吳相湘認同的就是「最後定案」？[90]根據中國國民黨史會庋藏的二十八年十一月二日「中日新關係調整綱要」原件，及日本外交檔案中的談判記錄，可以確定高、陶揭露的文件，係日方片面提出做為談判基礎的「草案」；而最後簽定之「密約」，並非高、陶所稱的「日、支新關係調整要綱」，而竟是比這一「要綱」條目更為繁多、形式也不同的所謂「調整中日新關係之協議文件」，汪派豈敢公佈，來爲自己申辯？汪精衛指責高、陶發表的「要綱」出於嚮壁虛構，當屬巧飾之詞。

二十九年四月，高宗武經歐洲赴美，此後便脫離了政治活動，一直寓居美國。陶希聖到香港後，遵照蔣先生之指示，留在香港從事宣傳活動；日軍攻佔香港後，於三十一年一月隨同難民逃出，經桂林轉赴重慶，重獲蔣中正先生之器重與信任。

伍　結語

對日抗戰時期，舉國上下，同仇敵愾，奉獻犧牲，一切都爲了保家衛國。汪精衛、周佛海、高宗武、陶希聖等少數主和份子兀自採取對日謀和行動，其動機容或出於和與戰殊途同歸之一念，即其所謂以和平方法也能達到抗戰之目的——保全國家之獨立與生存；然在抗戰民氣高昂的時代，私通敵國、違背抗戰基本國策之言行，豈能見諒於國人。而高宗武居然充當開路先鋒，暗地開展對日謀和活動。綜括本文之論述，可知促成他行動的因素，主要有三點：

其一，自信憑他對日本問題的認知與日人周旋的歷鍊，當能游刃有餘。高宗武首次秘訪日本會見有關當局要員時，幾度聲稱「余自二十八歲起，即開始處理關於日本之事務」，言下之意，日方可以信賴他辦理交涉的能力。他且曾明告松岡洋右：「但余始終覺得余有未十分盡職之處。去年戰端初開，余本仍想努力和平，無奈大勢所趨，毫無結果。此余所最遺憾者也。」[91]所以，他深信經過一番折衝，當能爲中、日兩國間找出一條可以妥協的路徑。

其二，周佛海鼓動與背後支持。如無周一再擔保可以向蔣委員長負責，高宗武儘管懷有交涉長才，爲個人身命安全計，總會遲疑不前，其活動或許不出香港一地。因爲高宗武初期在香港與日方松本重治、西義顯的接觸來往，是經蔣先生認可的，由民國二十七年六月二十日高致蔣的一封信說到「西君於十五日由港返國，已遵照面諭各點作『我當局』之意見告之，但未提何人之意見，請其充分運用」等語，可以概見。[92]高宗武確實也曾提供了若干關於日本之內閣改組、對華方針、對外政策等內幕消息。其後來受周佛海鼓舞而潛赴上海、日本，已經逾越蔣先生許可範圍，違反抗戰基本國策，無怪乎蔣先生聞之動怒。

其三，年輕人的豪情。抗戰初期，高宗武不過是三十二歲的青年，有抱負，有膽量，故勇於孤身深入敵國，連日本當局要員會見他時，都要先表示敬意。相對的，太年輕沈穩性自亦較不足。尤其是面對詭詐多端的日本軍政要員，徒備勇猛精神並無濟大局。被高宗武形容爲「對華政策之中心人物」的影佐偵昭曾很坦白告訴日本駐香港總領事田尻愛義，日方所要進行的和平工作，其實只是一種「幫助戰略的謀略工作」。[93]簡言之，就是以分化中國內部，另外樹立一個親日反蔣政權，潰滅抗戰勢力爲總目標。高宗武是否能覺察到隱藏在日本政府深處的謀略？在開始謀和階段，他也被日方僞善的誠意矇騙了，否則便不會有後來中途脫走之情事。

所謂識時務者爲俊傑，所幸高宗武後來能夠適時警悟，在汪等積極走上築建「和平政權」途中，偕陶希聖潛走，並揭發日、汪談判密約內情。高宗武此一懸崖勒馬的抉擇，就其個人而言，固然遭到昔日志同道合者斥之爲叛徒的責難，卻博得抗戰陣營之賀采與諒解；最値得慶幸的是，得免於蒙受漢奸之罵名與戰後法律之制裁。較諸鼓舞他進行謀和活動的周佛海，非等到政權成立以後，發現情勢變化不利於己之際，方才透過地下情報管道向政府輸誠，爲時略嫌晚矣，不僅無法倖免於漢奸罪名與法律制裁，最後還病卒牢獄之內。高宗武確實要明智許多。

就對國家而言，高宗武計取並冒險攜出「汪、日密約」草案，一方面掀開汪等置國家民族利益不顧之眞面目，使人民認清所謂「和平運動」之本質蓋如是；另一方面也使日本帝國主義獨霸中國的野心，再次暴露無遺。對政府正確堅持抗戰國策及國際視聽，皆有正面影響。

總而言之，高宗武對日謀和活動，開始倘無周佛海支持，後又未能得到汪精衛認同，勢必難以推展。但是，不可否認的，是高宗武運用個人與日本舊識關係負責爲彼等主和份子打通對日交涉的途徑，也是他出面斡旋替彼輩擬妥出走重慶的方案。當他們在河內發現近衛第三次聲明中故意略去「日華協議記錄」明載「協定外之日軍隨著和平恢復，於兩年內撤出中國」一節，顯露日方對謀和已缺乏誠信之際，高宗武卻無力勸使同儕及時中止謀和行動。後來他與陶希聖懸崖勒馬的舉動，也未引發群起效尤，終究無法阻斷汪政權之誕生，讓日本謀略得逞。高宗武不應有所責疚乎。

註釋

❶〈高宗武略歷〉，參見松本重治：《上海時代》（上），頁二六七—九（東京：中央公論社，一九八八年十二月六版）；朱子家：《汪政權的開場與收場》第四冊，頁一四一，（香港：春秋雜誌社，一九六一年五月初版）。

❷邵銘煌：〈高宗武對日謀和活動〉，《近代中國歷史人物學術研討會》，（中央研究院近史所，民國八十二年二月四至六日），頁二。

❸《周佛海日記》（上），頁一九一—二〇，（北京：中國社會科學出版社，一九八六年七月第一版）。

❹中國第二歷史檔案館：〈有關張群出任南京國民政府外交部長期間中日交涉的一組史料〉，《民國檔案史料》，第二期，頁一九—四四（一九八八年二月出版）。

❺〈高宗武致汪精衛函〉（民國二十五年十二月二十一日），《汪僞資料檔案》，（法務部調查局資料室藏），毛筆原件影本。

❻〈高宗武致汪精衛函附件〉（民國二十五年十二月二十一日），《汪僞資料檔案》，（法務部調查局資料室藏），毛筆原件影本。

❼同前❹，頁四三—四四。

❽同前❹，頁四三—四四。

❾〈孔祥熙致蔣委員長函〉，《總統府機要室特交檔案》第三十二卷。原函僅註日期爲「三十日」，據邵銘煌先生推考，應在民國二十六年十一月。

❿松本重治：《上海時代》（下），頁二五九，（東京：中央公論社，昭和六十三年二月七版）。

⓫周佛海：〈回憶與前瞻〉，《周佛海日記》（下），頁一二一五，（北京：中國社會科學出版社，

一九八六年七月第一版）。

⑫、⑬ 同⑪，頁一二三〇、一二三二。

⑭、⑮、⑯、⑰、⑱、⑲ 同❷，頁四。

⑳、㉑、㉒、㉓、㉔、㉕、㉖ 同❷，頁五。

㉗ 犬養健，日本前首相犬養毅之子，時為通信省參事官。此後與高宗武關係甚洽，積極投入議和工作。

㉘ 高宗武：〈個人觀感〉，《總統府機要室特交檔案》第二十七卷。

㉙ 〈高宗武與板垣和影佐之談話記錄〉，《總統府機要室特交檔案》第二十七卷。

㉚、㉛、㉜ 同❷，頁七。

㉝、㉞、㉟、㊱、㊲、㊳、㊴ 同❷，頁八。

㊵ 《周佛海日記》（上），頁一七八。

㊶ 由於談判採秘密進行，會場特別需要隱密性，經慎重選定一所名為「重光堂」，曾經作為土肥原賢二特務機關所在地空房，故稱之為「重光堂會談」。

㊷ 同❷，頁九。

㊸ 「渡邊」，日人姓氏，日本陸軍參謀本部用以作為高宗武代號，「渡邊工作」即指日本與以汪精衛為首之主和派進行和平談判的活動計畫。

㊹、㊺、㊻、㊼、㊽ 同❷，頁一〇、一一。

㊾、㊿、(51)、(52)、(53)、(54)、(55)、(56) 同❷，頁一二—一三。

(57) 蔡德金：《汪精衛評傳》，頁二八三，（成都：四川人民出版社，一九八八年四月第一版）。

(58) 《周佛海日記》（下），頁一二三六；朱子家：《汪政權的開場與收場》（第五冊），頁三一；古屋奎二著、中央日報譯印：《蔣總統秘錄》，第十一冊，頁一九三（台北：中央日報社，民國六十六年五月初版）。

59、60、61、62、63、64　同2，頁一四—一五。

65　據高宗武事後寫給蔣委員長的一封信，說明此行概略時，並沒有提到這些方案，只曾提及臨行時汪精衛曾面囑二點：㈠勸日方速與蔣委員長講和，彼願促其成；㈡打聽日方能否做到「艷電」宣示的內容，因爲近衛聲明與艷電大有出入。是否高有所保留，不敢和盤托出，尚不得而知。函存於《總統府機要室特交檔案》第二十七卷。

66、67、68　同2，頁一六。

69　黃美眞、張雲編：《汪精衛國民政府成立》，頁三五：（上海人民出版社，一九八七年十月第一版第二次印刷）。

70　《重慶大公報》，第一張第二版，民國二十八年四月五日。

71　中國國民黨中央宣傳部編印：《汪主席和平建國言論集》，頁三五，（上海：民國二十八年十二月十日初版）。

72、73、74、75、76、77、78　同2，頁一七—一八。

79　高宗武、陶希聖逃出上海經過，參見萬墨林：《滬上往事》（第一冊），頁一九六—一九八，（台北：中外雜誌社，民國六十六年七月再版）；章君穀：《杜月笙傳》，頁二二七—二三一，（台北：傳記文學出版社，民國五十七年一月八日）。

80、81、82、83、84、85　同2，頁一九—二〇。

86　《汪精衛日記》（一），《檔案與歷史》總第十一期，頁二，（上海市檔案館，一九八八年三月五日出版）。

87、88　同2，頁二一。

89　汪精衛：〈關於高、陶事件的談話〉，原刊於《南京新報》，（民國二十九年一月二十六日）。

90　同2，頁二二。

❾❶ 高宗武與松岡洋右、多田駿、近衛文麿等人談話記錄；《總統府機要室特交檔案》第二十七卷。

❾❷ 同❾❶。

❾❸ 田尻愛義：《田尻愛義回想錄》，（東京：原書房，昭和五十二年十月印行），參閱陳鵬仁先生譯稿。

精公鈞鑒溯違
鈞侍蹤已經年緬懷
榘訓嚮往彌殷邇聞
旌旆即日東旋不勝雀躍敬維
道躬納祜旅祉增庥式符私頌為祝中日關係經我
公歷年苦心擘畫已肇好轉之機年來張部長着
規曹隨仍本中央既定之方針積極謀鄰交之改善
初以日使數易其人進行不無遲滯嗣因成都北海

林大部

事件相繼發生，川越奉命到京談判，頗有利用機會，以貫澈計畫，解決各項重要問題之意，然兩月餘之商談，双方意見尚多未能接近，以致變故發生，遂遽停頓，所有交涉情形，除已隨時報告

鈞座外，茲將關係文件抄送，請轉陳

委座鑒核，一并本年中日交涉之經過報告，另文呈奉，敬祈

鑒察為禱。肅此敬請

崇安

高宗武謹肅 十二月一日

外交部

一年來中日交涉之經過

年春中日俱懷全盤調整兩國間關係之意見，張部長就職

後確認為必由兩國間關係納入正軌，作整個之調整，則我又無由改

善其前此之積極見解，即當以此種誠心與雅量，希望日本停

止一切策動，關於兩國間各項懸案，俾修由數處循外交途徑由雙方

政府負責交涉，蔣院長聲明中方在原則上雖不反對，但須

以所謂廣田三原則為基礎之，我方所認定之三原則措詞迥殊於其

之不便商談，而日方亦已無異，其內容提出本年一月間廣田在

貴族院演說，謂我國對彼所提之對華三原則已經同意

本部即日發表談話，否認對方同意之說，嗣續電我方駐使堅決

認為不符。至密。三月間有田任駐華大使，張部長曾與會談四次，彼此各以率直誠懇之態度，就正式交換意見。談話要點，我方重在於行動之停止，彼則注意於此自屬之解決。所謂談話無結論，但雙方之意思不無多少之疏通。迨有田外調日本外務大臣，以川越繼之。對於所謂廣田三原則仍舉其停，而屢提出催進四要求，我始據依閩龍兩地擬協作中日通航。當問題，行用協議我方以為談判與整個調整中日關係之意不符未允照辦。近一月間，有成都事件發生，害日人二名，繼之日北海中野被殺。時日方擴大宣傳，情緒緊張，我方要以鎮靜態度隨時應付據日方情況顯有利用此種誤會使其大懸之念，九月間川越奉命來京與張部長商洽，意欲割我方主張先行解決蒙案，否與調整七個問題混為一談，而總觀此為蒙案不能解決，係蒙案仍不能僅依日方要求專就所謂調整七個問題先行討論之可方對於我方所提要求則態度避之，乃於會議中外更擬出（一）冀此（二）共同防共（三）開航（四）顧問（五）關稅（六）引渡鮮人等項要求解決，我方迫於情勢為顧全大局計，對於開航關稅兩傭鮮人等項就可能範圍內相當予以考慮，並附以交換條件外，關於共同防共則拒絕商談，此自最初和張部長作凡不帶政治侵略意味而合乎平等互惠之原則予以接受，同時並以冀

察，亦有向彼同時提出我方認為急須解決之具體問題如所
謂塘沽上海兩協定、取消冀東偽組織、停止不法飛行、停止走私
與不干涉綏遠、察東、綏北偽軍及匪軍等事，一併商討
以趨緩和。張群要求撤回田代談判，我欲破裂關係，[illegible]未蔣[illegible]方
者，最高當局曾一動[illegible]因循，便當一面向我方所提條件側面
積極，日方有關者之讓步，關於冀北[illegible]向我方所提異議
狀況有關，非依正式手續不談，但當俟三省[illegible]中央政府
過必要時，對於個人名義有關當局，對日方事前[illegible]須作之證
明，我方所提異議，後盡察此節表示為日方對[illegible]之一企
協定，但至締結平等交換文件，始對隨時一一解決，[illegible]失[illegible]

各以此為中心，我方所希望之方針，盡以維護，此次川越與張部長
前次會談之後，須磨大使(?)希望之要點，日前川越路居後談話通
譯成備忘錄，面呈張部長，其中與所談者出入多，我方已覆
表部長聲明最近日方擬以備忘錄為會談結果，以資參考之行
決定，却此備忘錄已表同意，成都之條件連日經式與須磨磋商
業已決定，解決要點條件為不超越國際慣例範圍，前即了
了結此次之條件，擬促使商一條件以解決其他問題，為實行於日
方重視考慮其態度而形努力也
十二月二十日川越晉謁張部長，並謁蔣院長，表示懇談之意
外未談其他問題，據云日方態度較前似更進步，對中央之認

識六月盈保新，川越個人要求長此發達，大之那光芳維露理

自當前途看好極端熱烈也

第四節 蔣汪與社會史家陶希聖關係

壹 前言

陶希聖先生於民國十七年十二月加入中國國民黨改組同志會，與汪精衛關係較近。抗戰軍興，國民政府於中央宣傳部下組織藝文研究會，陶先先出任研究組總幹事。該研究會並在香港成立分會，專司收集各方資料，按時彙報中央，提供決策參考。民國二十七年底，汪精衛自重慶出走陶先生隨行到上海，受命與日方談判「日支關係調整要綱」，發現日本有與蘇俄瓜分中國之圖謀，而汪對日方此項圖謀無能爲力，使和平運動變質，成了賣國活動，乃拒絕於「要綱」上簽字，而與高宗武設計，於民國二十九年一月四日逃出上海，抵香港，將日、汪密約公諸於世。本文擬就陶先生平作一簡介，再針對其於抗戰期間收集共黨及其同路人的資料，彙報汪精衛，再由汪轉呈蔣委員參考之檔案史料及隨汪自重慶出走後彼此往返函電史料作一初探。

貳 陶希聖生平簡介

陶希聖先生原名彙曾，以字行。清光緒二十五年（西元一八九九年）農曆九月二十六日生於湖北省黃岡縣。父月軻，母揭氏。月軻先生治史地經世之學，於前四史、資治通鑑、讀史兵略尤有心得，登癸卯年經濟特科一等，歷任河南省夏邑、新野、安陽等縣縣令。先生自四歲起隨父讀書，六經與前四史皆能成誦。九歲就讀開封旅汴中學（河南第一中學）。辛亥革命後，進入武昌外國語專門學校。民國四年，考取北京大學預科，在沈尹默教授指導下，研讀呂氏春秋等七部典籍，領悟中國哲學、文學及史學演變概略。八年，入北大法律系，參與「五四運動」。九年，修訂法律館懸賞徵文，先生所提論文得獎金一百元。十一年畢業，受聘於安徽法政專門學校，遵其師黃右昌先生指示，勤讀五禮通考及讀禮通考，決定其爲學之方向；而英國學者亨利•梅因的古代法及清儒胡培翬的禮儀正義二書，更激起先生由法學轉入中國社會史學的興趣。

民國十三年秋，先生任商務印書館編譯所法制經濟部編輯。次年，上海英租界發生「五卅慘案」，先生援引英國法律，撰文指責英租界巡捕罪行，一時備受矚目。先生除編譯多部著作，兼於上海大學講授法學通論外，研讀西方方法學、社會學、民族學名著。當時，史學界掀起中國古史研究風潮，考古學派與疑古派之說流行一時，先生則另闢蹊徑，著手於禮喪服制之研究，尋繹古代以婚姻與家族爲根本之社會組織，由此推求神話與傳說中之史料，重建古代史，奠下中國社會史研究基礎。[1]

民國十六年至十九年間，先生先後任教於武漢中央陸軍軍官學校、上海復旦大學、暨南大學、中國公學及南京中央大學，兼任「新生命月刊」主編，並與周佛海、樊仲雲等創設新生命書局。此時，國內受辯證唯物論及北伐革命浪潮之衝擊，社會結構激變，學者以經濟觀點探討中國社會發展、中國社會史分期及中國社會性質等問題，掀起中國社會史的論戰。其主要論點有二：一派認爲中國社會是半封建、半資本主義社會；另一派則主張中國社會是商業資本主義社會。先生認爲中國古代由原始氏族社會發展到封建社會，封建社會在秦漢帝制以前已解體，商業資本主義開始發達，但到帝制時代末期，殘餘封建勢力仍在。先生除了具有唯物史觀的眼光外，更精研親屬法，兼習許多社會科學理論與方法，對中國古代家族制度和宗法社會，見解獨特，爲當時討論中國社會史重要學者。所著「中國社會之史的分析」、「中國社會與中國革命」、「中國社會現象拾零」、「辯士與游俠」、「西漢經濟史」等書，均風行一時。日本學界稱這一時代爲「陶希聖時代」。

民國二十年，先生應聘回母校—北京大學—講授「中國政治思想史」及「中國社會史」等課程，同時輪流於清華、燕京、師大、朝陽等校兼課。先生感於參加中國社會史論戰的學者，單憑唯物史觀的理論和方法，使用貧乏的歷史材料，塡入公式，流於空談無根，失去學術上討論的意義。爲了矯正這種流弊，於民國二十三年十二月創辦了「食貨半月刊」，主張研究歷史必須從史料裡再產才是眞確的，反對「把方法當結論」的公式主義。指出歷史是社會科學，雖然不能輕視理論，但比理論更重要的是史料。爲了實踐搜輯史料的信念，先生於北京大學成立「中國經濟史研究室」領導一批學生仔細閱讀正史，將二十四史中有關中國社會經濟史的記載，分條記錄，分類彙存，完成了唐代經濟史料八冊，並協助美國教授威特福格爾（Wittfogel KarlA.）搜集遼、金社會經濟史料。不幸，七七事變後，「食貨」停刊，先生辛苦搜輯的大部份社會經濟史的資料與整理好的稿件，多數在戰火中佚失。❷

先生本著理性的論學態度與開闊的胸懷，及在動盪的局勢中建立長久的學術生命的精神，創辦「食貨半月刊」。除了每期撰寫「編輯的話」外，共寫了三十六篇論文和二篇譯著。此外，在清華學報、中山文化教育館季刊、北大社會科學季刊等學術刊物發表論著多篇，並出版「中國政治思想史」四冊，及其他專著六種。當時和先生一齊蒐輯史料，參與食貨寫作的學生如楊聯陞、全漢昇、連士升、鞠清遠、沈任遠、曾謇、武仙卿等人，後來都成爲中國社會經濟史的著名學者。由於先生運用各種社會科學的知識來研究中國歷史，成就既大，影響亦遠，各大學相繼開設中國社會史和中國經濟史的課程，蔚成研究風氣。顧頡剛先生就指出先生使社會經濟史脫離革命家宣傳的窠臼，走上學術研究的大路，功不可沒，是中國社會經濟史研究的奠基者。

民國二十六年盧溝橋事變，先生結束了在北平的六年教書生活，投筆從政，先後任國防參議會議員、國民參政會參政員。先是，先生於民國十七年十二月加入中國國民黨改組同志會，與汪精衛關係較近。抗戰軍興，國民黨爲宣揚抗戰建國之宗旨，並聯絡各報社及民衆團體，與中共及其外圍組織對抗，於中央宣傳部下組織藝文研究會，先生出任研究組總幹事。藝文研究會爲觀察世局，在香港成立分會，專司收集各方資料，按時彙報中央，提供決策參考。而自抗日戰事爆發後，日本速戰速決戰略不能得逞，透過外國調停議和亦無效，乃轉謀與汪精衛和談。此時，藝文研究會香港分會亦與日本參謀本部派駐上海之特務機關取得聯絡。及武漢、廣州失守，汪妻陳璧君指示對藝文分會試與日方談判，日本提出汪離開重慶，另組政府等四條件。二十七年底，汪自重慶出走，先生隨行到上海，受與日方談判「日支關係調整要綱」，發現日本有與蘇俄瓜分中國之圖謀，而汪對日方此項圖謀無能爲力，使和平運動變質，成了賣國活動，乃拒絕於「要綱」上簽字，而與高宗武設計，於二十九年一月四日逃出上海，抵香港，將日、汪密約公諸於世。在香港期間，先生與連士升等人編印「國際通訊」週刊，摘譯及評述英、日文書刊、報紙中有關國際政治、經濟、軍事論著，供重慶領導人士參考，並詳讀戰爭理論著作。太平洋戰爭爆發後，日軍占領九龍，攻擊香港，先生陷九龍四十八日才脫險。

民國三十一年二月，先生抵重慶，出任軍事委員會委員長侍從室第二處第五組少將組長，負責研究與撰述工作，起草「中國之命運」一書。三十二年，兼任中央日報總主筆。抗戰勝利，侍從室撤除，改任國防最高委員會參議，仍兼任中央日報總主筆。三十五年，政府召開政治協商會議，先生奔走其間，促成青年黨、國社黨對國民黨及政府之諒解。隨後亦以遴選代表的資格參加國民大會，與各黨派折衝制憲及臨時條款。憲政實施後，先生應聘為總統府國策顧問、國民黨中央宣傳部副部長、中央日報總主筆等職，並當選候補立法委員。及時局逆轉，先生督責中宣部所屬宣傳事業及電臺等遷至臺灣，並予以充實，奠定爾後國民黨在臺文宣基礎。❸

政府遷臺後，先生受命參與國民黨改造方案。民三十九年八月，出任中央改造委員會設計委員會主任委員，繼而任第四組主任（主管宣傳政策及業務）、革命實踐研究院總講座。四十年，依法遞補為立法委員。四十一年，出任中央常務委員，並曾任中央日報董事長，為繼陳布雷先生之後，長期擔任蔣中正先生文字工作的重要幕僚，曾協助蔣先生撰述「蘇俄在中國」及「民生主義育樂兩篇補述」等重要文獻。民國五十七年，先生自黨務退休，改任中央評議委員。六十年，自中央日報退休，除經常出席立法院院會外，曾任中國大陸問題研究中心董事長、中華戰略學會理事長等職。

民國五十七年，先生赴歐、美、日考察，發現「食貨半月刊」仍爲各國研究中國社會經濟史學者所重視。次年，先生的四子晉生回臺大歷史系任教，當時年輕學者也感於史學界須加社會經濟史的研究，醞釀「食貨」復刊。及先生自中央日報退休，乃邀集學者重新發行「食貨」，改爲月刊，於六十年四月復刊，同時成立食貨出版社，印行史學著作。先生在「食貨」復刊的發刊詞中，強調「採用社會科學的理論與方法，以致力於中國歷史及社會研究的道路，迫切需要我們再拓寬、再延長」，以避免歷史研究走上見樹不見林、虛浮、幼稚，乃至支離的毛病，因此，不論採用何種理論或方法，或寫作、或翻譯，甚至書評、通訊，皆歡迎，皆可刊載。

「食貨月刊」復刊後，先生秉持創辦「半月刊」的原則—不自立學系或學派，不自命聖人或哲人—爲保持純一的志趣、磊落的風格，始終維持學術立場，獨立經營，公開徵稿，是國內少數不以同仁爲邀稿對象之學術期刊，爲學界注入清新的氣象。先生除出資維持雜誌外，更親自研究撰寫論文，復刊以來共發表六十四篇論文，及「清代州縣衙門刑事審判制度及程序」、「中國法制之社會史的考察」、「孔子廟庭先賢先儒的位次」等三種專書。先生早年治學較重社會經濟結構之解釋與分析，晚年則轉向思想史的探索，由史學轉入經學，「天道人倫一以貫之—太一論與天心論」及「春秋王者之事」二文即是顯例。

民國七十六年十一月，値先生九秩榮慶，門生後學在楊聯陞、全漢昇兩先生倡議下，撰文祝賀，共輯得論文四十八篇，適百萬字，以「國史釋論」爲名，分裝二冊爲先生壽。慶祝酒會中，先生猶自喻爲「老兵不死」，蔣經國先生亦以「弘文益壽」推崇其貢獻。不幸，七十七年春以來，以年老體衰，由肝衰竭影響心臟，於六月二十七日病逝於中心診所，享年九十一歲。

先生德配萬冰如女士，係出黃岡名門，教養兒女，學成業立，功不可沒，民國六十七年七月逝世，享年七十七歲。育有一女六子，女琴薰，適沈蘇儒，陷大陸。諸子中除次子福來早亡外，長子泰來、三子恆生、四子晉生、五子范生、六子龍生都有成就，一門俊秀，書香不替，繼述有人。❹

總之，先生的一生，正如在其五十歲感言中所說：「書生而論政，論政而猶書生。」其一生的成就是多方面的，除實際參與政治外，同時是政論家，國際問題與共黨問題的權威，兼長戰略理論、法學與史學等，是國內少數通達數種學問的通儒，更是少數論政，甚至從政之餘，還能兼顧學術工作的學者。在史學研究上，先生以推動中國社會經濟史的研究，享譽學界，這項工作的推動，始於中國社會史大論戰，經「食貨半月刊」到「食貨月刊」的復刊，前後經過近六十年的努力，才把中國社會經濟史由革命家宣傳的領域，推到學術研究的殿堂，如今，更成爲中國史研究的主流。先生以篳路藍縷的精神，創辦「食貨」雜誌，對中國社會經濟史研究有著鉅大的貢獻。

參　關於蒐報北平學生及人民陣線動態研析

自抗戰軍興，國民政府為宣揚抗戰建國之宗旨，並聯絡各報社及民衆團體，與中共及其外圍組織對抗，於中央宣傳部下組織藝文研究會，陶希聖先生出任研究組總幹事。藝文研究會為觀察世局，在香港成立分會，專司收集各方資料，按時彙報中央，提供決策參考。陶先生在北平渡過了六年教書生活❺，直到發生盧溝橋事變才停止教書生涯，投向抗戰行列。抗戰期間，其充分表現反共愛國之情操，可從汪精衛致蔣中正的函電史料中得到印證，該函電全文如下：❻

> 牯嶺蔣委員長賜鑒：伯密頃接陶希聖同志自北平來函，評述北平學生及人民陣線情形，其結論謂：「左傾煩悶青年應加領導而企圖利用此種煩悶，以造成反政府之機緣者，須加打擊。蓋學生本無成見，疏導得宜不被利用，所謂陣線自然解體而共產黨失所憑藉，就範亦易，至於藉人民陣線以反政府之少數份子，則必須制裁，若過於壯容適足長其氣燄，為鞏固大陣線，切盼中央注意之」。所言頗有見地，謹備參考。弟兆銘養
>
> 六月二十二日

從上述函電史料可知一、陶先生充分受知於汪、蔣二人，倚重有加。二、陶對中共及其同路人如何搞學運，反政府，有深入的瞭解與體驗。三、陶認為對青年學生所重疏導，頑劣者，則

必須加以打擊和制裁。在陶希聖所撰：「北平一二三事」乙文中，對於共黨顛覆政府史實曾分析道：

共匪的「人民陣線」在北平抬頭和發展，使我陷入苦悶鬥爭的漩渦。……這時候，北平各大學有舊學聯與新學聯的鬥爭。舊學聯是中共操縱的外圍組織。新學聯中有中國國民黨的學生活動。幾個月之前，舊學聯派代表到大乘巷住宅來請我演講。代表們一見面就是「青年導師」和「當代學者」那一套。我當即拒絕他們的邀請。我對他們說：「中共的作法是捧老年，打中年，騙青年」。我說：「像吳檢齋、范文瀾們那樣，受他們抬舉。我只是三十九歲的壯年，今天你們如抬一塊匾，上面寫著青年導師的字樣，我一腳踢出大門之外。」代表們低頭而去。民國二十六年十二月十二日，北平大學學生大遊行，以景山大街煤山之下爲集合地點。任何人不知道他們遊行的目的，他們自己也不知道。他們只知道參加遊行的，每人可得一雙溜冰鞋。北海與中南海在冬天結冰之厚在三尺以上。……到了夜半，才知道蔣委員長在西安蒙難的消息，也就知道舊學聯這次遊行的目的何在了。❼

由於陶先生對共黨顛覆國民政府的血淚事蹟有刻骨銘心的經歷。大家都知道他是「中國之命運」的起草人。但一般還不知道，他也是「蘇俄在中國」和「民生主義育樂兩篇補述」的撰稿人，因此說他是蔣中正先生身邊的文膽，實不虛也。❽

肆　蔣、汪、陶與「低調俱樂部」關係

三十年代，在中日關係上主張妥協、協調、和緩中日矛盾關係的言論和主張，謂之低調。所謂低調言論，是從北方開始的，到了南京政界就更具體化了。九一八事變後，日本侵佔中國東北，扶植「滿洲國」，民國二十一年（一九三二）國聯調查團公然建議東北三省實行自治（實際上讓它獨立自主），以作爲平息中日糾紛的方案。當這個報告發表後，上海和南京的輿論大譁。只有北大文學院長胡適教授的言論是低調的。胡適說：東北三省「有這樣的一個自治的省政府，看不出有什麼可以反對的理由。」胡適的低調論，在《獨立評論》是有一幫名流學者附和的。如蔣廷黻、傅斯年、丁文江、陳之邁和陶希聖。在南京則有一個受汪精衛、徐謨（外交部政務次長）支配的大型外交雜誌—《外交評論》，它發表中日關係、日本外交政策的研究論文，其論點多流露「親善」、友好色彩的。

「低調俱樂部」是胡適針對周佛海的南京私宅（西流灣八號）的政治氣氛而說的。它是周宅的代名詞。按盧溝橋事變發生以後。蔣中正先生下了抵抗決心，民國二十六年（一九三七）秋，蔣、汪三次在廬山召開國是談話會，當時胡適，張伯苓、傅斯年等名流從北方來，他們同陶希聖一道住在周宅，經常同一些名流政客接觸，那裡的政治氣氛不是高昂的。⑨

在首次廬山談話時，胡適和陶希聖均參加。某日會後，胡、陶二人在山間散步，感到談話會的空氣緊張，於是陶向胡適提議：國事意見複雜，難以統一協調，我二人是否帶頭發起一個組織，提出一套共同遵循的綱領？胡適當即回答說：「不是有一個『低調俱樂部』了嗎？

哈，哈」。⑩當南京進入戰爭狀態時，周公館的地下室是保險的；在南京吃緊的時候（「八、一三」上海戰爭發生後），經常在周公館清談的人，早就撤離南京了。到了漢口，汪精衛從幕後走到前面來，每晚參加在湖北省艮行樓上的「低調俱樂部」。根據大陸學者方秋葦的回憶談到：

> 一九三八年冬，我從南京的兵荒馬戰中把《時事月報·抗戰半月刊》遷到漢口，某夜在一次文化界聚會上遇楊公達（那時代主編「國聯同志會中國分會」的會刊《世界政治》），他告訴我：到漢口後每晚參加在湖北省艮行樓上的「低調俱樂部」的活動，但聲明自己不是親日的，因爲當時一批立法委員很想聽聽汪、周等人對國事的見解。我問楊公達，參加這個俱樂部的有那些主要人物？楊公達並不避諱，他說：有汪精衛、周佛海、曾仲鳴、陶希聖、谷正綱、高宗武、梅思平、褚民誼、羅君強以及一些立委……。⑪

事實上，「低調俱樂部」是一時的歷史現象。民國二十七年（一九三八）一月，行政院和國民黨中央宣傳部來了一個大變動。汪精衛擔任副總裁、國防最高委員會主席，行政院長則由孔祥熙繼任；周佛海擔任中央宣傳部部長，還兼國防最高委員會副秘書長，甚囂一時的「低調俱樂部」也停止了活動；《外交評論》於南京失陷後停版，李聖五啣汪命奔赴香港；梅思平、高宗武（同是溫州人），僕僕風塵於香港—武漢間，他們正籌劃更大的圖謀。

伍　蔣、汪、陶與宣傳部「藝文研究會」關係

周佛海領導的宣傳部於民國二十七年（一九三八）一月在武漢開始活動，陶希聖是四個宣傳委員之一；原《前途雜誌》（復興社書記賀衷寒創辦的）社長兼主編劉炳藜任宣傳部秘書（等於部長助理）；原《日本評論》社長劉百閔任宣傳部普通宣傳處處長。抗戰時期文化界人士曾聚於漢口開會，總計有上百單位。周、陶二人分析了戰局，號召各人、各宣傳單位齊心協力，團結抗戰，響應政府的號召：「地無分南北，人無分老幼，無論何人皆有守土抗戰之責。」

周佛海、陶希聖向蔣中正、汪精衛出謀劃策，搞一個灰色的、半公開的文化團體，名叫「藝文研究會」，全部經費由軍費開支，含有開闢「文化戰場」的意思。它的職能是同中共對抗、爭取中間力量；大辦報刊，用金錢補助新的出版社、資助文化人士。它的領導人是：周佛海、陶希聖；羅君強爲總務組長，葉溯中爲出版組長，地點設漢口天津街二號。[12]

民國二十七年三月二十九日，中國國民黨在漢口召開臨時全國代表大會，通過國民黨在抗戰時期內政、外交、軍事等一系列方針政策，特別是規定「組織國民參政會，團結全國力量，集中全國思慮與灼見，以利國策之決定與推行。」周、陶二人爲了擴大《綱領》精神的闡述，決定約人編寫一套釋《綱領》的小叢書，由周、陶二人主編，藝文研究會出版。民國二十七年三月三十日，周、陶二人約請幾人，研究如何寫法和各篇的聯繫：

《綱領》總則篇—著作人陶希聖

《綱領》政治篇—著作人童蒙經

《綱領》軍事篇—著作人方秋葦

《綱領》經濟篇—

《綱領》外交篇—著作人陳鍾浩

《綱領》教育篇—著作人汪奠基

《綱領》民衆運動篇—著作人潘公展

爲了戰時需要，這套叢書於一個月內出版；而各篇都必需貫徹「國家至上，民族至上；軍事第一，勝利第一；意志集中，力量集中」的精神。宣傳部和「藝文研究會」爲擴大《綱領》宣傳，防止共產黨佔領武漢文化陣地，新辦了幾種政論刊物，如葉溯中、童蒙經主編的《民意》周刊，陶百川主編的《血路》；沈巨塵等編輯的《政論》和雷錫麟（代表軍界）主編的《創進》。對胡秋原主編的《時代日報》增加補助。民國二十七年七月六日「國民參政會」第一次大會在漢口舉行，《時代日報》社長劉叔模被邀爲國民參政員。在「藝文」系統中，擔任本屆國民參政員的還有：陶希聖、盧冀野、劉百閔。迨軍委會政治部成立，部長陳誠又兼武漢衛戍總司令，他要求各界動員起來，保衛大武漢。這時，宣傳部和藝文的人，也開始籌組「武漢市編輯人抗敵後援會」，以《時事月報．抗戰半月刊》爲首的十家報刊爲召集人，舉行籌備大會，由劉百閔、劉炳藜、葉溯中、方秋葦、胡秋原爲主席團，決定民國二十七年九月內正式成立。由於九月的形勢急轉直下，廣州危在旦夕，武漢三鎮震動了。迨武漢棄守後，「藝文研究會」到了重慶，縮小了規模，租菜園霸辦公，僅有沈巨塵數人。民國二十七年冬，陶希聖隨汪去河內，隨即投靠日本，民國二十九年陶同高宗武又逃出虎口，再次回到重慶。曾任《中央日報》副總主筆，陶似乎並未因曾追隨過汪精衛叛逃而遭受蔣中正的敝棄，仍然是蔣先生所倚重的文膽。這一事實，「也許反映了陶希聖爲人沉穩多謀的性格罷」。⑬

陸　民國二十八年底汪精衛、周佛海致陶信函之研析

民國二十八年（一九三九）底，正是汪精衛集團緊鑼密鼓，準備粉墨登場之際，一方面日汪之間在上海秘密會談，討論簽訂《日華新關係調整要綱》，主子和傀儡之間曾經有過一番討價還價。另一方面，汪精衛集團內部則矛盾叢生，互相攻訐，冀圖在即將成立的僞政權中多分一杯羹，這裡僅引幾封汪精衛和周佛海給陶希聖的信函，字裡行間可以看出上述種種情形，或許它也是促使高、陶二人逃出虎口的原因之一罷，茲引錄如下：⑭

(1) 汪精衛致陶函（十一月三日）

希聖先生勛鑒：手示敬悉，尊慮極當。關於第一點，對方出席之人甚多，若只佛兄一人出席而兄及思平兄不與其列，佛兄未免太孤；故不如三兄同出席而互相約定，分功〔工〕合作，無形中以佛兄爲首席，似較便也。關於第二點，弟意散會時不妨約定後會之期，而附以條件，如內部討論未完，可臨時以電話通知改期，如此較爲得宜。仍希兄與佛、思兩兄商決爲何。此候

公安

弟銘頓首　十一、三

(2)

周佛海致陶函（十一月初）

希兄：示悉。尊見所顧慮者甚是。惟此次會談，最初即已聲明係以同志之資商討，而非外交談判，故情形並不如兄所顧慮之嚴重也。至弟粗枝大葉，非兄及思兄同往，則顧慮不周、見解不到之處必多，故仍請兄勉爲其難也。至會期，弟意仍可約定，如因故不能會談，可延期也。尊意如何？敬叩

大安

弟海上

(3)

汪精衛致陶函（十一月二十九日）

希聖先生惠鑒：關於參議室之辦事細則及用人行政，統祈先生負責處理，是所至荷。此上。

敬請

大安

汪兆銘謹啓　十一月廿九日

(4)
周佛海致陶函（十二月十六日）

希聖兄：上午承告外面有謂内子金剛鑽及大衣等事，因樸之在座，未便多談。此種指摘，一月以前弟即聞之，並謂財權在弟手，開支如何，無人得知，甚至有謂弟以公款買外匯者。目前謠言甚多，弟因現已麻木，故置之不理，今朝聞兄言，知此種謠言已入兄耳矣。弟不屑對此直接置辯，如兄處今後仍有人以此相告，盼爲弟解釋。(一)每月報銷連同單據均於次月二三號呈先生交人審查，均有先生批「閱」字以核銷之。上月公博來，先生並交公博閱過。二百多萬如何開銷，先生知之，夫人知之，春圃知之，有帳可稽，有數可核，非下愚決不致因其數款項之貪污而斷送永久政治生命。此點望兄有機爲弟向誤會者説明。(二)戰前弟即有家產二十餘萬，内子金鋼鑽及翡翠首飾不少，非這次當漢奸、發國難財所購者；汽車、洋房戰前即享受八九年，並不是這次才有。兄爲二十年老友，兄當知之。如承兄説明，更易取信於人。(三)每月特費萬元，當然有剩餘，曾托陳柏年買過外匯，但爲數並不多。弟向兄爲此言，實竟無聊，但既有人在兄面前談金鋼鑽等話，當知兄所聞者必更多。曾參殺人，雖係好友聽話過多，恐亦難免懷疑，故特爲兄言之。每月均有報銷所存之款，隨時可交出。如兄爲弟解釋，將來決不致使兄爲難也。前聞各項謠言，衝動很厲害，本擬辭去財委職務，一恐被人説負氣及鬧意見，二因政府成立之期將近（如不成功，則同歸於盡），政府成立之後，有法令可遵循，此種無謂之指摘自然消滅，故暫忍之（不過將來財政部或者指摘更多）。瑣瑣爲兄道之，兄得勿鬧我爲無聊耶。惟滿腔悶氣，只好向知我者一發耳，諒兄必能於精神上予以慰藉也。各處請款，兄爲我先擋一陣，擋去者甚多，弟深感謝。昨曾與思平、樸之談之，如兄滑頭，事事向財委會推而不先爲弟抵擋，則兄不致受人埋怨，此點對兄深表謝意。孤塵無聊，拉雜書之，置之一笑可也。敬叩

大安

弟海上

十二、十六晚

(5) 汪精衛致陶函（十二月二十日）

希聖先生惠鑒：手示敬悉。思平先生過於重視此等落伍政客，與宗武先生同。弟與之談三小時以後，灼知其毫無見解，與二十餘年以前無異。不值得因而惹起我們之注意也。若因而惹起波瀾，尤不值得矣。先生既苦且勞，謂停諸同志間，慪氣雖深，收效亦大，乞勿介意爲荷。此請

大安

弟銘頓首

十二、廿

(6) 汪精衛致陶函（十二月二十五日）

希聖先生惠鑒：會案將於明日（廿六日）上午九時再行討論。先生心境，弟深知之。但弟以爲此時先生有可暫行閣（擱）置者，有不可不認眞擔任者。人事問題，錯綜複雜，愈理愈棼，先生暫行閣（擱）置，弟所同感，不敢再以相煩。至於會案討論，大則關係國家民族之前途，小亦關係我輩和平運動之有無價值，先生宜以毅勇精神，擔當，一切即有非議，置之不顧，超毀譽禍福以從事，此必爲同志之所望於先生，而亦弟所馨香禱祝者也。敬祈屆時出席，無顧慮以教言，幸甚幸甚。此上。敬請

大安

弟銘謹啓

十二、廿五

柒　出入汪僞政府揭發日人野心

民國二十八年八月間，陶希聖前往上海，並成爲汪精衛的「宣傳部長」，及後來他於二十九年一月五日逃抵香港，把「汪口秘約」公諸於世，揭發日本侵華的野心和欠缺和平誠意的事實，舉世震驚的這件事，傳說很多。惡意攻擊者，曾經指陶某是「漢奸」，陶先生始終

緘默。

與陶希聖同時的「汪僞政府內閣」，如陳公博、梅思平、周佛海等，在汪僞政府垮台之後，都被國民政府列爲「叛國犯」。陳公博、梅思平遭槍決，周佛海被判無期徒刑，死於獄中。與陶同時出走香港，發表秘約的汪僞外交部次長高宗武，也被列爲漢奸，後來流亡美國。

陶希聖則從香港走成都，由國民政府派專機接重慶。蔣中正先生聘他爲軍事委員會侍從室第五組組長（主任爲陳布雷，俞國華先生爲委員長隨身秘書，機要秘書包括曹聖芬先生與楚崧秋先生）然後他便起草「中國之命運」！任中央日報總主筆；做董事長十六年；在中國國民黨內後來任中央常務委員凡二十五年；並徑續爲蔣中正先生撰述文稿，自元旦文告至雙十文告，均參與其中。[15]

爲什麼他不像梅思平、周佛海一樣，被控叛國的罪名？爲什麼他不必像高宗武那樣，流亡海外？相反的，爲什麼他這般地受到蔣中正先生的倚重和信任？

原來在陶希聖隨汪精衛往上海之前，他見過蔣中正先生，蔣先生交給他一個秘碼電號，叫他在上海有急事時可使用，直通委員長辦公室。此外，委員長並指派軍統局毛人鳳，協助陶希聖。後來陶希聖全家逃離上海時，便是杜月生手下的人協助（萬墨林先生指揮），才擺脫日本軍警的搜捕，安全脫走。在上海，有一天陶希聖接到重慶秘令，要他次日稱病在家不上班。他也不知就裡，次日便在家留一天。第二天早上看報，知道他全辦公室的重要職員，已在被刺客衝入辦公室中用機槍格斃。[16]

陶希聖說，委員長要他「跟汪先生去上海，在他身邊，常常勸勸他，莫讓他做出賣國的事。如果勸不住，你就回來。」[17]

汪精衛也很倚重陶希聖，在看到日軍交給他的秘約稿時，與陶希聖單獨在一起，垂淚說：「我拒絕這秘約的選擇。我簽了字，汪某從今是賣國漢奸。我不簽它，他們（日本人）決不會放過我。」兩人唏吁不已。汪便把秘約交給陶研究。後來陶把它拿了出走香港公諸於世。在國際輿論的壓力之下，這秘約始終沒有簽署。[18]後來陶希聖曾對其子陶龍生說：「我救了汪精衛，使他不必簽字。我協助了重慶，使國際間了解了日本人的眞相。我也聽從了委員長的指示。」[19]

如果陶希聖所言屬實，則陶希聖離開汪精衛，乃是時間遲早問題。及所謂「日、汪密約」簽定，陶已知再無法挽回汪精衛。民國二十九年一月五日，高宗武、陶希聖逃抵香港。高於一月七日會見了杜月笙、黃溯初後，即書信給蔣先生，謂：

> 頃晤玉笙（杜月笙之號）、溯初兩生，得悉鈞座愛護之情無以復加，私衷銘感，莫可言宣。宗武於五日抵此，回顧一年以來，各方奔走，祇增慚愧而已。今後唯有杜門思過，靜候尊命。先此奉達，並托玉笙先生代陳一切。另帶上密件共三十八紙，照片十六張，敬請查收。[20]

「汪日密約」的公佈，是在蔣中正先生直接指令下，由中央通訊社社長蕭同茲坐鎮香港執行。由於陶希聖眷屬尚留在上海，故一直未能發布。一月二十一日，陶眷由杜月笙、萬墨林協助安抵香港。次日，香港「大公報」在頭版頭條，以極其醒目的標題披露「日支新關係調整要綱」的譯文，又以第三版整版刊登了原文照片，同時還登載高宗武、陶希聖致「大公報」的信和給汪精衛等人的電報。高、陶說，他們在道義上應有保持秘密之責任，但是，爲中國之獨立自由之生存計，上述之道義責任，不復存在，切望汪等人「懸崖勒馬，放棄此於己無益於國有害之運動」。㉑

一月二十三日，蔣中正委員長爲「日汪密約」發表「告全國軍民書」，揭露了日本吞滅中國，獨霸東亞的狂妄企圖，駁斥了汪精衛所謂日本「無害於中國獨立自由」的讕調。蔣先生指出，這一「密約」，把近衛聲明「東亞新秩序」的一字一句，都具體化了；比之「二十一條」兇惡十倍。又謂：近衛「三原則」聲明中的「善鄰友好」就是「日支合併」，所謂「共同防共」就是「永遠駐防」，所謂「經濟提攜」就是「經濟獨佔」，這就是近衛聲明中所希望於汪精衛將要成立的「更生中國」，亦就是「奴隸的中國」的要綱，這就是敵閥以分擔建設新秩序職責的名義，強迫「中國」分擔「支解中國自身」的任務。同日，蔣委員長還發表了「告友邦人士書」，敬請各友好國家開誠佈公，共同合作，迅速採取有效的行動，以制止日本的侵略；迅即採取有效方法，斷絕日本物資及武器原料來源，切實援助中國抗戰，並立即對日本禁運。㉒

高宗武、陶希聖的脫離，給予汪精衛賣國集團以重大的打擊。尤其是高、陶將「日汪密約」公開揭露出來，幾乎使汪精衛等自詡的「和平運動」陷入絕境，任何人都因此了解他們是藉著和平招牌，來實行賣國勾當。汪精衛指責陶希聖、高宗武之舉動係「變亂」的行爲，㉓

並召集幹部舉行會議，討論「善後辦法」。尤其在民國二十九年二月六日汪精衛電函其夫人陳璧君更談到：「陶希聖女在港發表上海脫險經過，長數千言，陶一家人可謂男盜女娼，我等忠厚太過，深爲愧憤。」㉔可見汪對陶已痛恨至極。

站在史學研究的立場，究竟高宗武、陶希聖所揭發的文件，是汪派辯稱交涉中的「最初提案」？抑高、陶本人及當時輿論，甚至今人吳相湘認同的就是「最後定案」？根據邵銘煌先生引用中國國民黨黨史會庋藏之民國二十八年十一月二日「中日新關係調整綱要」原件，及日本外交檔案中的談判記錄，可以確定高、陶揭露的文件，係日方片面提出做爲談判基礎的「草案」；而最後簽定之「密約」，亦非高、陶所稱的「日、支新關係調整要綱」，竟是比這一「要綱」條目更爲繁多、形式也不同的所謂「調整中日新關係之協議文件」，故汪派更不敢公佈，以爲自己申辯。汪精衛指責高、陶發表的「要綱」出於嚮壁虛造，自爲汪企圖遮掩之詞。但即此一「要綱」，已足以資爲汪派假藉和平招牌，欺瞞世人，實則賣國的鐵證。㉕

民國二十九年四月，高宗武經歐洲赴美「旅學」，三十年二月十七日，國民政府撤銷對高之通緝令。此後，高脫離政治活動，一直寓居美國。陶希聖到香港後，按照蔣先生之指示，留在香港從事宣傳活動；日軍攻佔香港後，於三十一年一月隨同難民逃出，經桂林轉赴重慶，重獲蔣先生之器重與信任。

捌　結　論

綜觀陶希聖之脫離汪派並揭發日、汪談判密約之內情，無疑的，對抗戰時期一群意志不堅的人，是一當頭棒喝，有立竿見影之效。另一方面揭露日本侵華野心，使日本在國際上陷於孤立地位。總之，陶的一生，正如在其五十歲感言中所說：「書生而論政，論政而猶是書生。」其一生的成就是多方面的，除實際參與政治外，同時是政論家，國際問題與共黨問題的權威，兼長戰略理論、法學與史學等，是國內少數通達數種學問的通儒，更是少數論政，甚至從政之餘，還能兼顧學術工作的學者。

註釋

❶ 黃寬重：《陶希聖先生傳略》，《國史館館刊》復刊，第五期，頁二一九—二二三。（民國七十七年十二月）

❷ 同❶，頁二二〇。

❸ 同❶，頁二二一。

❹ 同❶，頁二二三。

❺ 陶希聖：《北平二三事》，《傳記文學》第二卷第一期，頁八—九。（民國五十二年一月）

❻ 〈汪精衛致蔣總裁函電〉（民國二十六年六月二十二日），《汪偽資料檔案》，法務部調查局資料室藏，鋼筆原件影本。

❼ 同❺，頁八。

❽ 陶龍生：《陶希聖先生秘辛》，《中央日報》第十七版。（民國七十七年八月三日）

❾ 方秋華：〈陶希聖與「低調俱樂部」、「藝文研究會」〉、《民國檔案》第三期，頁一二六—一三二。（一九九二年出版）

❿ 同❾，頁一三〇。

⓫ 同❾，頁一三〇。

⓬ 同❾，頁一三一、一三二。

⓭ 同❾，頁一三一、一三二。

⓮ 上海市檔案館馮紹霆：〈一九三九年底汪精衛、周佛海致陶希聖函〉，《檔案與歷史》第二期，頁四九—五〇。（一九八八年二月出版）

⑮、⑯、⑰、⑱、⑲同❽。

⑳〈高宗武呈蔣委員長一月七日函〉，總統府機要室藏。

㉑〈高宗武、陶希聖致汪等電〉，轉引自汪大義編撰，〈汪日密約〉，嶺南出版社（出版時間不詳），頁四八。

㉒同⑮，頁五〇、七〇。

㉓〈汪精衛日記㈠〉，《檔案與歷史》，總第十一期，頁二一。（民國七十七年三月五日出）

㉔《各方致汪精衛函電》（民國二十九年），《汪僞資料檔案》，法務部調查局資料室藏，毛筆原件影本。

㉕邵銘煌：《汪僞政權之建立及覆亡》、《中國文化大學史學研究所博士論文》，頁一三四－一四三。（民國七十九年六月）

此次蔣委員長召見的意見接陶希聖
同志自北平來函詳述北平學生與人民陣
線情形甚詳據謂左傾份子向青年施加
領導企圖利用此種於內以造成反政府
之機緣故須加打擊吾等學生本無成見疏
導以宜不能利用所謂陣線自然解體而
共產黨之失所憑藉就範亦易至於善良人民
陣線以反政府之少數份子則必須制裁吾
過予姑息適足長其氣焰而學生團結陣
線切盼中央注意之一切[illegible]有見也謹
備參考 [illegible][illegible][illegible][illegible]

八 [illegible] [illegible] [illegible] [illegible]

汪先生

屏賢弟如下（一）最好不上台（二）專任政治部（三）立法院長於行政院副院長任擇其一（四）不任教育部長我意屏任立法院長兼政治部[illegible]（二）陶希聖在港發表上海脫險經過[illegible]其為千言陶一家人可謂男盜女娼我尊忠厚太過深為愧悔照

廿九年二月六日　時　分發於渝

備註

第五節　蔣汪與雲南主席龍雲之關係

壹　前言

正當日本大舉侵華之時，中國國民黨副總裁汪精衛突然於民國二十七年（一九三八）十二月十八日叛離重慶國民政府，投向日本，另組汪僞政權。遍查坊間民國史著作，對汪叛國細節，有的學者，認爲雲南省政府主席龍雲應爲較先知道汪精衛等人脫逃行動的軍政首長，亦有人認爲龍雲是否故意掩護汪等之行動與計劃，更有人認爲汪與龍雲已結爲秘密同盟，……所有這些說法，不一而止，然因無第一手史料，可資佐證，始終成爲史家們衆說紛紜的懸案。

本文擬從蔣、汪、龍三人函電史料中，試著找尋一些蛛絲馬跡，和讀者共饗。

貳　龍雲生平簡介（一八八四—一九六二）

一、龍雲的出身

龍雲，字志舟，雲南昭通人，民前廿三年生，是倮倮族。少年時家貧失學，日與流氓爲伍，小有機智，刻薄寡恩，唯利是圖，爲鄉里所不齒。因體格強壯，性喜習武，曾拜一位跑江湖賣跌打藥的四川拳師爲師，從此龍雲就離開家鄉，跟著那位跑碼頭的拳師，到四川敍府練拳腳功夫，龍雲到了四川後，並上峨嵋學習內功，對峨嵋派的眞傳，也學得甚多門徑。

到了民國元年九月九日雲南省光復，滇督蔡鍔率軍援川，部隊進抵敘府時，龍雲乃往投效滇軍師長李鴻祥部，擔任差遣職務。四川光復後，隨軍回滇。當他在外流浪了幾年，再回到昆明的時候，恰巧那時有一位俄籍拳師欲藉省運會大顯身手，俾能炫耀其勇武之力，一連幾天，都沒有遇到過敵手，聽得了這些狂話，尤其受不了，乃自願上台比武，從容登上擂台，與俄拳師較量，兩人對立台上，一則碩大無比，一則短小精悍，在觀衆眼中，適成強烈對照。當時不知龍雲之技擊者，多以為此番必敗無疑。迨至開始比武，雙方拳來拳往，各逞其能，兩皆無法取勝，即全場觀衆莫不為龍雲揑一把汗。結果，第一回合俄拳師僅以點數勝。龍雲雖居下風，然已窺得俄拳師之技，不過爾爾，俄人體健力大而技拙，不宜以力勝，只可用智取。第二回合開始，龍雲已有成竹在胸，當互相一拳一腳，閃避攻防之頃，俄拳師突被龍雲擊中了一拳，而此拳卻恰巧猛擊在俄拳師的山根與印堂之間，當堂兩目腫突，鼻樑內凹，鮮血淋漓，終致不克支持，倒地仰臥。台下觀衆群呼若狂聲如雷動。唐繼堯此時正在場參觀，更是心花怒放，興奮萬分，立刻傳龍雲來見，面加獎勉便把龍雲羅致起來，當一位隨身衛士，於是龍雲成為雲南的英雄人物。這就奠定了龍雲事業上的初基。

龍雲早年對唐繼堯，確也盡到了許多護衛的責任，不離左右，亦步亦趨。唐為了提拔他起見，特送他進雲南講武堂受訓，畢業後，即委任為「茨飛軍」的大隊長，「茨飛軍」是唐繼堯的禁衛軍，那時一共只有二百名衛士，龍雲不過就是護衛大隊的大隊長而已。但龍雲的官運特別亨通，不久後就連陞幾級，由大隊長而躍陞師長了，當滇軍攻打廣西的時候，唐繼堯的幾個軍長，都吃了敗仗，狼狽而歸。龍雲自告奮勇，以他的一師人，去和素有「小諸葛」

之稱的白崇禧交手，公然旗開得勝，凱旋而歸，唐繼堯當即將把他陞爲第五軍軍長。那時的雲南軍隊，一共有五個軍：第一軍軍長是張汝翼；第二軍軍長王傑修；第三軍軍長唐繼虞(唐繼堯的兄弟)；第四軍軍長胡子嘉；第五軍軍長龍雲。論裝備則除第一軍外，就要算第五軍的裝備最好，論交情他和一、二兩軍的軍長都是桃園三結義的生死弟兄，張汝翼是大哥，王傑修是二哥，龍雲是三弟，而張汝翼的老太太，又是龍雲的乾媽。此時龍雲，躊躇滿志，野心勃勃，竟動起唐繼堯的腦筋來了。他利用一次唐氏召集五個軍長開會的時機，散會後，即約其他四位軍長就近到他軍部繼續會商，並將四個軍長扣押起來，脅迫他們各自發出命令，曉諭所部，無條件地向龍雲投降。幸第四軍軍長胡子嘉的軍隊適時趕到，結果以其人之道還治其人之身，龍雲反被胡子嘉所扣留，並把龍雲囚在鐵籠裏，交由張鴻春營長(四川會理縣人)押赴曲靖(龍昆明九十公里)發落。當時張汝翼軍長的老太太，聽說她的乾兒子龍雲闖了禍，還一再叮嚀張汝翼不要傷害三弟，無論如何，要保留他一條性命。但當時張汝翼卻很氣恨的說：「是他先扣留我們的，他不認大哥二哥，我們還認他是三弟嗎？再說，有計劃大家都是弟兄，儘可以慢慢商量，爲什麼想一網打盡，一個人就當得了皇帝嗎？非幹掉他不可！」❶

張鴻春營長去把龍雲起解到曲靖的途中，不知怎的居然又被龍雲說服了，竟把鐵籠打開，讓龍雲恢復自由，龍就利用張鴻春這一營人作本錢，衝回了昆明，又配合盧漢(龍雲的同胞兄弟)的一師人爲內應，逐再度捉到了張汝翼大哥和王傑修二哥。龍雲一不做二不休，親自動手把張大哥處決了，而王二哥也被盧漢所槍斃。不久，唐繼堯亦吞金自殺，唐繼虞化裝逃到香港，第四軍軍長胡子嘉則逃竄四川再遠赴德國。

龍雲於唐繼堯死後，便自稱雲南督軍，後改爲雲南省主席，他的願望，也總算達到了。論功行賞，張鴻春營長馬上就陞任團長，隨後又提陞爲一百師的師長，但結果仍免不了被龍雲所槍斃，「狡兔死，赴狗烹」，自古皆然。

二、與中共勾結、反抗政府

龍雲於民國十六年起出任國民革命軍第十三路總指揮，兼雲南省政府主席，就任後標榜所謂「滇人治滇」口號，以作爲自己把持地盤，排斥異己的藉口，對地方橫徵暴斂，盡力榨取，對中央則陽奉陰違，獨斷專行，純粹軍閥作風。當抗戰軍興，西北、西南成爲我國防的屏障，雲南更爲重要，龍雲爲了發展個人勢力，盡量擴充軍隊，並使其長子繩祖爲盧漢之副軍長，次子繩武爲獨一師師長，用以鞏固私人勢力，此時，中共也想利用抗戰來壯大自己，此際龍雲與中共可以說想法相同，利害一致。因此，中共初則利用雲南一般人對文化教育界人士的尊敬心理，派出一批打著所謂「民主自由」招牌的教授。文化工作者到昆明活動，繼則利用龍雲自幼失學，但又自尊心重，好名而不肯服人的老氣橫秋的心理，首先表示贊同龍雲所謂「滇人治滇」的口號，同時，尊稱龍雲爲開明的「民主人士」，極端的逢迎龍雲，尊敬龍雲，從而在雲南展開所謂民主運動，並透過所謂「民主人士」的羅隆基、潘光旦、潘大逵，周炳琳等人來接近龍雲，進而挑撥龍雲與中央的關係，於是雲南便成爲中共與民盟勾結大肆活動的地區，龍雲也藉左傾勢力以自固。據共黨黨員張文實在《雲南內幕》一書中指出：「對於民主同盟，龍雲抱有同情的好感，因此，他願意保護民盟雲南支部在雲南內從事合法的政治活動。龍雲曾經聘請民盟雲南支部的幾個領導人物羅隆基、潘光旦、潘大逵等爲雲南省政府顧問。而民盟在雲南境內的一切活動都能與雲南地方當局的意向取得一致，保持最和諧的關係，民盟所以能夠在雲南發展，並領導昆明的民主運動，應該歸功於雲南地方當局的開明態度。」民盟又說雲南支部的工作最近已經迅速地發展到雲南的上層地方人士，由同情的好感進而爲實力的支持。❷

此即中共與龍雲秘密勾結的證明。當時龍雲曾將自己住宅劃分一半，名義上是送予西南聯大教職員做宿舍，實際上是爲了安頓張奚若、潘光旦、周炳琳等一批左傾教授。他們不但住在龍雲家裏，而且時常得到龍雲的資助。龍雲說：「他們雖然窮困，我並沒有這樣做，不過，他們有時有文章而無力發表的時候，我是一定幫忙的。」當時西南聯大學潮迭起，中共與龍雲之勾結與支援，實爲主要原因之所在。

三、被中共誘騙、回歸大陸

抗戰勝利後，中樞爲遏止軍閥割據隱憂，將龍雲調離雲南，勸使至南京擔任軍事參議院院長，龍雖勉強受令，但內心極端不滿。

除蚌會戰前夕，龍雲突由首都飛抵香港，初則深居簡出，靜觀變化，旋與中共及一般叛國份子搭上關係，民國卅八年二月共黨及附共份子李濟琛分別電邀龍雲參加僞政協，左右勸其稍事觀望，故未貿然北上。同年四月初，龍雲爲了媚共起見，令其子龍繩武發表談論，謂乃父對政治不感興趣，並於同月十二日親自招待記者，將其致李宗仁之荒謬函件發表，表示擁護毛酋八項條件，反對以雲南作爲反共基地，此時，龍雲的心腹幹部對龍雲出路主張極爲紛歧，形成三派：

第一派，以中共佔領區之滇省軍人張冲、盧濬泉、潘朔端，龍繩曾等爲主，主張直接與中共聯繫，並聯合劉文輝等宣佈獨立，組織「西南人民政府」。

第二派，隆子安，龍繩武及在港之雲南省資本家主張與國民政府暫時妥協，改革金融，發行雲南幣，俟有基礎，再觀局勢發展而決定行動方向。

第三派，顧映秋、繆雲台、劉崇岳等雲南與政府幹部主張接受李濟琛之邀請，由顧映秋等訪問北平，觀察中共態度及中共對雲貴邊境越共與緬共之策略再作決定。

龍雲面對三派主張，終於決定以第三派之主張爲行動原則，是年七月盧漢宴請龍妻顧映秋，顧曾向盧表示，謂龍欲返雲南休養，盧則須龍先到北平一行，再行決定，故龍認爲盧有拒其反滇之意。此時，龍雲被共黨及李濟琛、何香凝等人逼著表明態度，於是八月十三日龍雲在香港發表「我們對於現階段中國革命的認識與主張」通電，公開投函。十月被中共任令爲中共「中央人民政府」委員，及「人民革命軍委員會」委員；十二月被選爲「民革中央委員」。同月九日盧漢在昆明發動叛亂，龍雲恐怕盧漢被國軍圍攻消滅，影響其返回雲南的夢想，曾由港四次致電毛澤東及李濟琛，請速令劉伯承進軍昆明，龍此時原欲乘機返滇，攫取雲南政權，詎接北平中央電，謂雲南混亂，已令劉伯承率部入滇，囑其勿住，並促尅日赴北平，商討西南政局，龍雲獲電後，內心雖感憤懣，然爲環境所迫，莫可奈何，只好托病派代表李培元於同月廿八日赴北平與中共周旋，彼則留港戒毒，準備北上，卅九年一月四日晚葉劍英派親信中共幹部二名，攜長函一件至港會晤龍雲，促其即刻赴廣州轉赴北平，五日晨

龍雲偕私人秘書方某隨中共幹部等赴廣州，轉飛北平。❸

四、心願落空、慘遭整肅

龍雲之所以下定決心，肯投靠中共，與葉劍英的長函內容有關，葉劍英的長函內容沒有公佈，但中共一定明白龍雲的心願，就是返回雲南，重溫舊日的迷夢，相信葉劍英的長函內容一定有相當的表示讓龍雲有機會返回雲南，否則，龍雲就是不會到北平去的。但龍雲從民國卅九年年初回大陸後，雖然掛有西南軍政委員會副主席的空銜，實際上卻被羈留在北平，生活行動失去了自由，致使龍雲投靠中共的惟一心願落空，鬱鬱不得志。據卅九年八月廿二日第一三一期《新聞天地》報導：「據經常出入於淺水灣龍雲公館的『民主人士』消息：龍雲在北平，現在不特鬱鬱不得志，抑且行動起居，都受中共武裝人員監視，形同軟禁。龍雲初由香港赴北平時，喜氣洋洋，認爲滇省主席一缺，非他莫屬，在香港的滇系『民主人士』，也彈冠相慶，但今天消息，他們都不特神色黯然，而且淺水灣公館，近日也門庭冷落車馬稀。幸而龍雲在港置有大批產業，所以在港家人戚屬，生活仍是優遊自得。」❹

龍雲不特不得意，而且回大陸的第二年，即是四十年六月七日「民革」在北平召開中常會，討論響應抗美援朝總會三大號召時龍雲被套上所謂捐獻委員會副主席名義，這種被迫式的副主席，首先就逼使龍雲將他在昆明的兩幢大房子捐出，據四十年六月十五日《人民日報》說：「龍雲在民革的捐獻會中，首先就把他和他夫人顧映秋在昆明的兩幢大房子捐出，共有一百多間約十億萬人民幣。」

民國四十六年，中共掀起「鳴放」運動。龍雲想到返回大陸六、七年，不但沒有機會重回雲南，而且損失財產，失去自由，內心不滿，達於極點。既然聽說可以「大鳴大放」，於是乘機對毛等共黨向蘇俄「一邊倒」的政策進行批評。他在「民革會」的一次座談會上說：「抗美援朝戰爭的經費全部由中國負擔不合理」；「兩次世界大戰中，美國借款給盟國，又實施租借法案，後來有的賴了債，有的美國不要還了。而蘇聯對我國借款，十幾年來都還不清，還要付利息，要中國為社會主義而戰，結果如此」；「蘇軍解放我國東北時，拆走了工廠中的機器，有無代價？償還不償還？」龍雲這一番話，立刻惹來大禍，指為破壞中（中共）俄友誼的「右派言論」，由共黨發動反擊。❺

先是唆使雲南籍的「人大」代表清算龍雲舊帳，說他：「在一九四二年龍雲到攸樂山收稅，遭到當地人民的反抗，龍雲老羞成怒，派了一團兵去鎮壓，燒了二十多個村子，殺了不知有多少人。」；另一位代表又說他：「在龍雲統治雲南十八年的時期，龍雲是鴉片烟老板，種烟的是他，運的是他，吃的是他，禁的也是他，他統購統銷，統起來發財等等」，一系列的批判謾罵，迫使龍雲低頭認罪，提出自我檢討，承認「自己過去反革命，對革命沒有貢獻，今後還要加緊學習」。接著剝奪龍雲的一切職務：民國四十七年二月由「民革會」撤銷他「民革中央副主席」；由「全國人代會」常委會罷免他常務委員，並停止他代表職務；由人代會撤銷他的代表資格。❻

此後，龍雲被囚禁北京，羞忿地度過了四年多，於民國五十一年六月抱恨以終，臨死未償重溫雲南王迷夢。龍雲這種下場，自然不值得同情，但對夢想投靠中共以滿足政治慾望的人來說，也是最好的前車之鑒。

參　蔣中正、汪精衛與龍雲有關的函電史料研析

一、汪精衛與龍雲有關的函電史料研析

就筆者參閱《汪僞資料檔案》後，所看到有關汪精衛與雲南省主席在抗戰期間往返的函電大致如下：

其一，龍雲於民國二十七年九月三十日上午一時十五分自昆明致汪精衛函電大致如下：

重慶汪主席勛鑒：儉及儉戌電均悉，慶密，昨日午前九時敵重轟炸機九架侵入昆明，於城西學校區及飛機場投彈共百餘枚，在學校區師範學校略有損壞，附近之苗圃內炸死疏散之人民婦孺共六十餘人，傷二十餘人，機場投彈雖多但損害不大，只重傷法機械師一人，死衛兵二人，擊壞飛機三架，係法方所售於我，然尚未接收又汽車二輛，內則安全無恙。敵機被我擊傷三架落於路南宜良之間，機壞人死。每機內六人中有一人未死逃脫後，被人民拿獲名口池島，面部受傷，所携圖表甚多，現飭解省，明日可到。此次未襲之敵機，均係最新式且極健全，內裝有收音電報、照相等器，其速度最快，我方驅逐機不易趕及，除擊落之三架外，其逃去之六架，聞亦有負傷在桂境墜壞，但未證實，詳情待查。承關廑念，謹將昨日經過具覆尊夫人，因空襲改期，明日可望起飛，際（附）此佈聞。龍雲艷機。昆明九月三十日上午一時十五分發下午二時五十分譯。❼

上述函電除了報告日軍轟炸昆明之狀況以外，主要是汪精衛夫人陳璧君原本九月間擬自廣州飛往昆明會見龍雲，因日軍空襲昆明，只好改在十月間起程與龍雲秘密聯盟。根據大陸學者蔡德金：《汪精衛評傳》一書中之第八章〈逃離重慶〉，談到陳璧君與龍雲的秘密聯盟部份，茲摘述如下：

> 高宗武的日本之行，溝通了汪精衛與日本方面的聯繫，使汪加速了反對抗戰，準備叛國投敵的步伐。汪精衛的第一步，就是拉攏地方實力派，組織反蔣反共力量。……除兩廣外，龍雲等人則是汪竭力拉攏的第二個目標。民國二十七年（一九三八）四月十五日，雲南省主席兼國民黨昆明行營主任龍雲和西康省主席劉文輝，親筆致信北平僞臨時政府行政委員會委員長漢奸王克敏，信中說，他們想在四川、雲南、西康、貴州四省地區，結成聯盟，發起反蔣「和平運動」，並且已經有了相當程度的聯絡。他們希望此事能夠得到王克敏的支持，並且能在王的諒解下，和日本方面取得聯絡。……龍雲等人在主張反蔣「和平」上，與汪精衛等人是一致的。因此，十月間，陳璧君由廣州轉往昆明時，住了長達一個月的時間。她曾多次會見龍雲，進行游說和拉攏；龍雲也想利用汪的聲望，對陳招待甚周。於是通過陳璧君的活動，汪與龍雲在一致反蔣「和平」的基礎上達成了默契，結成了秘密聯盟。⑧

關於陳璧君多次會見龍雲，似可在此找到一些證據。史家對於汪之叛國投敵，其妻幕後運作鼓動，居最大原因之一，所謂「成也璧君，敗也璧君」，或許也在此處找到一些註腳。

其二，在廣州淪陷的前一天，即民國二十七年十月二十日零時五十八分龍雲自昆明致電汪精衛，內容如下：

重慶汪主席精公鈞鑒：茲密信陽放棄後，日軍在大鵬灣登陸，相繼佔領惠陽，粵省軍備薄弱，於此可見英方受其威脅，不置一詞，粵漢、平漢均已不通，前途危險，可以概見。而國際間始終持觀望態度，我則孤立無援，職邊疆遠寄，午夜思維，彌切憂懼，未識中央處此，如何應付，鈞座高瞻遠矚，當茲千鈞一髮，國命攸關，今後一切伏乞指示，俾有遵循。職龍雲皓秘。昆明十月二十日零時五十八分發，上午十一時譯。[9]

從上述函電，可知在日軍攻向東南各省之時，龍雲已開始擔心西南的局勢，乃向汪請示如何應付的辦法。

其三，當廣州、武漢相繼撤守後，龍雲於民國二十七年十月二十九日下午一時五十分自昆明致電汪精衛，內容如下：

重慶汪主席鈞鑒：元密儉電並有日手諭均奉悉。慨自中日戰爭開始以來，我軍事上失於統算，已無可諱言，其流弊所及，往往顧此失彼，貽誤滋多，如上海之戰，敵從金山衛登陸，滬上之軍，即陷於崩潰，魯南一般，土肥原搶渡黃河，由董口而黃口遂影響魯南全局，此次敵犯華南，在大鵬灣登陸，粵不旬日遂陷，武漢亦因以不守，先後失著，如出一轍，粵省軍政當局，此次得此結果，固屬一言難盡，而參謀本部於統籌上實多遺憾，亦不爲無因，現以湘爲抗戰中心，西南各省均爲後方策源基地，滇緬路線亦成唯一國際交通，而湘省成爲目前抗戰中心，一切軍實悉委積衡陽，敵睽睽矚目，亦莫不知最可慮者，敵雖短期不能以侵粵之敵，抽調西犯，萬一另派一部，再由北海登陸直達滇黔斷絕滇緬交通，或直搗桂林以窺湘南，各省部隊今已調赴前方，後方空虛實甚，若敵竟冒險而來，恐至不堪設想，望鈞座對此加以考慮，並隨時申儆，軍事當局思患預防，免一誤再誤至大局陷於僵墮，誠如公言，純由依賴外力估量所望者過高，結果失望致陷孤立，言念前途至深，悲憤共匪爲害民族國家。職深惡痛絕，當凜箴言，特別注意，仍望不吝教誨，時賜南針，俾有遵循，不勝感禱。職龍雲叩艷。昆明十月二十九日下午一時五十分發，十月三十一日上午九時半譯。⑩

由上述函電可知龍雲對於日軍攻佔廣州、武漢，而我方之戰略策略有所失算與流弊，多所批評，深恐日軍進攻西南，因此請求汪精衛多考慮西南抗日前途，同時不要太過依賴外力之支援，如國際友邦的援助，只有「希望愈大，失望愈大」而已，並對中共利用抗日壯大力量，表示深惡痛絕。

二、蔣中正與龍雲有關的函電史料研析

汪精衛等人最早觸及關於建立僞政權問題，是民國二十七年（一九三八）十一月中旬，

汪、日雙方代表在上海「重光堂」舉行秘密談判，至汪等脫離重慶之間約一個月時間，其後，他們之逃經雲南昆明，潛入越南河內，均係依「重光堂」秘密協議既定之計劃而行，亦正其爲實現組織僞政權而採取的必要步驟。由於一切皆暗中進行，且計議周密，一般國人對他們的活動全無所悉。蔣中正先生或能瞭然於汪精衛有主和之傾向，卻也始料未及他會私離重慶抗戰陣營。

雲南省政府主席龍雲應爲較先知道汪精衛等人脫逃行動之軍政首長。但他等到民國二十七年（一九三八）十二月十九日汪等離開昆明以後，才電告蔣先生，略稱：「汪副總裁於昨（十八）日到滇，本（十九）日身感不適，午後二時半已離滇飛航河內。」⑪蔣先生當時在西安主持軍事會議，輾轉接到此一電報時，爲二十一日，汪等已抵達河內二日餘矣。蔣中正先生因即於民國二十七年十二月二十一日上午九時五十分自武功致電龍雲轉致汪精衛一電，詢汪近況，該電內容如下：

> 昆明龍主席轉汪先生：邃密聞兄到滇後即病，未知近狀如何？乞示復。中正叩馬（二十一）辰武、武功十二月二十一日上午九時五十分發。⑫

至此，龍雲始將詳情再電呈蔣先生：

> 查汪到滇之日，身感不適，未及深探，其態度亦不似昔日之安祥，不無詫異。臨行時，

始道出眞語，謂與日有約，須到港商洽中日和平事件，若能成功，國家之福，萬一不成，則暫不返渝，亦不作爲離開鈞座之工作。職觀其言行，早有此種心理，惟關係重大，未識在渝時與鈞座切實討論及此否？[13]

龍雲是否故意掩護汪等之行動與計劃，尚難遽下推斷。惟從此一電報顯示，他並未及時通報內情，致延誤機先。蔣先生得悉汪精衛意圖，喟然道：

不料精衛之糊塗卑劣乃至於此，誠無可救藥矣。黨國不幸，竟有此類寡廉鮮恥之徒，無論任何待之以誠心義膽，而終不能邀其一顧，此誠奸僞之尤者也。[14]

民國二十七年十二月二十四日，蔣中正先生自西安飛抵重慶，乃約集黨政首長會談，確知汪精衛有整個背叛黨國陰謀；次日，晉謁國民政府主席林森，爲談汪私與日本約和行爲。雖則如此，政府對此事尚嚴加保密，蔣亦不忍汪自毀政治前途，仍盼其不致進一步作出危害國家民族利益之行爲，遂於十二月二十七日電香港大公報張季鸞總主筆，希對汪之有關輿論，寬留餘地；並召見與汪頗友善之彭學沛，囑電汪，「駐港不如赴歐」，欲動之以至誠，使能迷途知返。同時電駐英大使郭泰祺，囑迅向汪懇勸，早日赴歐暫事休養。[15]

惜汪精衛及其一派，竟一意孤行，仍按照原來計劃，向另組僞政權之目標逐步推進。彼等自十二月十九日從昆明飛抵河內，至翌（二十八）年四月二十五日離開河內赴上海，計居留河內四月餘，由於形勢之發展變化，汪派所謂「和平運動」，亦由完全秘密，趨於表面化。民國二十七年十二月二十九日，汪精衛從河內發出「艷電」，即為其轉化點。

汪發出「艷電」以後，與日本方面預計將會響應的軍政界要員如龍雲、張發奎、陳濟棠、何鍵等，接到汪派通知以後，不僅未有任何動搖的跡象，即連素以汪派自稱的彭學沛、張道藩、甘乃光、王世杰等人也不敢贊同汪的主張。汪在久候之餘，不得不自覺估計錯誤。⑯其中又以龍雲遲未表態，最讓汪感到失望無助。

龍雲應是完全清楚汪精衛等人之主和主張與行動方案。汪派能夠以昆明作為會合和轉移地，非得龍雲之臂助將難以為功。而且在「重光堂」秘密協議中，即已以雲南為首先響應及建立新政府的地區之一。汪匿居河內期間，龍雲透過汪之內弟陳昌祖⑰關係，仍與汪保持密切聯繫。但是限於客觀形勢，龍雲不便妄動：㈠「艷電」之發表，海內外一片聲討，汪派在政治上陷於孤立；㈡龍雲雖擁有相當軍力，但政府軍早已有幾個師進駐雲南。汪等脫離重慶後，蔣先生又加強軍事部署，龍雲不能不有所顧慮。⑱

當民國二十八年三月二十一日河內刺汪案發生，龍雲因派李鴻謨前往慰問汪精衛，並探察實情。龍雲得迅後，即電告蔣先生，有謂：「查其(汪精衛)言語間，對中央不無誤會，或因此而更趨極端，亦未可知。」⑲三月三十日，汪託李鴻謨攜給龍雲一封親筆函及「舉一個例」一文。汪函中略謂：其久居河內，唯一意義，欲有所裨益與雲南；以待龍雲之從容佈置。如果龍雲毅然公開表示同意「艷電」主張，其當即來昆明。切望龍雲審慎考慮，予以決定答覆。倘如龍雲否定，則其不能不另謀他去，蓋日本以一再遷延，已有迫不及待之勢。

汪精衛函中極力拉攏龍雲，以響應其主張，甚至表露「蟄居三個月，旦夕引領」之情。此函後來被軍統局偵查到，拍成照片，呈報中央。[20]蔣先生爲免龍雲受汪煽惑，特派唐生智赴昆明，對龍雲進行說服：在唐生智懇切勸導下，龍雲於民國二十八年五月初發表致汪函表明不贊同汪之主張，並申明擁護抗戰決策的立場。[21]惟唐生智進行勸說龍雲期間，影佐禎昭等人已抵河內，策劃協助汪精衛離開河內。蓋汪一直等候不到龍雲回音，遂放棄以雲南爲據點之初衷。

茲將《總統府機要檔案》中，有關蔣中正與龍雲在民國二十七年十二月十八日汪叛逃後，二人往返的函電史料，按時間順序列表如下：[22]

---

1. 龍雲以汪兆銘經滇飛往河內呈蔣委員長之效電

——民國二十七年十二月十九日

重慶。委員長蔣鈞鑒：僭密。汪副總裁於昨日到滇，本日身感不適，午後二時半已離滇飛航河內。昨夜及臨行時兩次電詳呈。職龍雲。效秘印。

（錄自總統府機要檔案）

---

2. 龍雲以汪兆銘赴港與日洽和未識在渝曾否討論及此呈蔣委員長之馬電

——民國二十七年十二月二十一日

重慶。委員長蔣鈞鑒：僭密。汪先生此次匆匆離滇，曾以效電略呈在案。查汪到滇之日，身感不適，未及深探，其態度亦不似昔日之安祥，不無詫異。臨行時，始道出眞話，謂與日有約，須到港商洽中日和平事件，若能成功，國家之福，萬一不成，則暫不返渝，亦不作爲離開鈞座之工作。職覘其言行，早有此種心理，惟關係甚大，未識在渝時與鈞座切實討論及此否？現陳公博繼續赴港，鈞座致汪馬電，因無從探轉，已交其携往矣。謹呈。職龍雲。馬秘印。

（錄自總統府機要檔案）

3. 龍雲轉呈汪自河內致蔣委員長如對方所提非亡國條件宜及時謀和以救危亡而杜共禍梗電之迴電

——民國二十七年十二月二十四日

長安。委員長蔣鈞鑒：僭密。頃奉汪先生自河內電命轉呈鈞座電一件，謹將原文錄呈如下：「遂密。在渝兩次謁談，如對方所提非亡國條件，宜及時謀和以救危亡而杜共禍，詳容函陳。弟兆銘。梗。」職龍雲。廻秘印。

（錄自總統府機要檔案）

4. 龍雲以汪主和對內毫無影響此後如有所聞當隨時報告之歌電

——民國二十八年一月五日

重慶。蔣委員長介公鈞鑒：僭密。冬侍秘渝手啓電奉悉。自抗戰開始後，汪先生壹志在主和，國人盡知。此次建議，不在渝就近詳商，而在異地突然發表，一般觀聽，不無驚疑。幸國人在委座領導之下，確知國策久定，毫不爲其動搖。故汪之議論，對外雖屬奇聞，受敵愚弄；對內仍毫無影響，祈釋廑注。此後如有所聞，當隨時報告，謹復。職龍雲叩。歌印。

（錄自總統府機要檔案）

5.龍雲自陳昌祖處悉汪居河內情形建議勸汪回國免其挺而走險之魚電

——民國二十八年一月六日

重慶。委員長蔣鈞鑒：僭密。汪先生離滇後，有謂其已到香港、九龍者，有謂仍在河內者，甚至謂其到上海者，其說不一。本日其內親即陳璧君之弟現充飛機製造廠副經理陳昌祖者到滇相晤，始悉汪本人尚在河內，因在旅館樓板上滑跌，傷及膝蓋，正醫治中。日前到港者係陳公博等，據陳昌祖言，自中央臨時會議決議發表後，汪態度消極，其夫人則甚憤慨，目前將有到歐洲或其他國家之行，內部正密商中，似此汪已在猶豫情況之下，若無轉圜，將來縱不爲日人利用，亦必與法西斯蒂勾結反共，顧慮實多。愚見此時最好由鈞座派汪之親信一二人到河內，以私人歡迎其回國，如能回渝最好，否則在國內任何一處居住，均可避免再與日人勾結，以免挺而走險，對外則團結之裂痕不現，對汪則以後無從活動，日人亦無從挑撥。未識鈞意如何？伏乞電示。再：職曾面告陳昌祖，鈞座此次提會，係不得已服從多數主張，但心中始終爲汪留餘地，請其轉告汪，切勿誤會云云。謹併奉聞。職龍雲叩。魚秘印。

（錄自總統府機要檔案）

6.蔣委員長對汪案處置致龍雲之庚電

——民國二十八年一月八日

昆明。龍主席勛鑒：魚電悉。對汪事，此時只可冷靜處之，置之不問爲宜。蓋急求諒解或爲彼代謀，徒增其疑竇，而於事無補，且據法人消息，汪到越後之言行，絕不如吾人所想像之汪先生，現若勸其返渝，則彼必以惡意推測，且彼亦必不出此。至於留住國內，無論何地，不惟敵國可借此造謠，甚或假借其名義，多所引誘，即國際亦復懷疑，而全國軍民之惶惑更無論矣。如爲彼計，此時當以赴歐爲惟一上策，否則皆於公私有損。當此次開除黨籍決議時，本有通緝令同時並發一項，僉以爲汪之言行，不僅違反黨紀，而且毀壞國法也，卒因中力加阻止乃已。如彼此時留住國內，則全國要求通緝之令無法遏阻，如此則公私更難爲懷矣。吾人於此，惟有先公而後私，只要抗戰有利，國家有益，則私人關係雖受損失，亦惟忍痛一時，但求吾心之所安而無愧怍耳。如其再派人來說時，請以正言告之。未知兄意以爲何如？中正手啓。庚未機印。

（錄自總統府機要檔案）

7.龍雲爲汪及曾仲鳴等在河內遇刺呈蔣委員長之馬電

——民國二十八年三月二十一日

重慶。委員長蔣鈞鑒：僭密。頃據駐滇法領事稱：汪先生在河內住室內遇刺，幸未受傷，曾仲鳴夫婦及從人數人均受傷，刺客已拏獲三名等語。謹電奉呈。職龍雲。馬戌秘印。

（錄自總統府機要檔案）

8.龍雲陳汪在河內遇刺言語間對中央不無誤會或因此而更趨極端亦未可知之東電

——民國二十八年四月一日

重慶。委員長蔣鈞鑒：僭密。日前汪先生在河內遇刺，當時因不明眞相，乃派員前往慰問及視察確情去後，茲接覆電，有刺客被警捕獲，且直供不諱等言。查其言語間，對於中央不無誤會，或因此而更趨極端，亦未可知，謹電陳聞。職龍雲。東秘印。

（錄自總統府機要檔案）

9.龍雲以汪在外招搖有意簧鼓滇省與公同命決不爲其所動呈蔣委員長函

——民國二十八年四月十三日

介公委員長鈞鑒：滇省委周惺甫先生，年來多病，在滇專負修輯省志之責，無意遠游，此之遵命飛渝，實緣盛德所感，義不敢辭，到時若其體力能支，鈞座亦可留備諮詢，若不能支持，亦請不必挽留，免久在客中，一切不便。茲就其赴渝之便，將汪氏經滇赴越始末摘要略陳。查汪氏前由滇赴及發出豔電，又曾仲鳴被刺前後大概情形，均經先後電呈。近接薛伯陵來電，始知江氏及其左右，不免在外招搖，有意簧鼓，實際上職與汪氏素無往還，此次短期接觸，已稔知其爲人，既不磊落光明，又不忠厚安分，在其豔電發出後，職未加以攻擊，猶本古人薄責於人之義，未肯論其短長，且各方正攻擊汪氏，亦不必再下井投石，亦即遵　鈞座寬厚待人，不咎既往之旨，爲留餘地，但此種謠諑，對內雖自問坦然，對外仍恐不免有人懷疑，擬在相當時期，將其前後經過，完全公布，純用事實，以正視聽。自抗戰迄今，國家重要基地，已在西南，滇省目前對國家之關係，乃所負之責任，不但職明瞭，一般民眾已深切了解。總之在鈞座領導之下，任何艱難危險，苟一息尚存，始終不貳。蓋滇省與我公同一命運，在此敵人力圖分化，汪氏被敵利用之時，吾輩軍人，不論任何職責，惟有立定腳跟，不爲利害所動，確遵即定國策，以待鈞座從容應付，此即剝復之機，亦國家之幸民族之福也。謹布悃忱，伏乞

垂鑒。不盡之懷，統由惺甫先生面陳，專肅，祗請

崇安。

職　龍　雲　謹肅。

二十八年四月十三日。

（錄自總統府機要檔案）

10.龍雲以敵機連日襲滇但不炸省會似含威脅滇省生變性質呈蔣委員長之刪電

——民國二十八年四月十五日

連日敵機侵入滇境轟炸省會附近，元日敵機又炸蒙自，損失慘重。但不直接來炸省城，揣敵方用意，似含有威脅壓迫，使滇有所恐怖而生變化之舉。職意汪黨與日勾結，有此作用亦未可知，此以不肖之心待人，未知 鈞座觀察以爲何如？

蔣委員長覆：此間觀察與兄全同，汪勾敵害國事實太多，擬屬孟瀟不日來滇面詳一切也。

（錄自總統府機要檔案）

11.蔣委員長致唐生智請龍雲函汪兆銘與敵斷絕關係命駕遠遊勿再作進一步賣國行爲之感電

——民國二十八年四月二十七日

昆明省政府轉唐委員孟瀟兄勛鑒：輯密：養敬兩電均誦悉，志舟兄所談，坦白誠摯，皆在情理之中，此事採取如何方式爲宜，自應尊重志舟之意見，由彼考量決定，中意人情與道理不可偏廢，而公私之間尤當兼顧，然沒有益於國，不害於事。今日要點，宜使汪覺悟於公私皆非，不再作進一步之賣國行爲，同時尤須斷絕其賣空買空、挑撥離間、誣陷我忠實同志以資煽惑人心藉敵自重之妄念，此固救國，亦所以救汪也。中爲國家利益與志舟兄個人立場著想，以爲應由志舟兄覆汪一信，表示不直其來信所言，而厲正言勸戒之意。此函寄發以後，應否公開，或何時發表，當由志舟兄酌定，如能公開發表，不僅足以正中外之視聽，而且可以打破敵軍進逼之企圖，有益於抗戰之前途，豈可限量。去函措詞大旨酌擬如下：在滇時承面告和戰問題之意見，某以公當時所言，均以國家利害爲前提，言戰言和，同爲國家，深諒公苦心孤詣，故以爲陳述意見，亦無所謂，且深信公動機純潔，不疑有他，故以爲將來可爲國人所共諒，及見公在港發表「舉一個例」之文，乃極駭怪，嗣讀三月三十日大函，更覺某雖知公而公未能知某，抑某雖愛公而公竟不能愛某以德，誠不勝歎惋之至。「舉一個例」文中，將國家機密洩露中外，布之敵人，此已爲國民對國家初步道德所不許，至三月三十日大函，則竟欲某背叛黨國，破壞統一，毀滅全國軍民抗戰犧牲之代價，違反舉國共守之國策，此不僅斷送我國家民族之前途，且使我無數將士與民眾陷於自殺之慘境。此豈和平救中國之道，直是自滅我中國，以挽救敵國之命運耳。某卅年軍旅，盡瘁革命，僇力統一，終始不渝，縱不自愛歷史，寧能負我國家，抑更何忍負我艱苦奮鬥慘烈犧牲之全體袍澤，良知所在，縱甚愛我公，亦不能不深慨公之未爲知我，更不能不爲公之前途痛惜而危懼也。吾輩立身行事，應求磊落光明，悠悠世論，一時不諒，誠無足念，然萬不可激於意氣，以國家資敵，而永隳其生平。尊函所云，不惟公不應以此期之於某，即某亦萬不願公爲一時氣憤所役使，而竟自陷於荆棘。默察公之來函，必非離渝時之初衷，然如循此險徑，孤往不返，千秋後世，孰爲公諒？某爲公計，此時千萬勿動於激憤，勿惑於羣小，摒除客氣，恢復靈明，則公之胸懷，猶終可見諒於抗戰勝利之日，務望立下英斷，絕對與敵人斷絕往來，命駕遠游暫資休憩，斬除一切葛藤，免爲敵人播弄，庶幾國家能早獲最後之勝利，而公亦克無損其歷史之令譽，愚直之見，敢附諍友之列，以盡最後之一言，知我罪我，唯公裁之，等語。請以此意切商志舟兄斟酌採用，唯對汪來函，則務望能以正面明白之詞句指而斥之，此函發布之後，涇渭清濁，劃然分明，敵人必爲膽落，國人益佩公忠，想志舟兄爲愛護大局肅正視聽計，必與中同其見解也。中正。感機渝。

（錄自總統府機要檔案）

12.薛岳陳龍雲東電擬正告汪氏免其始終執迷以正國人視聽呈蔣委員長之魚電

——民國二十八年五月六日

重慶。委員長蔣：玉密。接龍主任東電開：近來戰局轉佳，自是吾弟領導之功，良深欣慰。迭電承示，我輩惟在委座領導之下，共成抗建大業，名言偉論，地義天經，與拙見不謀而合，尤深欽佩，此乃國家今日惟一途徑，非此不能救國，國中羣眾，皆稔此理，況我輩久承委座優遇，躬膺疆寄，大義所在，距敢後人。擬一面明告汪氏，免其始終執迷；一面謀有以正國人視聽者，不日當邀呈察。今値千鈞一髮，我輩惟有竭盡忠誠，擁護鈞座，貫徹既定國策到底，始終不渝，此乃所以上報國家及委座知遇，捫心自問，下乃不愧怍於屋漏也等語。除電覆感佩共勉外，謹呈鑒察。職薛岳。魚山印。

（錄自總統府機要檔案）

肆　結　論

總之，從函電史料可以看出蔣汪與龍雲在抗戰時期有微妙的三角關係，而這種關係對其三人而言，都是經歷了曲折的道路，首先蔣汪自民國二十一年合作以來，卻在民國二十七年十二月十八日分道揚鑣，互相拉攏龍雲，以爭取西南地盤勢力，而蔣、龍之關係，龍雲在抗戰初期是擁蔣反共但抗戰後期卻秘密地加入了民盟，轉變爲聯共反蔣，而汪、龍的關係，抗戰初期是擁蔣汪反共，迨汪於十二月十八日叛離重慶國民政府後，曾一度猶疑不定，後轉爲擁蔣反汪反共，抗戰後期轉爲聯共反蔣。三位對民國史的影響頗大，其對抗戰之功過褒貶，有待史家深入探究，給予適當之評價。

註釋

❶ 陳豐義：〈龍雲的悲劇〉，《共黨問題研究》四卷十二期，頁七〇。（民國六十七年十二月）。

❷ 同❶，頁七〇。

❸、❹ 同❶，頁七一。

❺、❻ 同❶，頁七一—七二。

❼ 〈龍雲致汪精衛函電〉（民國二十七年九月三十日），《汪偽資料檔案》，法務部調查局資料室藏，鋼筆原件影本。

❽ 蔡德金：《汪精衛評傳》，頁二七二（四川人民出版社，一九八八年四月第一版）。

❾ 〈龍雲致汪精衛函電〉（民國二十七年十月二十日），《汪偽資料檔案》，法務部調查局資料室藏，鋼筆原件影本。

❿ 〈龍雲致汪精衛函電〉（民國二十七年十月二十九日），《汪偽資料檔案》，法務部調查局資料室藏，鋼筆原件影本。

⓫ 秦孝儀主編：《中華民國重要史料初編—對日抗戰時期，第六編，傀儡組織（三）》，頁四六（台北，中央黨史委員會，中華民國七十年九月初版）。

⓬ 秦孝儀總編纂：《總統蔣公大事長編初稿》，卷四上冊，頁二七七（民國六十七年十月三十一日）
另參閱〈蔣中正致龍雲轉汪精衛函電〉（民國二十七年十二月二十一日），《汪偽資料檔案》，法務部調查局資料室藏，鋼筆原件影本。

⓭ 〈龍雲呈蔣委員長十二月馬電〉，《總統府機要檔案》，總統府機要室藏。

⓮ 同⓬，《總統蔣公大事長編初稿》，卷四上冊，頁二七七。

⑮同⑫，頁四八。

⑯今井武夫：《支那事變の回想》，頁九三，（東京，みすず書房，昭和三十九年九月三十日第一刷）。

⑰陳昌祖，時任昆明飛機製造廠副經理，中德航空公司經理。

⑱蔡德金：〈汪精衛叛逃與龍雲〉，《檔案與歷史》第一期，（上海市檔案館出版，一九八八年三月五日），頁八八。

⑲同⑪，頁七七。

⑳陳恭澍：《河內汪案始末》，頁二九八—二九九，（台北，傳記文學出版社，民國七十二年五月十五日初版）。

㉑同⑪，頁一一七—一二三。

㉒秦孝儀主編：《中華民國重要史料初編—對日抗戰時期，第六編、傀儡組織（三）》，頁四六、四八、四九、五〇、五四、七七、一一五、一一七、一一九（台北，中央黨史委員會，民國七十年九月初版）。

重慶汪主席勛鑒儉及儉戌電均悉慶密昨日午前九時敵重轟炸機九架侵入昆明於城西學校區及飛機場投彈共百餘枚在學校區師範學校畧有損壞附近之苗圃內炸死疏散之人民婦孺共六十餘人傷二十餘人機場投彈雖多但損害不大只重傷法機械師一人死衛兵二人擊壞飛機三架係法方所售於我然尚未接收又

在桂境墜壞但未證實

詳情待查　承閣垂念謹

將昨日經過具復尊夫人

因空襲改期明日可望起

飛　際此佈聞龍雲艷機

附：

昆明九月三十日上午一時十五分發

下午二時五十分譯

汽車二輛內則安全無恙

敵機被我擊傷三架落於

路南宜良之間機壞人死

敵機內六人中有一人未死

逃脫後被人民拿獲名曰

池島面部受傷所攜圖表

甚多現飭解省明日可到

此次來襲之敵機均係最

新式且極健全內裝有收

音電報照相等器甚速

度最快我方驅逐機不易

趕及除擊落之三架外其

逃去之六架聞亦有負傷

重慶國主席蔣鈞鑒：茲密。倭寇放棄後日
軍在大鵬灣登陸，相繼佔領惠陽。粵省軍備
薄弱，於此可見。英方受其威脅，不置一詞。粵
漢、平漢均已不通，前途危險，可以概見。而國
際間仍持觀望態度，我則根本無援。職
邊疆遠處，午夜思維，殊切憂懼，未識中央處
此將何應付。鈞座高瞻遠矚，當亦千鈞一髮，國
命攸關，今後一切，伏乞指示，俾有遵循。職[illegible]電
浩秘
[illegible]十月廿日〇時五十八分發　本午十一時譯

重慶委員長蔣鈞鑒元密儉電並有日
手諭均奉悉概自中日戰爭開始以來
我軍事上失方(於?)統算已無可為諱其流
弊所反(及?)往往顧此失彼貽誤滋多如上
海之戰敵從金山衛登陸滬上之軍即
陷于崩潰魯南一役土肥原搶渡黃河
由董口而黃口遂影響魯南全局此次
敵犯華南在大鵬灣登陸粵不旬日遂
(蹈?)媟武漢亦因以不守先後失着如出一
轍粵省軍政當局此次得此結果固屬
一言難盡而參謀本部於(統?)戲籌上實
多遺憾亦不為無因現以湘為抗戰中心
西南各省均為後方策源基地滇緬路
綫亦成唯一國際交通(?)而湘省成為目
前抗戰中心一切軍實悉委積衡陽
敵睽睽瞩目亦莫不知最可慮指敵雖
短期不能以侵粵之敵抽調西(犯?)慮萬一
另派一部再由北海登陸直達滇黔斷
絕滇緬交通(?)褫或直搗桂林以(竄)窜湘南
各省部隊今已調赴前方後方空虛實
甚若敵竟冒險而來恐至不堪設想望
鈞座對(?)此加以孜慮並隨時申儆軍事
當局思患預防(?)免一誤再誤至大局陷
于僵壓誠如公言純由依賴外力估量所(?)
望者過高結果失望致陷孤立言念前
途至深悲憤共匪為害民族國家職禪(?)
深(惡?)憲痛絕當凜箴言特別注意仍望不
吝教誨時賜南針俾有遵循不勝感禱
職龍雲叩艷

昆明十月廿九日下午一時五十分發
卅一日上午九時半譯

昆明龍主席轉汪先生遂
密聞兄到滇後即病未知
近狀如何乞示復中正叩
馬（廿一）辰武

武功十二月廿一日上午九時五十分發

第七章 結 論

汪蔣的第三度合作，是在民國二十一年一月二十八日上海爆發「一二八」事變開始，同年二月十五日，剛剛就任行政院長的汪精衛發表了〈政府對日方針〉一文，為新形成的「汪蔣合作」提出具體的對日政策：

> 我們所持的對日方針，是「一面抵抗，一面交涉」。……一面抵抗，一面交涉，同時並行。軍事上要抵抗；外交上要交涉，失領土，不喪主權。在最低限度之下不退讓；最低限度之上不唱高調，便是我們共赴國難的方法。

所謂「一面抵抗、一面交涉」其眞正的深層目標，則是在於期待國際局勢的轉變，至於所期待者，一為日俄開戰，一為英美對日制裁。汪氏在對日和戰態度上是採取「默守待援」的想法，這四字正可謂「一面抵抗，一面交涉」的目標所在。「抵抗」與「交涉」，都是為了「拖延」與「等待」。和平交涉，固然是為了爭取建軍備戰的時間；衝突抵抗，亦無非在為日後的國際轉變做準備。

至於時任軍事委員會委員長的蔣先生對於日本的和戰態度，在當時是比較模稜的。原因大致有兩點：一點是因北伐以來，國民黨內部派系即紛擾不休，政治議題上，「小之又小，成爲反蔣」。處於這樣的環境下，蔣氏對於中日和戰這樣敏感的課題，採取模稜的態度，是可以理解的。而另一點則或許是來自其處理濟南慘案的經驗。濟案爆發時，蔣氏正在山東前線，而國府外交部卻遠在南京。結果日軍司令官福田直接對蔣施壓，要求陣前道歉，逼得他毫無迴旋餘地，而大受困窘。歷經這次教訓之後，蔣先生對於中日交涉，似乎總是避免直接出面，畢竟對日外交在當時原就是項政治難題。它的棘手，不只在於日軍的驕橫狡詐，更在於國內派系的意見紛歧。因此做爲一個現實主義的決策者，自然是以不接觸這一燙手山芋爲上策。

所以論者常謂：汪兆銘主和，而蔣先生主戰，這樣的二分法其實是有問題的。在這段「三度合作」的期間，汪兆銘固然主張和平，蔣先生也並不是非戰不可。兩人的差距，不是「和」、「戰」的兩極，而只是在於所願承受的「臨界風險」（critical risk）——即指在談判或衝突中做堅持時，所願意冒的最大風險上——高低的不同而已。蔣先生同樣承認中日之間國力的懸殊，在「抵抗」之外，他也同樣參與了「交涉」的決策。戰前戰時歷次對日交涉，蔣氏莫不預聞，甚至就是由他做最後決定的。這也就是汪兆銘在河內發表〈舉一個例〉所要說明的事實。至於對國際局勢轉變的期待，蔣則似視汪而有過之。所以筆者竊以爲，從函電史料觀之在「默守待援」的政策上，蔣汪兩人其實並沒有若何實質上的不同。他們的差異只在於：汪兆銘的本身對於抗戰，始終是採取「避免風險」（risk-averse）的態度，例如汪不贊成對日宣戰、堅決反共反對焦土政策、對日和談妥協等；而蔣先生則相對上較傾向「接受風險」（risk-acceptant）的決策模式，例如要求透過國民參政會提對日宣戰案，主戰到底，等待國聯制日，加強國際宣傳，將中日問題擴大爲世界問題，有聯俄制日之想法等。這一點最後竟成爲兩人在抗戰陣營裡的去留，甚至是歷史上的成敗的重要因素。

當然，歷史的發展，其肇因必不只一端。但我們若由「默守待援」政策的執行過程上來觀察，可以這樣說做爲一個現實主義的決策者，蔣先生是要比汪兆銘來得成功。因爲任何一項政策的執行過程中，負責推動的執行者必然有其「理性官僚需求」（the rational-bureaucratic Imperative）。也就是說，從一個官僚體系中人的立場出發，政策推動的過程，不但必須是在道德上站得住腳、在行政上行得通，最重要的，在理智上更得是具有自衛性才行。而以當時汪蔣兩人所居的職位與所採的態度來看，蔣氏無疑是自我保護較好的一位。當〈塘沽協定〉行將草簽之際，蔣先生還在電報中寄望當時負責華北外交的黃郛，「於談判時期，城防設備尤應加緊。最高無上之決心不可須臾忽忘。弟以爲不有一北平死戰，決不能滿倭寇之欲，亦不能得國人諒解也。」結果黃郛以「兩年以來，國事敗壞至此，其原因全在對內專欲求得國人之諒解」責之：

> 希望今後彼此眞實的遵守共嘗艱苦之舊約，勿專爲表面激勵之詞，使後世之單閱電文者，疑愛國者爲弟，誤國者爲兄也。

蔣先生或許是眞的在「臨界風險」上的承受度比較高，也或許是基於「理性官僚需求」

上保護自己的考慮，其在電文中是採取較「能得國人諒解」的「主戰」態度。於是相對的，負責實際交涉的黃郛，成爲「衆矢之的」的危險自然就較高了。

這樣的關係，同樣可以用來解釋，戰前兩人合作期間，汪蔣在外交政策執行上的矛盾。以當時政局來看，任何決策，如果沒有蔣先生首肯的話，汪兆銘要單獨推動，似乎是不可能的。然而當時，乃至後世，多集矢於汪氏，視之爲「主和」派；畢竟，主持對日交涉，在抗戰前，本來就是件違反「理性官僚需求」的任務罷！

最後，吾人將試由「默守待援」的角度出發，以了解汪兆銘在人格上「斷裂」及其兩極化反覆的問題。根據陳公博的記載，汪兆銘本是主戰的，但到了長城戰役期間，前方將領的報告，對其刺激甚深，以後便慢慢有了主和的傾向。而在對日決策上傾向於，前面筆者所說的，「避免風險」的態度。他始終憂慮著兩個問題：第一個是「國際局勢的轉變何時來到？」因爲「默守待援」政策的最終目標就在等待國際局勢的轉變，所以汪兆銘曾對胡適自陳：「援何時到？援未到時該怎麼樣？援已到時該怎麼樣？正是待援者所終日算計的。」

顯然地，汪氏對於這種轉變的到來，所持的「算計」是悲觀的。他認爲即使歐美列強肯與日本作戰，戰勝後的中國也「已成一團糟」，「除了化做蘇維埃，便是瓜分或共管。」所以在「援何時到」的問題之外，汪兆銘所憂慮的另一項問題，就是「誰來收拾善後？」他在〈塘沽協定〉前回覆友人的電文中就說：

> 弟平日決心欲集吾黨精銳，共同一拚，而讓他人爲李鴻章。如此則不量力而戰之苦衷，

將爲人所諒；而量力而和之苦衷，亦將爲人所諒。……以程嬰、公孫杵臼爲例，亦可謂吾黨爲其易，使他人爲其難……。

誠如前文所言，一個弱國在面對強國開戰後，往往就是個「和比戰難」的局面。所以一旦中日開釁，誰能來做善後的「李鴻章」，就成了必須正視的問題。這種看法，一直到「七七」事變後仍未改變。廿六年八月四日，他寫信告訴胡適：「今日之事，最好是國民以全黨殉此最後關頭，而將未了之事，留之後人。」

由以上這兩條思路出發，汪兆銘對於抗戰，一直是抱著悲觀的看法。所以他的脫離抗戰陣營，不能說是一項突如其來的決定，而是其長期以來對於中日關係看法的總結果。汪氏在戰前開列接替他外交工作人選的條件時，就說過：「寧爲被磔的袁崇煥，不爲被迫出戰的哥舒翰」這樣的話；也許，他出走之際，心中自以爲的，就是袁崇煥——或者是李鴻章。

誠如李國祁先生的大作所示，就抗戰當時的民族利益與國家政策而言，汪兆銘「確是漢奸」、「民國歷史上的罪人」。但若吾人願由汪氏對於中日和戰一貫的看法與邏輯出發的話，則所看到的，將是一個決策者在其「目標」與「手段」之間的落差問題。汪氏自長城戰役以來，就認定一旦中日展開「最後決戰」，國民黨政權必將因之傾覆；即令歐美列強對日作戰，中國亦難免瓜分命運。因此抗戰開始以後，他的「目標」就一直是希望能夠藉機打開和談之門，「倘猶能以合於正義之和平而結束戰事，則國家之生存獨立可保。」（〈艷電〉語）殊不知和談的「手段」並無法達臻他所期待的「目標」。中國畢竟是處於弱國的地位，戰場上爭不回來的，想在談判桌上爭回來，困難只將更多。所以胡適後來走上了「和比戰難百倍」的見解，而汪兆銘卻以出走來證明他這項決策上的落差。

引用及參考資料目錄

一　檔案、會議記錄及文件

(一)　中國國民黨中央委員會黨史委員會藏會議記錄及檔案

中國國民黨第五屆中央執行委員會常務委員會第一〇八次會議（臨時會）記錄，民國二十八年一月二日。

日華協議記錄（日文），民國二十七年十一月二十日。華方提出關於收拾時局之具體辦法及日方之意見（日文），民國二十八年六月。

關於保障中國主權獨立之最低條件，民國二十八年六月。

華方要望實行尊重中國主權之原則日方對此之意見（中、日文）民國二十八年六月二十六日。

中日新關係調整綱要及附件，民國二十八年十一月二日。

中日新關係調整綱要修正案，民國二十八年十一月十二日。

中日新關係調整綱要修正案（中、日文），民國二十八年十一月十五日。

關於中日新事態之秘密諒解事項，民國二十八年十一月十五日。

調整中日新關係之協議文件及附錄，民國二十八年十二月三十一日。

青島會談關於保留事項答覆之態度，民國二十九年一月。

青島會談綱領，民國二十九年一月。

青島會談秘密諒解事項，民國二十九年一月

青島會談第一次、第二次記錄，民國二十九年一月二十四日、二十五日。

汪兆銘指定僞中央政治會議委員暨當然委員名單，民國二十九年一月。

中央政治會議預擬議案，民國二十九年三月。

中央政治會議議事日程，民國二十九年三月。

中央政治會議宣傳工作日程表，民國二十九年三月。

汪精衛指定中央政治委員會委員名單，民國二十九年三月二十四日。

中日調整邦交會議正式會議公認議事錄，第一次至第十六次，民國二十九年七月至八月。

關於中華民國日本國間基本關係條約案，民國二十九年八月三十一日。

關於校對協議文件之節略（日文），民國二十九年八月。

汪、日同意修正「中日滿共同宣言」及「關於中華民國日本國間基本關係條約附屬文書案」之節略，民國二十九年十月一日。

「中日條約」簽字典禮程序，民國二十九年十一月三十日。

汪僞國民政府對英美宣戰聲明，民國三十二年一月九日。

關於協力完遂戰爭之中日共同宣言，民國三十二年一月九日。

(二) 法務部調查局（薈廬資料室）《汪僞資料檔案》

1. 蔣總裁致汪精衛函電

(1)蔣總裁致汪函電（年時間不詳）一月十三日下午十時三十分（溪口發）
(2)蔣總裁致汪函電　民國二十六年二月三日下午四時四十分發
(3)蔣總裁致汪函電　民國二十六年三月十九日南京發
(4)蔣總裁致汪函電（年不詳）五月十一日下午十一時二十分發
(5)蔣總裁致汪函電（年不詳）十月十三日下午九時發
(6)蔣總裁致汪函電　民國二十七年十一月四日長沙
(7)蔣總裁致汪函電　民國二十七年四月二十六日武昌
(8)蔣總裁致汪函電　民國二十七年八月十二日零時五十三分武昌
(9)蔣總裁致汪函電　民國二十七年八月十七日零時四十六分武昌
(10)蔣總裁致汪函電　民國二十七年八月十九日下午十一時五十五分武昌
(11)蔣總裁致汪函電　民國二十七年八月二十日零時三十分武昌
(12)蔣總裁致汪函電　民國二十七年八月二十四日下午二時二十五分發武昌
(13)蔣總裁致汪函電　民國二十七年八月三十一日上午六時三十分發
(14)蔣總裁致汪函電　民國二十七年八月二十七日零時五十分發

(15)蔣總裁致汪函電　民國二十七年八月三十日上午一時三十分發自武昌
(16)蔣總裁致汪函電　民國二十七年八月三十一日下午七時三十五分發自武昌
(17)蔣總裁致汪函電　民國二十七年九月三日上午五時四十分發自武昌
(18)蔣總裁致汪函電　民國二十七年九月三日下午一時半發自武昌
(19)蔣總裁致汪函電　民國二十七年九月五日上午零時五十五分發自武昌
(20)蔣總裁致汪函電　民國二十七年九月八日十時五十四分發自武昌
(21)蔣總裁致汪函電　民國二十七年九月八日上午十時五十四分發自武昌
(22)蔣總裁致汪函電　民國二十七年九月八日二十時五十分發自武昌
(23)蔣總裁致汪函電　民國二十七年九月十四日二時發自武昌
(24)蔣總裁致汪函電　民國二十七年九月十五日上午十一時五十五分發自武昌
(25)蔣總裁致汪函電　民國二十七年九月十九日上午一時發自武昌
(26)蔣總裁致汪函電　民國二十七年九月二十一日十一時二十五分發自武昌
(27)蔣總裁致汪函電　民國二十七年九月二十二日六時二十分發自武昌
(28)蔣總裁致汪函電　民國二十七年九月二十四上午
(29)蔣總裁致汪函電　民國二十七年九月二十五日上午四時三十分發自武昌
(30)蔣總裁致汪函電　民國二十七年九月二十五日上午四時半發自武昌
(31)蔣總裁致汪函電　民國二十七年九月三十日上午一時三十五分發自武昌
(32)蔣總裁致汪函電　民國二十七年九月二十九日下午四時四十分發自武昌

(33)蔣總裁致汪函電　民國二十七年十月一日下午十一時五十分發自武昌

(34)蔣總裁致汪函電　民國二十七年十月二日上午七時二分發自武昌

(35)蔣總裁致汪函電　民國二十七年十月四日上午零時二十分發自武昌

(36)蔣總裁致汪函電　民國二十七年十月五日下午十一時半發自武昌

(37)蔣總裁致汪函電　民國二十七年十月（時間不詳）

(38)蔣總裁致汪函電　民國二十七年十月十七日上午八時四十分

(39)蔣總裁致汪函電　民國二十七年十月十三日上午二時二十分發自武昌

(40)蔣總裁致汪函電　民國二十七年十月十八日上午二時四十分發自武昌

(41)蔣總裁致汪函電　民國二十七年十月二十日

(42)蔣總裁致汪函電　民國二十七年十月二十六日下午六時十分發自南嶽

(43)蔣總裁致汪函電　民國二十七年十月二十八日上午十一時半發自南嶽

(44)蔣總裁致汪函電　民國二十七年十月二十八日發自南嶽

(45)蔣總裁致汪函電　民國二十七年十月二十八日下午九時三十分發自南嶽

(46)蔣總裁致汪函電　民國二十七年十月二十九日發自南嶽

(47)蔣總裁致汪函電　民國二十七年十月二十八日發自南嶽

(48)蔣總裁致汪函電　民國二十七年十一月十一日十一時四十分發自長沙

(49)蔣總裁致汪函電　民國二十七年十一月二日下午六時半發自南嶽

(50)蔣總裁致汪函電　民國二十七年十一月十一日十八時發自南嶽

(51)蔣總裁致汪函電　民國二十七年十一月三十日十四時三十分發自南嶽

(52)蔣總裁致汪函電　民國二十七年十二月五日上午四時發自桂林

(53)蔣總裁致汪函電　民國二十七年十二月二十一日上午九時五十分發自武功

(54)蔣總裁致汪函電　民國二十七年十一月三十日

(55)蔣總裁致汪函電　民國二十七年十一月五日下午一時五十五分發自長沙

(56)蔣總裁致汪函電　民國二十七年十一月二十一日四時五十六分發自武昌

(57)蔣總裁致汪函電　民國二十七年十一月四日十七時發自衡山

2. 汪精衛致蔣總裁函電

(1)汪精衛致蔣函電（年不詳）一月十四日

(2)汪精衛致蔣函電（年不詳）一月十八日

(3)汪精衛致蔣函電（年不詳）一月二十三日

(4)汪精衛致蔣函電（年月日不詳）

(5)汪精衛致蔣函電（年不詳）一月二十三日

(6)汪精衛致蔣函電（年不詳）二月四日

(7)汪精衛致蔣函電（年不詳）二月八日上午十一時發

(8)汪精衛致蔣函電　民國二十六年三月十日下午四時發

(9)汪精衛致蔣函電　民國二十六年三月十三日

(10)汪精衛致蔣函電　民國二十六年三月三十一日

(11)汪精衛致蔣函電　民國二十六年四月五日下午五時四十分發
(12)汪精衛致蔣函電　民國二十六年四月五日下午三時十分發
(13)汪精衛致蔣函電　民國二十六年四月十二日上午十一時半發
(14)汪精衛致蔣函電　民國二十六年四月十七日下午四時發
(15)汪精衛致蔣函電　民國二十六年四月十七日下午四時
(16)汪精衛致蔣函電　民國二十六年四月十九日下午二時發
(17)汪精衛致蔣函電　民國二十六年五月一日上午九時
(18)汪精衛致蔣函電　民國二十六年五月四日上午九時
(19)汪精衛致蔣函電　民國二十六年五月六日南京發
(20)汪精衛致蔣函電　民國二十六年五月十五日下午一時發
(21)汪精衛致蔣函電　民國二十六年六月十日下午一時發
(22)汪精衛致蔣函電　（時間不詳）
(23)汪精衛致蔣函電　民國二十六年六月二十一日南京發
(24)汪精衛致蔣函電　民國二十六年六月二十二日
(25)汪精衛致蔣函電　民國二十六年六月二十九日
(26)汪精衛致蔣函電　民國二十六年七月二十五日
(27)汪精衛致蔣函電　民國二十六年七月二十七日下午六時發
(28)汪精衛致蔣函電　民國二十六年七月二十八日發

(29)汪精衛致蔣函電　民國二十六年七月二十九日
(30)汪精衛致蔣函電　民國二十六年八月十七日
(31)汪精衛致蔣函電　民國二十六年八月十八日
(32)汪精衛致蔣函電　民國二十六年八月二十四日
(33)汪精衛致蔣函電　民國二十六年八月二十八日
(34)汪精衛致蔣函電　年不詳九月一日
(35)汪精衛致蔣函電　年不詳九月二日
(36)汪精衛致蔣函電　年不詳九月三日
(37)汪精衛致蔣函電　年不詳九月十五日
(38)汪精衛致蔣函電　年不詳九月二十一日
(39)汪精衛致蔣函電　年不詳九月二十二日
(40)汪精衛致蔣函電　民國二十七年九月二十九日
(41)汪精衛致蔣函電　民國二十七年九月二十八日
(42)汪精衛致蔣函電　民國二十七年九月三十日
(43)汪精衛致蔣函電　民國二十七年十月三日
(44)汪精衛致蔣函電　民國（年不詳）十月四日南京發
(45)汪精衛致蔣函電　（年不詳）十月十五日
(46)汪精衛致蔣函電　（年不詳）十月十八日

(47)汪精衛致蔣函電　民國二十七年十月十三日發自重慶
(48)汪精衛致蔣函電（年不詳）十月二十一日
(49)汪精衛致蔣函電（年不詳）十月二十四日
(50)汪精衛致蔣函電（年不詳）十月二十六日
(51)汪精衛致蔣函電　民國二十七年十月二十九日發自重慶
(52)汪精衛致蔣函電（年不詳）十一月一日
(53)汪精衛致蔣函電　民國二十七年十一月二日
(54)汪精衛致蔣函電　民國二十七年（月日不詳）
(55)汪精衛致蔣函電（年不詳）十一月四日
(56)汪精衛致蔣函電　民國二十七年十一月十七日
(57)汪精衛致蔣函電（年不詳）十一月二十六日
(58)汪精衛致蔣函電　民國二十七年十一月二十九日重慶發

(三) 文　件

汪精衛爲「中日和平」之商榷致日本近衛文麿首相函，毛筆原件，民國二十七年三月，黨史會藏，以下同。

汪精衛致重慶中央黨部蔣總裁暨中央執監委員電（艷電），鋼筆原件，民國二十七年十二月二十九日。

汪精衛：「舉一個例」，鋼筆原件，民國二十八年三月二十七日。

汪精衛覆華橋某君書，鋼筆原件，民二十八年三月三十日。

汪精衛：「曾仲鳴先生行狀」，鋼筆原件，民國二十八年四月六日。

汪精衛覆吳佩孚函，毛筆原件，民國二十八年十月九日。

汪精衛：「我對於中日關係之根本觀念及前進目標」，鋼筆原件，民國二十八年七月九日。

汪精衛：「怎樣實現和平」，鋼筆原件，民國二十八年八月九日。

汪精衛在僞國民黨第六次全國代表大會致詞，鋼筆原件，民國二十九年八月二十八日。

汪精衛在僞中央政治會議開會致詞，鋼筆原件，民國二十九年三月二十二日。

汪精衛在僞中央政治會議閉會致詞，毛筆原件，民國二十九年三月二十二日。

汪精衛就任僞國民政府主席通電，毛筆原件，民國二十九年十一月二十九日。

汪精衛在「中日滿共同宣言」簽字典禮致詞，民國二十九年十一月三十日。

汪精衛：「東亞聯盟與興亞同盟」，毛筆原件，民國三十年十二月七日。

汪精衛：「怎樣同甘共苦」，打印原件，民國三十一年十二月九日。

汪精衛致日本首相東條英機函，毛筆原件，民國三十一年五月。

汪精衛：「十年來的和平運動」，鋼筆原件，民國三十一年七月。

汪精衛：「今年新國民運動之重點」，毛筆原件，民國三十二年一月一日。

周佛海致汪精衛函（二封），鋼筆原件，民國二十九年三月三日及六日。

一九三九年底汪精衛、周佛海致陶希聖函（六封），《檔案與歷史》，總第十二期，上海市檔案館，一九八八年六月五日出版。

汪精衛與近衛文麿談話錄（一九三九年六月），《檔案與歷史》，總第十四期，上海市檔案館，一九八八年十二月五日出版。

汪精衛：「汪精衛日記」(一)，民國二十九年，《檔案與歷史》，總第十一期，上海市檔案館，一九八八年三月五日出版。

汪精衛致近衛文麿函（一九三九—一九四一年），計四封，《檔案與歷史》，總第十二期，上海市檔案館，一九八八年六月五日出版。

周佛海：「中日事變秘聞—我的鬥爭記」，原載「華文大阪每日新聞」，黨史會藏照片。

重光葵關於同汪精衛會談情況的報告，一九四三年二月二日，《檔案與歷史》，總第十三期，上海市檔案館，一九八八年九月五日出版。

桂永清、陳介等爲德國擬調停中日戰爭及承認汪僞事致蔣介石密電一組，一九四〇年十月—一九四一年十月，《民國檔案》，總第十八期，南京，民國檔案編輯部，一九八九年十一月出版。

二　專書論著

(一)　中文書籍

日本防衛廳防衛研修所戰史室編撰，國防部史政編譯局譯，《日軍對華作戰紀要—治安作戰㈡：大戰期間華北「治安」作戰》，台北，國防部史政編譯局，中華民國七十七年六月出版。

日本防衛廳防衛研修所戰史室編撰，國防部史政編譯局譯，《日軍對華作戰紀要—初期陸軍作戰㈢：歐戰爆發前後之對華和戰》，台北，國防部史政編譯局，中華民國七十六年七月出版。

（僞）中央電訊社編印，《汪主席和平建國言論選集》，南京，中華民國三十二年九月出版。

中國陸軍總司令部編，《中國戰區中國陸軍總司令部處理日本投降文件彙編》，上卷，中華民國三十四年十月；下卷，中華民國三十五年四月。

中國國民黨中央執行委員會宣傳部編印，《汪逆賣國之鐵證》，重慶，中華民國二十九年一月二十四日。

（僞）中國國民黨中央宣傳部編印，《汪主席和平建國言論集》，上海，中華民國二十八年十二月十日版。

（僞）中國國民黨浙江省執行委員會編印，《廣播專刊》，杭州，中華民國三十一年四月出版。

中華民國外交問題研究會編，《中日外交史料叢編㈣—盧溝橋事變前後的中日外交關係》，台北，中華民國外交問題研究會，中華民國五十五年七月。

中華民國外交問題研究會編，《中日外交史料叢編㈤—日本製造僞組織與國聯的制裁侵略》，台北，中華民國外交問題研究會，中華民國五十五年六月。

少石編，《河內血案—行刺汪精衛始末》，北京，檔案出版社，一九八八年第一版。

正論出版社編印，《國人皆曰汪精衛賣國》，第六、七、八輯，中華民國二十九年二月五日，出版地點不詳。

古屋奎二著，中央日報譯印，《蔣總統秘錄》，台北，中央日報社，中華民國六十六年五月三十一日初版。

朱子家（金雄白），《汪政權的開場與收場》，香港，春秋雜誌社出版；第一冊，一九六〇年八月四版；第二冊，一九六一年三月再版；第三冊，一九六〇年九月再版；第四冊，一九六一年五月初版；第五冊，一九六四年二月初版；第六冊，台北，古楓出版社，一九八六年。

朱金元、陳祖恩，《汪僞受審紀實》，浙江，人民出版社，一九八八年十二月第一次印刷。

冷欣，《從參加抗戰到目睹日軍投降》，台北，傳記文學出版社，中華民國五十六年九月一日初版。

良雄，《戴笠傳》，上、下冊，台北，傳記文學出版社，中華民國七十一年十一月二十日再版。

李理、夏潮著，《汪精衛評傳》，武漢，武漢出版社，一九八八年四月第一版。

李雲漢，《盧溝橋事變》，台北，東大圖書公司，中華民國七十六年九月初版。

吳相湘，《民國百人傳》，第三、四冊，台北，傳記文學出版社，中華民國六十年元月十五日初版。

吳相湘，《第二次中日戰爭史》，上冊，台北，綜合月刊社，中華民國六十二年五月初版。

吳學誠，《汪偽政權與日本關係之研究》，中國文化大學碩士論文，民國六十九年。

余子道、劉其奎、曹振威編，《汪精衛國民政府「清鄉」運動》，上海，人民出版社，一九八五年五月第一次印刷。

何應欽，《日軍侵華八年抗戰史》，台北，黎明文化事業股份有限公司，中華民國七十二年九月出版。

青韋編，《汪精衛與日本》，一九三九年七月，出版地不詳。

邵毓麟，《勝利前後》，台北，傳記文學出版社，中華民國五十六年九月一日出版。

岩淵辰雄著、雲明譯，《日本軍閥禍國史》，上海，國際文化服務社，中華民國三十七年月出版。

周佛海著、蔡德金編注，《周佛海日記》，上、下冊，北京，中國社會科學出版社，一九八六年七月第一版。

服部卓四郎著，軍事譯粹社譯，《中東亞戰爭全史》，全四冊，台北，軍事譯粹社，中華民國六十七年三月版。

近衛文麿著，高天原、孫識齊譯，《日本界二十年—「近衛手記」》，上海，國際文化服務社，中華民國三十七年四月初版。

馬嘯天、汪曼雲遺稿，黃美眞整理，《汪偽特工內幕—知情人談知情事》，河南，河南人民出版社，一九八六年十二月第一版。

南華日報社編輯部，《汪精衛先生重要建議》，香港，南華日報社，中華民國二十八年一月二十日出版。

重光葵著，徐義宗、邵友保合譯，《日本之動亂》，香港，南風出版社，民國四十三年三月初版。

秦孝儀總編纂，《總統蔣公大事長編初稿》，卷四上、下冊，中華民國六十七年十月三十一日。

秦孝儀主編，《中華民國重要史料初編—對日抗戰時期，第六編，傀儡組織㈢、㈣》，台北，中華民國七十年九月初版。

徐達人編，《汪精衛是什麼東西？第一輯》，遂溪，嶺南出版社，中華民國二十八年十月初版。

徐達人，《汪精衛罵汪兆銘》，遂溪，嶺南出版社，中華民國二十八年十月十日初版。

馮子超，《中國抗戰史》，山東，正氣書局，中華民國三十六年四月再版。

郭廷以編著，《中華民國史料日誌》，第四冊，台北，中央研究院近代史研究所，中華民國七十四年五月初版。

黃友嵐，《抗日戰爭時期的「和平」運動》，北京，解放軍出版社，一九八八年八月第一次印刷。

黃美眞、張雲編，《汪精衛國民政府成立》，上海人民出版社，一九八七年十月第二次印刷。

黃美眞主編，《汪僞十漢奸》，上海人民出版社，一九八六年十月第一版。

黃美眞、姜義華、石源華，《汪僞「七十六號」特工總部》，上海人民出版社，一九八五年五月第二次印刷。

黃美眞、張雲著，《汪精衛集團叛國投敵記》，河南，人民出版社，一九八七年六月第一版。

陶菊隱等著，《汪政權雜錄》，澳門，大地出版社，一九六三年八月。

陶希聖，《汪記舞台內幕》，江西，戰地圖書出版社，中華民國二十九年九月初版。

陶希聖，《潮流與點滴》，傳記文學叢刊之二，台北，傳記文學出版社，中華民國五十九年九月一日初版。

張玉法，《中國現代史》，下冊，台北，東華書局，中華民國六十六年七月初版。

張其昀，《黨史概要》，第三、五冊，台北，中央文物供應社，中華民國六十八年三月二十九日再版。

張同新編著，《蔣汪合作的國民政府》，哈爾濱，黑龍江人民出版社，一九八八年。

《陳公博、周佛海回憶錄合編》，香港，春秋出版社，中華民國六十年九月再版。

陳公博著，李鍔、汪瑞炯、趙令揚編注，《苦笑錄》，香港大學，一九七九年。

陳恭澍，《河內汪案始末》，台北，傳記文學出版社，中華民國七十二年，五月十五日出版。

陳嘉庚，《南僑回憶錄》，上冊，新加坡，中華民國三十五年二十日初版，作者印行。

國防部情報局編印，《戴雨農先生年譜》，台北，中華民國六十五年五月二十五日再版。

第二戰區司令長官司令部政治部編，《汪逆賣國醜史》，黃河書店，中華民國二十九年十月一日初版。

粟顯運，《日汪密約的解剖》，出版地不詳，國民圖書出版社，中華民國二十九年九月初版。

程舒仲編著，《汪精衛與陳璧君》，長春市，吉林文史出版社，一九八八年三月第一版。

復旦大學歷史系中國現代史研究室編，《汪精衛漢奸政權的興亡—汪僞政權史研究論集》，上海，復旦大學出版社，一九八七年七月第一次印刷。

萬墨林，《滬上往事，第一冊》，台北，中外圖書出版社，中華民國六十六年七月再版。

廖毅甫編，《汪精衛是什麼東西？第二輯》，遂溪，嶺南出版社，中華民國二十八年十二月初版。

聞少華，《汪精衛傳》，台北，李敖出版社，一九八八年十二月三十一日初版。

蔡德金、李惠賢編，《汪精衛國民政府紀事》，北京，中國社會科學出版社，一九八二年七月第一次印刷。

蔡德金，《汪精衛評傳》，四川，人民出版社，一九八八年四月第一版。

《關於汪精衛叛國》，新新出版社，一九三九年一月出版，出版地不詳。

國民參政會史料編纂委員會編，《國民參政會史料》，台北，國民參政會在台歷屆參政員聯誼會，民國五十一年十一月十二日出版。

(二) 日文書籍

維新政府概史編纂委員會編，《中華民國維新政府概史》，南京，維新政府概史編纂委員會，中華民國二十九年，三月三十日出版。

犬養健，《揚子江は今もている》，東京，中央公論社，昭和五十九年二月十日。

今井武夫，《支那事變の回想》，東京，みすず書房，昭和三十九年九月第一刷。

臼井勝美編，《現代史資料⒀—日中戰爭⑸》，東京，みすず書房，昭和四十一年七月三十日第一刷。

臼井勝美，《日中戰爭—和平ヵ戰線擴大ヵ》，東京，中央公論社，昭和六十三年一月二十五日二十五版。

風見章，《近衛內閣》，東京，中央公論社，昭和五十七年八月十日。

鹿島平和研究所編，《日本外交史》，第二十四卷，大東亞戰爭．戰時外交。東京，鹿島研究所出版會，昭和四十九年七月三十日第二刷。

田中香苗、村上剛，《汪兆銘と新支那》，東京，日本青年外交協會，昭和十五年二月二十日。

西義顯，《悲劇の證人—日華和平工作秘史》，東京，文獻社，昭和三十七年三月三十日。

防衛廳防衛研修所戰史室編，《戰史叢書—大本營陸軍部大東亞戰爭開戰經緯⑴》，東京，朝雲新聞社，昭和四十八年五月二十七日。

晴氣慶胤，《上海テロ工作76號》，東京，毎日新聞社，昭和五十五年四月二十五日。

防衛廳防衛研修所戰史室編，《戰史叢書—大本營陸軍部大東亞戰爭開戰經緯⑶》，東京，朝雲新聞社，昭和四十八年一月二十日。

堀場一雄，《支那事變戰爭指導史》，東京，時事通信社，昭和三十七年九月十日初版。
益井康一，《漢奸裁判史（一九四六－一九四八）》，東京，みすず書房，一九七七年四月八日。
松本重治，《近衛時代（上）、（下）》，東京，中央公論社，社，昭和六十一年一月二十五日、六十二年一月二十五日。

(三) 英文書籍

Bunker, Gerald E. *The Peace Conspiracy: Wang Ching-wei and the China War 1937-1941.* Cambridge: Garvard University Press, 1972.

Dorn, Frank. *The Sino-Japanese War. 1937-41.* New York: Macmillan Publishing Co, Inc., 1974.

Green, O.M. *China's Struggle with the Dictators.* Plymouth: Mayflowers Rress. 1941.

Hsu, Immanuel C.Y. *The Rise of Modern China.* New York: Oxford University Press, 1970.

Iriye, Akira edited. *The Chinese and the Japanese: Essays in Political and Culcural Interactions.* New Jersey: Princton University Press, 1980.

Jansen, B Marius. *Japan and China: from War to Peace, 1894-1972.* Chicago: Rand Mc Nally College Publishing Company. 1975.

Lin, Hang Sheng, "Wang Ching-wei and the Japanese Peace Efforts. "Ph. D.

dissertation, Peensylvania State University, 1967.

三　報刊專文

司徒重石：〈汪精衛偽政權軼聞摭譚〉，《春秋》，第九卷第三期，台北，春秋雜誌社，中華民國五十七年九月一日。

石　地：〈太平洋戰爭史略〉，《東方雜誌》，第四十一卷第十八號，重慶，商務印書館，民國三十四年九月三十一日（民國三十四年十二月，上海出版）。

于翔麟：〈十九路軍簡史及其幹部略歷〉，《傳記文學》，第五十二卷，第一期，（民國七十七年一月號）。

朱開來：〈謎樣人物高宗武㈠〉，《中外雜誌》，第四十四卷第二期，台北，中外雜誌社，中華民國七十七年八月。

朱開來：〈謎樣人物高宗武㈡〉，《中外雜誌》，第四十四卷第三期，中華民國七十七年九月。

君　珠：〈日本獨霸東亞陰謀的鐵證〉，《東方雜誌》，第三十七卷第四號，香港，商務印書館分館，民國二十九年二月十六日初版。

武燕軍：〈抗戰時期國民政府的國際宣傳處〉，《歷史檔案》，第二期，一九九〇年出版。

李國祁：〈民國十四年汪精衛的爭權〉，《中央研究院近代史研究所集刊》，第十七期上冊，台北，中央研究院近代史研究所，中華民國七十七年六月。

東　序：〈各國不承認南京傀儡組織〉，《東方雜誌》，第三十七卷第九號，香港，商務印書館分館，民國二十九年五月一日初版。

吳相湘：〈日本纂改教科書的對策〉，《傳記文學》，第四十一卷第三期，台北，傳記文學雜誌社，中華民國七十一年九月一日。

吳澤炎：〈南京傀儡組織成立〉，《東方雜誌》，第三十七卷第八號，香港，商務印書館分館，民國二十九年四月十六日初版。

胡樂翁：〈聰明自誤周佛海〉，《藝文誌》，第一〇五期，台北，藝文誌文化事業有限公司，中華民國六十三年六月一日。

高正之：〈汪政權之成立與日本之關係〉（上），《思想與時代》，第一三一期，台北，思想與時代月刊社，中華民國五十四年六月二十四日。

桂　裕：〈新辨姦論〉，《東方雜誌》，第四十一卷第十六號，重慶，民國三十四年。

陸寶千：〈論汪兆銘之叛國事件〉，中央研究院近代史研究所編，《抗戰建國史研討會論文集（一九三七－一九四五）下冊》，台北，中央研究院近代史研究所，中華民國七十四年十二月。

陶希聖：〈揭發『日汪密約』的幕後〉，《自由談》，第十三卷第一期，台北，自由談雜誌社，中華民國五十一年一月一日。

陶龍生：〈陶希聖先生秘辛〉，台北，《中央日報》，中華民國七十七年八月三日，第十七版。

張水木：〈德國對中國抗日戰爭之調停〉，中央研究院近代史研究所編，《抗戰建國史研討會論文集（一九三七—一九四五）上冊》，台北，中央研究院近代史研究所，中華民國七十四年十二月。

張玉法：〈抗日戰爭史在中國近代史上的意義〉，台北，《聯合報》，中華民國七十四年九月四日，第二版。

張發奎：〈張發桂將軍抗日戰爭回憶錄記〉(二)，《廣東文獻》，第十三卷第二期，台北市廣東同鄉會，中華民國七十二年六月三十日。

陳北鷗：〈日寇的最後掙扎〉，《東方雜誌》，第三十九卷第四號，重慶，商務印書館，民國三十二年四月三十日初版。

陳紀瀅：〈汪兆銘叛國與大公報建言（上）—重慶時代的大公報之二〉，《傳記文學》，第二十四卷第一期，台北，傳記文學雜誌社，中華民國六十三年元月一日。

斛　泉：〈敵我斷絕外交關係〉，《東方雜誌》，第三十五卷第一號，長沙，商務印書館，民國二十七年一月十六日初版。

褚問鵑：〈汪精衛的最後一個謎〉，《中外雜誌》，第三十八卷第三期，台北，中外雜誌社，中華民國七十四年九月。

裴可權：〈汪逆精衛降敵經過記詳〉，《傳記文學》，第三十三卷第六期，台北，傳記文學雜誌社，中華民國六十七年十二月一日。

齊　簡：〈汪精衛遺書發現始末〉，台北，《徵信新聞報》，中華民國五十三年五月十二日。
蔣永敬：〈抗戰初期的外交與國聯及德使之調停〉，《中國歷史學會史學集刊》，第五期，中華民國六十二年五月。
蔡德金：〈汪精衛叛逃與龍雲〉，《檔案與歷史》（季刊），一九八八年第一期（總第十一期），上海市，檔案館，一九八八年三月五日。
劉文煥：〈追隨汪精衛的一段往事〉，《傳記文學》，第二十二卷第一期，台北，傳記文學雜誌社，中華民國六十二年一月一日。
璞　君：〈國府明令通緝汪兆銘〉，《東方雜誌》，第三十六卷第十三號，香港，商務印書館分館，中華民國二十八年七月一日初版。
鴻　佩：〈蔣委員長痛斥漢奸賣國行為〉，《東方雜誌》，第三十六卷第二十一號，香港，商務印書館分館，民國二十八年十一月一日初版。

國立中央圖書館出版品預行編目資料

從函電史料觀抗戰時期的蔣汪關係／陳木杉著.--初版-- 臺北市：臺灣學生，民84；

面； 公分. --

參考書目：面

ISBN 957-15-0672-9（精裝）

ISBN 957-15-0673-7（平裝）.

1. 中國 - 歷史 - 民國26-34年(1937-1945)

628.5 84001238

從函電史料觀抗戰時期的蔣汪關係（全一冊）

著作者：陳木杉

出版者：臺灣學生書局

發行人：丁文治

發行所：台灣學生書局

臺北市和平東路一段一九八號

郵政劃撥帳號〇〇〇二四六六八號

電話：三六三四一五六

FAX：三六三六三三四

本書局登記證字號：行政院新聞局局版臺業字第一一〇〇號

印刷所：常新印刷有限公司

地址：板橋市翠華街八巷一三號

電話：九五二四二一一九

定價 精裝新臺幣四四〇元 平裝新臺幣三八〇元

中華民國八十四年二月初版

62805

ISBN 957-15-0672-9（精裝）
ISBN 957-15-0673-7（平裝）